피터 드러커
일의 철학

THE DAILY DRUCKER
by Peter F. Drucker

Copyright ⓒ 2004 by Peter F. Drucker.
Foreword Copyright ⓒ 2004 by Jim Collins.
All rights reserved.

Korean Translation Copyright ⓒ 2017 by Chungrim Publishing Co., Ltd.
This Korean edition published by arrangement with Drucker
1996 Literary Works Trust through Shinwon Agency Co., Seoul.

이 책의 한국어판 저작권은 신원 에이전시를 통해 저자와의 독점계약으로
청림출판(주)에 있습니다. 저작권법에 의해 한국 내에서 보호를 받는 저작물이므로
무단전재와 무단복제를 금합니다.

피터 드러커
일의 철학

피터 드러커 지음
조셉 마시아리엘로 엮음 · 피터 드러커 소사이어티 옮김

청림출판

한 그루의 나무가 모여 푸른 숲을 이루듯이
청림의 책들은 삶을 풍요롭게 합니다.

추천의 글

1994년 12월, 나는 차를 빌려 피터 드러커 교수 댁을 방문했다. 집이 생각보다 작고 아담해 나는 주소를 다시 확인했다. 클레어몬트 대학교 근처에 위치한 그 집은 비슷한 크기의 주택들과 밀접하게 붙어 있었다. 소형 도요타 차 두 대가 주차장에 주차되어 있었다. 그 집은 지역 대학 교수를 위한 완벽하고 소박한 가정용 주택이었다. 그러나 나는 지역 대학의 교수를 찾아온 게 아니었다. 내가 찾아간 사람은 현대 경영학의 창시자이자 20세기 후반 비즈니스계에 가장 큰 영향력을 미친 사상가인 피터 드러커였다.

현관으로 다가가 초인종을 두어 차례 누르자 그제야 집 안에서 "알았어요. 지금 나가요. 이젠 옛날만큼 빨리 못 움직입니다"라는 대답이 들려왔다. 다소 괴팍스러운 목소리에 염려했던 것과 달리 드러커 교수는 "만나게 되어 아주 반갑습니다"라며 상냥한 미소로 나를 맞아주었다.

우리는 거실로 들어가 여러 가지 이야기를 나누었다. 교수는 자신이 가장 좋아하는 의자에 앉아 내게 질문을 던지고, 함께 진리를 탐구하거나 혹은 자신의 의견을 주장하거나 나의 의견에 이의를 제기했다.

당시 36세이던 나는 내세울 만한 경력이 전혀 없었다. 그런데도 드러커 교수는 내게 자신의 소중한 지식을 아낌없이 베풀어 줬다. 아무런 대가 없이, 당시 인생의 가장 중요한 단계에 서 있던 내가 성장하는 데 도움을 주려고 했을 뿐이다. 나는 이 같은 관대함을 보며 그가 세상에 막대한 영향을 끼치는 이유를 충분히 이해할 수 있었다.

나는 그의 업적인 《피터 드러커의 자기경영노트The Effective Executive》와 성공에 대한 탐구를 공헌을 위한 탐구로 바꾸라는 그의 조언을 되돌아보았다. 결국 드러커 교수가 강조한 핵심 문제는 '어떻게 성취할 것인가'가 아니라 '무엇을 기여할 것인가'였다. 그의 총체적 연구 성과는 단순한 사상에 그치지 않는다. 엄청난 사상들을 남김으로써 세상에 기여했다. 또한 그는 사회의 움직임을 꿰뚫어보는 비범한 통찰력이 있었다. 1939년에 출간된 첫 저서 《경제인의 종말The End of Economic Man》에서 드러커 교수는 전체주의의 발생에 대해 설명했다. 1946년에 발표한 《기업의 개념Concept of the Corporation》에서는 제너럴 모터스GM, General Motors Corporation를 관찰한 내용을 기반으로 기업을 상세하게 분석했는데 기업에 닥친 난관을 정확하게 밝혀냄으로써 GM의 경영진을 완전히 혼란에 빠뜨렸다. 당시 앨프리드 슬론 회장은 재임 기간 동안 이 책을 철저히 금서로 규제하기도 했다. 그리고 드러커 교수가 1964년에 발표한 책은 기업 전략의 원칙들을 밝힘과 동시에 시대를 훨씬 앞서나가는 혜안을 보여 주었다. 원래 '비즈니스 전략Business Strategies'이란 제목이었는데 출판사에서 이를 '결과를 위한 경영Managing for Results(국내에는 《창조하는 경영자》로 출간되었다-편집자 주)'으로 바꾸어 출간했다. 당시만 해도 '전략'이라는 단어는 비즈니스 업계에서 완전히 새로운 용어였기 때문이었다.

흔히 세상을 바꾸는 방법은 크게 두 가지가 있다고 한다.
하나는 펜, 즉 사상을 이용하는 것이고 다른 하나는 검, 즉 권력을 이용하는 것이다. 이 기준에 따르면 드러커 교수는 펜을 선택함으로써 검을 휘두르는 리더들을 바꾸어 놓았다고 할 수 있을 것이다.

예를 들어 데이비드 팩커드David Packard는 1956년 본격적으로 휴렛팩커드Hewlett-Packard Company의 목표를 설정하면서 드러커 교수의 저서를 활용했는데 특히 역사상 가장 중요한 경영서로 평가받는 《경영의 실제The Practice of Management》를 기본 지침서로 활용했다. 나 역시 《성공하는 기업들의 8가지 습관Built to last》을 집필하기 위한 연구 과정에서 포드Ford, 제너럴 일렉트릭GE, General Electric Company, 모토로라Motorola를 비롯한 수많은 기업의 리더들이 드러커 교수의 저서에 영향을 받았음을 확인할 수 있었다. 이런 영향력이 정부기관, 기업은 물론 수많은 단체로 확산된 점을 고려해 보면, 그야말로 20세기에 가장 큰 영향을 미친 인물이라는 사실을 알 수 있다.

드러커 교수를 만난 그날, "교수님의 저서 26권 가운데서 가장 자랑스럽게 여기는 책이 무엇인가요?"라고 물었다. 그때 그는 단호하게 "다음 책"이라고 답했다. 1994년 당시 드러커 교수의 나이가 85세였지만, 그때도 거의 1년에 한 권씩 책을 집필하면서 각종 매체에 수많은 논설을 기고하고 있었던 교수다운 대답이었다. 이후 9년 동안 드러커 교수는 모두 여덟 권의 책을 더 출간했다. 그리고 만년이 가까운 94세까지도 21세기 상황을 꿰뚫어보는 칼럼을 계속하여 기고했다.

드러커 교수에게 글쓰기는 일종의 생산적인 노이로제이자 억제하기 어려운 강박이었는지도 모른다. 이를 입증하는 것은 바로 그가 이루어 낸 장대한 성과물이다. 그토록 빠른 속도로 수많은 글을 집필하는 비결을 물었을 때도 그는 "나는 언론사에서 일을 시작했습니다. 마감시간에 맞추려면 글을 빨리 써야 했죠. 다작을 하도록 훈련을 받은 셈입니다"라고 답했다.

드러커 교수가 지금까지 써 온 글은, 저서만 감안한다고 해도 거의 1만 페이지가 넘을 것이다. 중요한 점은 교수가 이처럼 다작 능력을 갖추었을 뿐 아니라 뛰어난 통찰력을 갖춘 천재적인 인물이었다는 사실이다.

드러커 교수의 천재성은 진실을 들추어내는 짧고 간결한 문장에서 최고조로 빛을 발휘한다. 마치 시인처럼 우주의 진리를 단 몇 마디 말로 담아낸 가르침을 반복하여 읽다 보면 이해의 폭은 더욱 넓어진다. 더군다나 드러커 교수의 경이로운 저서들에는 각각 뛰어난 식견이 모여 있기 때문에 그의 저서를 단 한 권만 보더라도 식견의 깊이를 파악할 수 있다.

하지만 그것에 만족하지는 못할 것이다. 수많은 저서 곳곳에 담긴 그 깊은 통찰력을 헤아리고 싶어지게 될 것이기 때문이다. 이런 의미에서 드러커 교수의 경영 사상의 정수 중 최고만을 뽑아낸 이 책《피터 드러커 일의 철학The Daily Drucker》은 좀 더 귀한 책이라고 할 수 있다. 이런 훌륭한 작업을 해낸 마시아리엘로Joseph A. Maciariello 교수에게 진심으로 경의를 표한다.

드러커 교수는 기원전 500년대의 한 그리스 조각가의 이야기를 즐겨하곤 했다. 이 책에서도 소개되는 이야기의 내용은 다음과 같다.

한 조각가가 아테네시의 위탁을 받아서 신전의 꼭대기를 둥글게 에워싸는 조각상을 만들게 되었는데, 그는 조각상의 뒷면도 앞면 못지않게 아름답게 만들려고 하는 바람에 예정보다 몇 달을 더 지체하게 되었다. 그러자 시 행정관들은 조각가가 불필요한 작업을 한다고 생각해 화를 내며 "도대체 무엇 때문에 조각상의 뒷면까지 앞면처럼 아름답게 만든 게냐? 아무도 뒷면 따위는 보지 않는데 말이다"라고 말했다.

나는 이 책이 바로 그 조각가의 심정으로 만들어진 것이라고 생각한다.

독자들이나 내 눈에 보이지 않는 수많은 시간의 고심과 노력이 없었다면 이처럼 완벽한 작품이 탄생할 수 없었을 것이다. 이 책에는 현대 사회에서 가장 뛰어난 통찰력을 보여 주었던 드러커 교수가 수많은 시간 동안 숙고해서 이룬 총체적 작업이 고스란히 담겨 있다.

그날 우리는 대화가 끝나갈 즈음에 근처의 식당에서 식사를 함께했다. 교수와 같이 보낸 하루가 너무나 소중하다는 사실을 새삼 깨달았기에 "어떻게 감사를 드리고 보답해야 할까요?"라고 물었다. 그러자 교수는 "자네는 이미 보답을 했다네. 우리가 나눈 대화에서 나 역시 많은 것을 배웠거든"이라고 답했다.

이 말을 들으며 나는 그가 그토록 뛰어난 인물로 추앙받는 이유는 바로 자신을 권위자로 여기지 않는 자세 때문임을 깨달았다. 그는 학생처럼 계속 배우는 자세를 버리지 않았다. 경영계의 권위자들이 대부분 늘 뭔가를 말해야 한다고 생각하는 반면 드러커 교수는 늘 뭔가를 배워야 한다는 생각에 자극을 받았다. 존 가드너John Gardner는 "드러커 교수는 물론 그 자체만으로 흥미로운 사람이지만, 그의 작업이 더욱 흥미로운 이유는 그가 세상을 향한 끊임없는 흥미를 잃지 않았기 때문이다"라고 말했다. 나는 이 평가가 정확하다고 생각했다.

드러커 교수는 "그럼 세상에 나가서 쓸모 있는 사람이 되게나"라고 말하고는 집으로 들어갔다. 아마도 그는 위대한 사상으로 빚어진 아름다운 조각상의 앞면과 뒷면을 계속 조각하려고 타자기 앞으로 갔을 것이다.

《좋은 기업을 넘어 위대한 기업으로Good to Great》 저자
짐 콜린스Jim Collins

엮은이의 글

나는 《피터 드러커 일의 철학》을 구상하면서, 피터 드러커 교수가 쓴 저작의 정수를 뽑아내 종합적으로 다루려고 노력했다. 따라서 이 책에서 소개한 각 항목에는 각각 중요한 논제가 담겨 있다. 각 글은 드러커의 격언을 서두로 하여 저서에서 직접 뽑은 교훈을 소개했다. 드러커 사상의 정수를 오랫동안 떠올리고 기억할 수 있도록 해 준다. 마지막에 소개된 실전 지침은 교수의 교훈을 개인이나 조직에 적용할 수 있도록 도와줄 것이다.

나는 피터 드러커 교수의 강연은 물론 그가 컨설턴트로 활동하는 모습도 보았다. 가장 인상적이었던 것은 그의 접근법이 일관적이고 효율적이었다는 사실이다. 드러커는 가장 먼저 문제점을 정확하게 규정하기 위해 노력했다. 다음으로 방대한 지식을 통해 문제에 영향을 미칠 수 있는 요소를 규명하고 그에 대한 해결책을 찾아 나섰다. 마지막으로 그 문제를 해결하기 위한 방안을 구체적인 행동으로 정리한다. 컨설팅을 할 때 그 뒤에 이렇게 한마디를 덧붙인다.

"내 설명이 좋았다는 소리는 아예 하지 마십시오. 당장 월요일 아침부터 어떤 변화를 모색할지 말해 보세요."

한편 피터 드러커 교수는 이런 일관된 접근법과 달리 여러 분야에 관한 다양한 저작을 남겼다. 그런데 그가 남긴 규칙적이고 통찰력 있는 논고들을 연구해 보면, 사회 및 경영 분야에서 일관성 있는 연구 성과를 내고 있음을 발견할 수 있다.

드러커의 수많은 저서를 연구하고 활용한 내게도 드러커 저서를 종합적으로 다루고 정수를 뽑아내 실천 지침을 도출하는 일은 소중한 경험이었다. 이 책이 독자들에게도 이런 소중한 경험을 선사할 것이라 생각한다.

나는 피터 드러커 교수가 이 책을 엮을 수 있는 일생일대의 기회를 준 것과 수년 동안 충고를 아끼지 않으며 우정을 보여 준 것에 진심으로 감사한다. 이 기회가 현실이 되도록 도움을 준 하퍼콜린스 편집진과 이 책을 엮는 작업에만 전념할 수 있도록 배려해준 피터 드러커 앤드 마사토시 이토 경영대학원과 클레어몬트 대학원에도 감사하고 싶다. 마지막으로 아내인 주디는 내가 이 책을 엮는 동안 모든 일을 알아서 처리해 주었고 고비가 닥칠 때마다 큰 도움을 주었다. 이 모든 이들에게 감사를 전한다.

조셉 마시아리엘로

서문

"드러커씨 당신의 어떤 책을 읽어야 하나요?" "당신의 저서 중 사람을 기용하는 방법에 대한 가장 좋은 논의는 어떤 책에 있나요?" 나는 한 주도 빠짐없이 이와 같은 질문들을 한보따리씩 받는다. 비록 65년이 넘도록 34권의 책을 출간했더라도 이러한 질문에 대한 답을 찾는 것이 어렵다.

《피터 드러커 일의 철학》은 이러한 질문에 대한 답을 주는 것이 목적이다. 내가 썼던 글들 중에서 핵심이 되는 문장을 체계적으로 제시한 다음 그에 대한 설명과 논평을 몇 줄 정도 언급했다. 이 책들의 주제들은 나의 저서들에서 논의한 대단히 많은 영역을 아우르는데, 경영과 비즈니스, 세계경제, 변화하는 사회, 혁신과 기업가정신, 의사결정, 변화하는 노동력, 비영리 단체와 그들의 경영 등이 될 것이다.

그러나 이 책의 가장 중요한 부분은 각 페이지의 맨 아래에 있는 질문일 것이다. 그에 대한 답은 독자들의 몫으로, 독자들이 실행과 결정, 결과들을 생각하고 답하며 행동해야 한다. 그렇기 때문에 이 책은 실천 가이드라고 할 수 있다.

나는 이 책의 모든 부분에서 나의 오랜 친구이자 동료인 조셉 마시아리엘로에게 큰 신세를 졌다. 나의 글들 중에서 핵심만 모아 한 권에 담는다는 것은 그의 생각이었다. 그는 나의 저서와 원고, 기사 등에서 적절한 문장과 그에 대한 설명을 골라냈다. 그 결과 효과적인 경영을 위한 실행 방법을 알려주는 튼실한 종합 안내서가 탄생하게 되었다. 나를 비롯한 독자들은 마시아리엘로 교수에게 커다란 고마움을 표시해야 할 것이다.

피터 드러커
2004년 여름, 캘리포니아 클레몬트에서

차례

추천의 글
엮은이의 글
서문

001~031
혁신이 시작되다

드러커는 비생산적인 과거에서 벗어나 내일을 위한 기회를 만들라고 강조한다. 혁신과 성과를 위한 리더의 태도, 조직과 개인이 할 일, 경영의 의미에 대해 밝힌다.

032~059
다른 각도로 보라

꾸준한 혁신을 만들기 위해서는 기반을 튼튼히 다져야 하며 다른 시선이 필요하다. 드러커는 세상을 볼 때는 그대로 보지 않고 방관자처럼 다른 각도에서 볼 줄 알아야 한다고 말한다.

060~090
혁신은 사소한 곳에 있다

변화는 고통스럽고 위험하며 늘 예상을 뛰어넘는 속도로 일어난다. 그러나 눈앞의 이익만 보지 말고 변화를 주시하라. 이 장에서는 변화와 성과가 어디에 있는지를 살핀다.

091~120
리더는 어떻게 인재를 관리하는가

드러커는 말한다. "조직의 목적은 평범한 사람이 평범하지 않은 일을 할 수 있게 하는 것이다." 개인의 성장과 조직의 성장은 어떻게 함께 발전할 수 있을까? 리더는 무엇을 해야 할까?

121~151
지속적으로 학습하라

사회는 빠르게 이동하고 있으며 전문 지식만으로는 부족하다. '성과'를 만들면서도 자신의 일에 매몰되지 않도록 스스로에게 질문하고 행동하라고 드러커는 강조한다.

152~181
일을 완성하는 힘

목표와 일을 둘러싼 고민들, 인생을 결정짓는 질문에 대한 해답을 드러커의 지침에서 살핀다. 완벽을 추구함으로써 자신을 넘어서라.

182~212
실패는 위기가 아닌 기회다

실패했다면 주위를 둘러보고 타인의 말을 들어야 한다. 실패를 혁신의 징조로 진지하게 받아들여야 한다. 드러커가 바라본 실패, 시장 및 산업 구조의 변화, 인구 변화, 비용 관리 등이 담겨 있다.

213~243
비즈니스 잠재력을 찾는 법

드러커는 위험과 약점에서 비즈니스 잠재력을 찾아야 한다고 생각했다. 이것이 성공을 좌우한다. 더불어 세계 여러 기업의 비즈니스 전략을 살펴본다.

244~273
자신의 시간을 경영하라

성공한 이들의 시간 관리는 남달랐다. 유능한 이들의 시간 관리 방법을 시작으로 온전히 자신만의 시간을 만들고 관리하는 법, 강점에 집중하는 방법 등 드러커가 말하는 자기경영을 들여다본다.

274~304
올바른 결정과 잘못된 결정

결정에 관한 원칙과 질문들, 의사 결정에서 우리가 배울 수 있는 것들을 담았다. 올바른 목표 그리고 완벽을 추구하기 위해서 우리의 결정은 어떠해야 할까?

305~334
업무에 적합한 조직을 찾아라

가장 올바른 조직은 어떤 조직인가? 자신의 업무에 적합한 조직이다. 조직의 특성을 파악하고 개인과 조직의 목표를 어떻게 세우고 활용할지를 배운다. 그 외 중간 관리자와 경영자의 역할 등을 알아본다.

335~365
경영과 사회

우리는 변화의 출발점에 서 있다. 변화하는 사회에서 기업가 정신은 어때야 할까? 이 장에서는 인사결정, 비즈니스 전략, 제휴 법칙 등 경영에 관한 철학을 중점적으로 다룬다.

드러커 저작 일람

001~031

혁신이 시작되다

The Daily Drucker

리더일수록 정직성이 중요하다

" 조직의 정신은 정상top에서부터 만들어진다. "

경영자가 진실성과 성실성을 증명하는 행동은 자신의 정직성을 단호하게 강조하는 것과 같다. 특히 경영자가 인사 문제를 결정할 때 이런 정직성이 중요하다. 정직성을 통해 리더십이 발휘되기 때문이다. 그리하여 정직성은 다른 사람들의 본보기이자 타인이 모방하는 품성이 된다.

품성은 감출 수 없다. 함께 일하는 사람들, 특히 부하 직원들은 몇 주만 지나면 상사가 정직한 사람인지를 알아챈다. 상사가 무능력하거나, 무지하거나, 불확실하거나, 예의가 없어도 많은 경우 용서하지만 결여된 정직성만큼은 용서하지 않는다. 물론 그런 사람을 기용한 더 높은 위치의 관리자도 용서하지 않는다. 기업의 높은 자리에 있는 사람일수록 이런 사실을 중요하게 여겨야 한다. 조직의 정신은 정상에서부터 만늘어지기 때문이나. 조직의 정신이 위대하다면 경영진의 정신이 위대해서이고, 반면 조직의 정신이 부패했다면 경영진의 정신이 부패해서이다. "나무는 위에서부터 죽는다"라는 속담처럼 최고경영자는 부하 직원들이 기꺼이 본받고자 하는 사람이 아니라면 누구도 고위직에 임명해서는 안 된다.

최고경영자와 임원을 뽑을 때 그 사람의 품성을 평가하라. 정직성을 지닌 사람과 자신을 비교해 보라.

" 중요한 것은 '이미 다가온 미래'를 발견하는 일이다. "

　미래학자들은 언제나 이미 일어난 일들 중에서 자신의 예측이 얼마나 들어맞았는지를 확인함으로써 성공률을 계산한다. 그들은 예측하지 못했던 중요한 일이 얼마나 일어났는지는 절대 따지지 않는다. 즉 미래학자들이 예측하는 모든 일이 일어나는 것은 아니다. 그들이 가장 급박한 현실을 보지 못했을 수도 있고 무엇보다 여전히 변수에 주의를 기울이지 않을 수도 있다. 이 점이 가장 큰 문제다.

　예측이 늘 정확할 수는 없다. 중요하고 독특한 예측은 직관적이기 때문이다. 따라서 경영자들의 가장 중요한 임무는 이미 일어난 변화를 파악하는 일이다. 사회나 경제 및 정치에서 중요한 과제는 이미 발생한 변화를 찾아 기회로 활용하는 데 있다. 따라서 '이미 도래한 미래'를 인식하고 변화를 감지하고 분석하기 위한 방법론을 개발해야 한다.

　《미래사회를 이끌어가는 기업가정신Innovation and Entrepreneurship》(1985)에서 나는 미래를 창조하는 기회로서 경영자가 사회, 인구통계학, 의미, 기술의 변화를 체계적으로 보는 방법을 제시하였다.

자신이 담당하고 있는 시장에서 이미 나타난 주요 트렌드를 파악하고, 그것이 삶과 조직에 미치는 영향과 지속 기간에 대해 써 보라.

" 풀잎이 하나만 자라던 자리에서 두 개가 자라도록 하는 사람은
이론으로 무장된 철학자나 형이상학적인 제도를 만드는 사람보다
인간에게 더욱 도움이 된다. "

경영은 서구 문화가 존재하는 한 기본적이고 지배적인 제도로 남아 있을 것이다. 경영은 현대 산업시스템의 본질과 현대적 기업의 니즈needs에 뿌리를 두고 있을 뿐 아니라 산업시스템이 인적자원과 원자재 같은 생산재productive resources를 맡아야 하는 이유이기도 하다.

경영은 현대 서구 사회의 기본 신념을 나타낸다. 경제 자원을 체계적으로 조직함으로써 인간의 생계를 통제할 수 있다는 믿음이 그것이다. 또한 경제적 변화가 인간 생활의 질을 높이고 사회 정의를 실현하는 가장 강력한 엔진이 될 수 있다는 믿음이기도 하다. 300년 전 조너선 스위프트Jonathan Swift가 "풀잎이 하나만 자라던 자리에서 두 개가 자라도록 하는 사람은 이론으로 무장된 철학자나 형이상학적인 세노를 만드는 사람보다 인간에게 더욱 도움이 된다"라고 과장되게 한 말처럼 말이다.

경영은 특히 자원을 생산적으로 만들고, 체계적인 경제 성장을 위한 책임을 맡은 사회조직인 현대사회의 기본 정신을 반영한다. 경영은 반드시 필요하며, 이것이 경영이 거의 저항 없이 빠르게 발전하는 이유다.

경영과 경영 역량, 정직성 및 경영 성과가 자유경제에서 결정적으로 중요함을 보여 주는 예를 몇 가지 들어 보라.

조직을 변화시킬 규칙을 찾아라

" 모든 조직은 현실에 직면할 수 있는 규칙이 필요하다. "

수정이나 재설계 없이는 어떤 조직도 오랫동안 효과적으로 움직일 수 없음을 알아야 한다. 변화가 없다면 결국 모든 활동은 쓸모없어지기 마련이다. 이를 무시하는 조직 중 최악의 범죄자가 정부다. 사실 변화를 망설이는 우유부단함은 정부의 핵심 문제이며, 동시에 오늘날 정부가 병든 주요 이유다. 병원이나 대학도 과거의 것을 잘 없애지 못하지만 정부보다 낫다.

사업가들 역시 공무원들 못지않게 과거에 대해 감상적이다. 예를 들어 그들은 제품이나 프로그램이 실패하면 처음보다 더 많은 노력을 들여 실패를 극복하려고 한다. 그나마 다행인 점은 자신들의 방식만을 고집할 수 없는 제약이 있다는 것이다. 그들은 시장이라는 엄격한 규칙 아래 놓여 있으며, 외부적으로 객관적 평가가 가능한 수익성도 있다. 따라서 그들은 실패하면 비생산적인 것을 버린다. 하지만 정부나 병원, 군대 등의 조직에서 경제적 요소는 가벼운 제약 사항에 불과하다.

모든 조직은 변화할 수 있어야 한다. 일반 기업에 시장의 평가, 수익성이라는 기준이 주어지듯 다른 종류의 조직에도 개념과 측정 방법이 필요하다. 물론 그 기준은 서로 다를 것이다.

당신의 비영리기관에도 성과 측정을 위한 엄격한 평가 방법과 기준이 있는가?

> " 시체에서 악취가 나지 않게 하려는 것보다
> 어렵고 비싸지만 쓸데없는 일은 없다. "

목표를 이루는 경영자들은 많은 일을 효과적으로 처리하기 위해 늘 '집중'한다. 그들이 집중을 위해 노력하는 첫 번째 일은 비생산적인 과거에서 벗어나려는 것이다. 또한 최고의 자원, 특히 희소자원인 인적자원을 활용해 내일을 위한 기회를 만들려고 한다. 경영자들이 어제에서 벗어날 수 없다면, 그들은 내일을 창조할 수 없을 것이다.

마찬가지로 체계적, 의도적으로 포기하지 않는다면 조직은 많은 사건으로 인해 흔들릴 것이다. 시작하지 말았어야 하거나 더 이상 하면 안 되는 일에 최고의 자원인 인적자원을 낭비하게 된다. 이 경우 결과적으로 새로운 기회를 만드는 데 필요한 자원과 유능한 인적자원이 부족해진다. 과거를 과감하게 포기하려는 회사는 드물기 때문에 미래를 위해 필요한 자원을 확보하는 회사 역시 흔치 않다.

능력 있는 사람들이 기회를 잡을 수 있도록 쓸모없는 사업에 자원을 낭비하는 일을 막아라.

> "우리가 미처 이 일을
> 하지 않았다면, 지금이라도 할 것인가?"

"만약 우리가 이 일을 아직 하지 않았다면, 우리가 지금 알고 있는 것을 안다면, 이제라도 할 것인가?"라는 질문을 진지하게 해 보라. 만약 답이 "아니다"라면 "우리는 지금 무엇을 하고 있는가?"라고 다시 질문해야 한다. 답이 다음 세 가지 중 하나라면 지금 하고 있는 그 일을 포기해라.

먼저 그 제품이나 서비스, 시장, 또는 프로세스가 앞으로 단 몇 년 동안만 지속될 수 있으리라 여겨지면 포기하라. 죽어 가는 시장에 제품과 서비스, 프로세스를 지속하기 위해 엄청난 노력과 정성을 들이지 마라. 이런 상태는 결과적으로 가장 능력 있고, 생산성이 높은 사람을 비생산적인 일에 묶어 두게 된다.

다음으로 제품, 서비스, 시장, 프로세스를 유지하는 일이 무용지물이라는 판단이 서면 포기해야 한다. 경영 목적상 '비용이 덜 드는 자산'이란 없다.

세 번째가 가장 중요하다. 오래되었거나 쇠퇴하는 제품, 서비스, 시장, 프로세스를 유지하려고 하면 새로운 제품, 서비스, 시장, 프로세스의 성장을 방해하거나 방치하게 된다.

맨 위에서 언급한 질문을 잘 생각해 보고 만약 답이 "아니다"라면, 어렵더라도 현재 소중히 생각하는 사업을 포기하라.

> " 경영자들의 의무는
> 자신이 속한 조직의 자산을 지키는 것이다. "

 지식근로자는 지식이라는 생산수단이 있다. 이는 언제나 휴대할 수 있는 막대한 자산이다. 지식근로자는 자신의 생산수단을 소유하고 있으므로 항상 이동이 가능하다. 육체근로자들은 일이 그들을 필요로 하는 정도보다 그들이 일을 필요로 하는 정도가 더 크다. 상대적으로 지식근로자들은 조직에서 그들을 더 필요로 하지 않아도 상호 이익을 위해 비슷한 정도로 서로를 필요로 한다.

 경영자의 의무는 자신이 속한 조직의 자산을 지키는 것이다. 이런 견지에서 저마다의 지식근로자가 조직의 주요 자산이 된다면 어떨까? 이 경우 인적자원 정책에는 어떤 의미가 있는가? 최고의 생산성을 가진 지식근로자를 채용하고, 유지하기 위해서는 무엇이 필요할까? 그들의 생산성을 높이고 향상된 생산성을 조직의 성과로 전환하기 위하여 무엇을 해야 할까?

지식근로자들과 가장 높은 생산성을 창출하는 그들의 지식을 조직의 가장 가치 있는 자산으로 대우함으로써 그들을 끌어들이고 유지하라.

" 지식근로에는 자율성과 책임 모두 요구된다. "

　지식근로자들이 자신의 일과 그 일의 성과가 무엇인지를 파악하고자 하는 요구는 자연스러운 것이다. 그들은 자율적이어야 하기 때문이다. 같은 분야여도 사람마다 가진 지식이 다르기 때문에 지식근로자 개개인에게는 각자만의 전문적이고 독특한 지식이 있다. 실제로 지식근로자는 조직 내 다른 누구보다도 자신의 분야를 더 잘 알고 있어야 한다. 지식근로자가 받은 임금 또한 이에 대한 대가다. 이 말은 지식근로자가 자신이 해야 할 일을 파악하고, 업무를 어떻게 해야 할지 적절히 재구성한 다음, 자신의 방식대로 업무를 처리하고, 그 일에 책임져야 한다는 뜻이다.

　지식근로자들은 무엇에 초점을 맞출지, 자신이 책임지는 일에서 어떤 결과가 나올지, 마감 시한은 언제인지 등 자신의 업무 계획을 빈틈없이 생각하고, 철저하게 실행해야 한다. 지식근로는 자율성과 아울러 책임이 요구된다.

집중할 업무, 업무의 중요성, 바람직한 성과, 마감 시한 등이 포함된 업무 계획을 써 보고 상사에게 제출하라.

" 다가올 '다음 사회'의 기업에서는 최고경영자들만
회사에 남을 것이다. 다른 모든 것은 아웃소싱된다. "

점점 다가올 '다음 사회Next Society'에서는 사실상 최고경영자는 기업 그 자체가 될 것이다. 최고경영자의 책임은 전체 조직의 방향, 계획, 전략, 가치 및 원칙, 회사 구조, 다양한 구성원 간의 관계, 다른 회사와의 제휴 관계, 파트너십, 합작 투자, 연구, 디자인, 혁신 등 모든 분야를 아우르게 될 것이다.

한편 기업은 새로운 문화를 만들기 위해 기업의 가치를 바꾸어야 한다. 또한 최고경영자에게는 가치의 변화를 주도해야 하는 가장 중요한 임무가 있다. 제2차 세계대전 후 50년 동안 기업은 부와 일자리 창출 및 경제적 조직으로서의 존재 의미를 훌륭하게 입증했다. '다음 사회'에서 대기업, 특히 다국적기업들이 직면할 가장 큰 과제는 사회적 합법성, 즉 가치, 사명, 비전이다. 다른 요소는 모두 아웃소싱할 수 있다.

당신이 속한 조직의 가치, 사명, 비전에 초점을 맞추고, 아웃소싱할 다른 요소를 고려해 보라.

" 자치적으로 기능하고 성과를 내는
조직의 대안은 자유가 아닌 전체주의적 폭정이다. "

다원화사회에서 기관들이 책임 있는 자치를 수행하지 못한다면 우리는 개인주의와 자신을 위한 성취를 이룰 기회를 얻지 못할 것이다. 또한 자율성이 허용되지 않는 완벽한 적법성만을 따르도록 강요당할 것이다. 자신의 일을 함으로써 느낄 수 있는 즐거움은 물론이고, 참여 민주주의는 없으며 독재적인 스탈린주의만 존재할 것이다. 폭정은 성과를 수행하는 자치 기관의 유일한 대안이다.

폭정은 경쟁 체제하의 기관들이 가지고 있는 다원성을 절대적인 힘을 가진 한 사람의 보스로 대체한다. 책임 대신 공포로 대치된다. 모든 일을 관료주의로 덮어 버림으로써 실제로 조직을 죽인다. 재화와 서비스를 생산하지만 생산은 일정하지 않고 소모적이며 수준이 낮아진다. 조직은 고통을 당하고, 모욕감을 느끼고, 좌절감을 느낌으로써 엄청난 비용이 소모된다. 따라서 조직이 책임 있고 자율적이며, 높은 수준의 성취를 이루려면 다원화된 조직 사회의 자유와 존엄성을 지키는 것이 유일한 방법이다. 성과를 내고, 책임 있는 경영을 하는 것만이 폭정에 맞서는 유일한 대안이며, 폭정을 막는 유일한 보호 장치다.

자신이 책임지고 있는 조직의 성과 향상을 위해 어떤 해결책을 찾을 것인가?

" 경영은 항상 사람의 본성과 선악의 본질을 다룬다. "

경영은 항상 조직을 위해 움직이고, 일하고, 수행하며, 조직은 일이라는 유대감으로 연결된 인간 공동체다. 구체적으로 말하자면 경영은 공동 목적을 이루기 위해 업무적 연결 고리로 이어진 인간 공동체로서, 항상 인간과 선악의 본질을 다룬다. 나는 종교를 가르칠 때보다 경영컨설턴트로 일하는 동안 신학에 대해 더 많은 것을 배웠다.

주위에 정말 악한 동료가 있는가? 그렇다면 그에 대해 당신이 무엇을 할 수 있는가?

결정을 내릴 때, 이미 발생한 미래를 계산에 넣어라

" 의사결정권자들은 결정을 내릴 때
'이미 발생한 미래'를 고려해야 한다. "

정부, 대학, 기업체, 노동조합, 교회 등의 의사결정권자들은 현재에 대해 결정을 내릴 때 이미 발생한 미래를 고려해야 한다. 이를 위해서는 오늘날 세운 전제에 부합하지 않는, 새로운 현실을 창조하는 사건이 발생했는지, 그렇다면 무엇인지 알 필요가 있다.

지식인과 학자들은 아이디어가 먼저 생기고, 이 아이디어가 새로운 정치, 사회, 경제, 심리적 사건의 원인이 된다고 믿는 경향이 있다. 어느 정도 사실이지만 극히 일부의 경우다. 원칙적으로 이론은 실천에 앞서지 않는다. 이론의 역할은 이미 증명된 관행을 항목별로 요약하고 구조화하는 것이다. 또한 독립적이고 예외적인 내용을 '규칙'과 '시스템'으로 바꾸고, 이를 가르치거나 학습할 수 있게 만드는 것, 무엇보다 일반적인 적용이 가능하도록 만드는 역할을 한다.

당신의 의사결정은 이미 시대에 뒤떨어진 가치에 근거한 행동이 아닌가? 오늘날 시장에서 이기기 위해 새로운 지적 구조가 필요하지 않은가?

지식을 익히고 성과에 집중하라

" 경영은 교양과목이다. "

전통적으로 경영은 교양과목으로 다루어졌다. 이는 지식, 자기이해, 지혜, 리더십의 근본을 다루는 일은 일반교양liberal으로, 실행과 응용을 다루는 일은 기술art로 구분했기 때문이다. 경영자들은 심리학, 철학, 경제학, 역사, 물리학, 윤리학 등 모든 인문·사회·과학의 통찰력과 지식을 활용한다.

그러나 무엇보다 그들이 집중해야 할 가치는 효율성과 성과다. 즉 지식을 통하여 환자를 치료하고, 학생을 가르치고, 다리를 짓고, 고객을 위한 소프트웨어 프로그램을 개발하고 판매하는 일 등에 중점을 두어야 한다.

인문·사회·과학의 지식과 통찰력을 높이기 위해 무엇을 할 것인가? 오늘 당장 계획을 세워라.

**" 가장 낮은 직위의 근로자에게도
'경영자의 태도'를 요구하는 것이 혁신이다. "**

    산업계에서 운용되는 자원 중 축적만 된 인적자원보다 효율성이 낮은 것은 없다. 축적되어 있지만 활용하지 못한 인적 능력을 개발하는 몇몇 기업만 생산성을 높이고 뛰어난 성과를 이룬다.

    기업이 생산성을 올리기 위해서는 인적자원을 잘 활용해야 한다. 이를 위해서는 현재까지 주 관심 대상이었던 기술이나 제품 관리보다 인재 관리에 더 관심을 가져야 한다. 현업에 있는 경영자들이 최우선으로 삼고 가장 중요하게 여겨야 하는 부분이다.

    우리는 인적자원의 생산성과 효율성을 높이기 위해 무엇이 필요한지 알고 있다. 중요한 것은 업무 기술이나 보수가 아니다. 경영자적 태도가 가장 중요하다. 경영자가 직업, 자신의 업무, 제품을 바라보듯이 직원 개개인이 자신의 직업, 업무, 제품을 보도록 해야 한다.

당신이 업무에 책임감을 갖도록 지금 할 수 있는 것은 무엇인가?

" 중요한 것은 신체 장애가 아닌 능력이다. "

다음 두 가지 문구는 조직 정신을 잘 보여 준다. 하나는 "자신보다 훌륭하고 도덕적이고 잘난 사람을 곁에 둘 줄 알았던 사람이 여기 누워 있다"이다. 바로 앤드루 카네기Andrew Carnegie의 묘비에 적힌 글귀다.

다른 하나는 신체장애가 있는 사람들의 일자리를 찾는 운동에 쓰인 슬로건이다. "중요한 것은 신체 장애가 아니라 능력이다." 제2차 세계대전 당시 미국 루스벨트Franklin Roosevelt 대통령의 특별보좌관이었던 해리 홉킨스Harry Hopkins의 사례는 이를 잘 보여 주는 훌륭한 예다. 당시 홉킨스는 죽어 가고 있었고, 하루에 몇 시간만 겨우 일할 수 있었다. 매순간이 고통이었기 때문에 중요하지 않은 일은 일절 하지 않았다. 그렇다고 업무의 효율성이 떨어진 것은 아니다. 오히려 영국의 처칠Winston Churchill 수상은 홉킨스를 두고 "중요한 일을 처리하는 대가Lord Heart of the Matter"라고 부를 정도로 전쟁 중이던 워싱턴에서 어느 누구보다 많은 업적을 남겼다. 그리고 루스벨트 대통령은 죽어 가는 해리 홉킨스가 자신만의 특별한 업적을 이룰 수 있도록 기존의 모든 규정을 깼다.

동료의 강점을 파악하라. 그들이 업무에서 더 나은 성과를 내도록 강점을 개발하라.

경영자의 역할

" 무엇보다 경영자의 역할은 성과를 창출하는 것이다. "

경영자는 자신이 경영하는 조직에 방향을 제시할 수 있어야 한다. 조직의 사명을 생각해 방향을 잡고, 목표를 세워야 한다. 그리고 성과를 낼 수 있도록 자원을 체계화해야 한다.

세이J. B. Say의 주장처럼 경영자는 기업가이며 훌륭한 성과와 공헌을 위한 비전을 제시하고 자원을 운영해야 할 책임이 있다. 이런 필수적인 역할을 다하면서 경영자들은 같은 어려움에 직면한다. 생산성을 높이고 성과가 나도록 업무를 체계화해야 하고, 구성원을 이끌어야 한다. 또한 기업이 사회에 미치는 영향에 대해서도 책임져야 한다. 무엇보다 맡은 일이 경제적 일이든, 학생을 가르치는 일이든, 환자를 돌보는 일이든 조직을 위한 성과를 내야 할 책임이 있다.

당신의 조직은 필요한 성과를 내고 있는가? 만약 그렇지 않다면 당신의 역할을 점검해 보라.

경영은 기업뿐 아니라 비영리기관에도 중요하다

" 비영리기관에도 자신의 사업에서
어떤 이익을 내는지 측정할 기준이 필요하다. "

비영리기관에서도 조직을 잘 운영하기 위한 기술과 방법을 배우기 위해 경영학을 공부하는 경우가 늘고 있다. 병원, 군대, 종교 단체, 공공 서비스 기관 모두 경영학을 배우려고 한다.

그렇다고 해서 영리적 기업의 경영 방식이 모두 비영리기관에 적용될 수 있다는 뜻은 아니다. 반대로 비영리기관은 경영이 목적 설정에서부터 시작한다는 사실을 배워야 한다. 또한 대학, 병원 등의 비영리기관에는 영리기관과 다른 경영 방식이 필요하다는 사실도 알아야 한다.

그렇다고 해도 비영리기관들이 영리기관을 본보기로 삼는 일은 옳다. 영리기관에 '수익성'이라는 가치 척도가 있듯 비영리기관에도 그들의 척도가 필요하다. 다시 말해 수익성은 인간적, 사회적 요구와 다르거나 예외적인 부문이 아니라 다원화된 조직을 관리하기 위해 필요한 표준이다.

자신과 관련 있는 가장 중요한 비영리기관은 무엇인가? 그 기관에는 성과를 평가하기 위한 구체적인 기준이 있는가? 그리고 얼마나 성공적으로 운영되고 있는가?

> " 회사의 권력이 '정당성의 원칙'을
> 받아들일 수 없다면, 그 회사는 사라지고 만다. "

어떠한 사회적 권력도 정당한 권력이 아니라면 지속될 수 없다. 그리고 사회가 각 구성원을 한데 모을 수 없으면 제 기능을 하지 못한다. 산업체계의 구성원들에게 사회적 지위와 역할이 주어지지 않으면 사회는 무너질 것이다. 물론 반란을 일으키지는 않을 것이다. 하지만 집단 전체가 무기력해지고, (사회적 의미가 없다면 위협과 부담에 불과한) 자유에 대한 책임을 회피할 것이다. 우리가 할 수 있는 선택은 제 역할을 하는 산업사회를 이루거나, 군주나 폭정에 의해 자유가 사라지는 상황을 보는 일, 그 두 가지밖에 없다.

회사가 폭정이나 무정부 상태인 세계 일부 지역에서 운영되고 있다면 이것이 가치 있는 일인지 아니면 매우 위험한 일인지를 판단하라.

사회의 목적

> " 사회는 그 목적과 이상이 개인의 목적과 이상에
> 비추어 의미를 가질 때만 의미가 있다. "

개인에게 사회적 지위와 역할이 없다면 그에게 사회는 없는 것과 마찬가지다. 개인 생활과 집단 생활 사이에는 명확한 기능적 관계가 있어야 한다. 역할과 지위가 없는 개인에게 있어 사회는 비합리적이고, 짐작할 수 없고 형태가 없다. '뿌리가 없는' 개인, 사회적 역할과 지위의 부재로 인해서 사회의 동료들로부터 버림받은 사람들은 사회를 보지 못한다. 그는 절반은 합리적이지만 절반은 의미 없고 절반은 밝지만 절반은 어두운, 하지만 결코 예측할 수 없는 악의적인 힘만 보고 있을 뿐이다. 그들은 자신의 삶과 생계 수단에 대해 자신이 개입하지도 이해하지도 못한 채 결정을 내리게 된다. 마치 낯선 방에서 눈을 가리고 규칙을 모르는 게임을 하는 사람과 같다.

실업자이거나 은퇴해 '뿌리가 없는' 사람에게 손을 내밀 시간을 마련하라. 그들에게 메모를 남기거나 점심을 대접하라.

> " 모든 조직화된 사회는 인간 본성과 사회에서
> 그가 가지는 역할과 위치라는 개념 위에 세워진다. "

　그 진실이 무엇이든 간에(하나의 묘사로서) 인간 본성에 대한 개념은 항상 그것을 인식하고 자신과 동일시하는 사회의 본질에 대한 진정한 모습을 제공한다. 이것은 사회적으로 볼 때 아주 중요하며 최고라고 간주할 만한 인간 활동의 영역을 보여 줌으로써 사회의 근본적 신조와 신념을 상징하게 된다. '경제적 동물'이라는 인간에 대한 개념은 부르주아 자본주의와 마르크시스트 사회주의 사회의 진정한 상징이다. 이 두 사회는 인간의 경제적 활동의 자유로운 행사에서 그들의 목표 실현을 위한 수단을 본다. 경제적 만족만으로도 사회적으로 중요하고 유의미한 것처럼 보인다. 경제적 지위, 경제적 특권 및 경제적 권리는 사람이 일하는 이유가 된다.

사회적으로 가장 높은 영역은 무엇인가? 이것이 당신에게 어떤 영향을 주는가?

> " 오늘날 돈을 버는 사업은
> 내일은 돈이 많이 드는 사업이 될 것이다. "

조지프 슘페터Joseph Schumpeter는 "혁신은 경제학의 핵심이자 동시에 현대 경제의 핵심"이라고 강조했다. 그의 경제발달이론에 따르면 이윤은 경제적 이익의 함수Profit's Function다. 변화, 혁신 시대의 경제에서는 칼 마르크스의 말과 반대로 이윤은 근로자들에게서 착취한 '잉여가치'가 아니다. 오히려 근로자들의 일자리와 수입을 만들어 주는 유일한 원천이다. 경제발달이론에서는 혁신가만이 진정한 이윤을 창출할 수 있다고 했으나, 그 생명이 오래가지 못한다고 말한다.

그러나 슘페터는 혁신을 '창조적 파괴'라고 정의했다. 혁신은 과거의 지식이나 기술, 투자를 쓸모없게 만든다. 경제가 발전할수록 더 많은 자본이 필요하다. 따라서 고전 경제학자들과 증권 거래를 하는 사람들이 고려하는 이윤은 순수한 비용이며, 사업을 유지할 수 있도록 해 주는 비용, 그리하여 오늘날 이윤을 내는 사업이 미래에는 분명 애물단지가 될 것이라는 사실을 제외하면 아무것도 예측할 수 없는 상황에서 미래에 대비한 비용이다.

현재 이익을 내는 사업이 더 이상 이익을 내지 못하는 사업이 될 미래를 준비하면서 혁신을 위해 충분히 투자하는지 점검하라.

" 케인스는 제품의 흐름을 보고 있었고
나는 소비자들의 행동에 관심이 있었다. "

나는 경제학이 기초로 삼는 경제적 기반과 기본 전제를 받아들이지 않으며, 경제적 영역이 독립적 분야라는 것도 인정할 수 없다. 물론 중요한 영역이다. 베르톨트 브레히트Bertolt Brecht가 "먹고사는 문제를 해결하는 일이 먼저고, 그다음에 도덕이 따른다"라고 한 말처럼 생계 해결이 경제학의 주안점이다. 나는 모든 사회·정치적 결정을 내릴 때 경제적 비용을 고려해야 한다고 주장했다. '혜택'에 대해서만 말하면 무책임하고 재앙으로 이어질 수밖에 없다. 그리고 나는 너무나 많은 대안을 살펴봐 온 자유시장을 믿는다.

하지만 경제학은 여전히 나에게 일부 영역일 뿐이다. 경제학적 고려는 인간, 사회와 관련된 결정을 내릴 때 결정적 요인이라기보다 오히려 제약 요소다. 경제적 필요와 만족을 채우는 일은 매우 중요하지만 절대적인 것은 아니다.

무엇보다 경제 활동, 경제 조직, 경제적 도덕성은 그 자체가 궁극적 목적이 되어서는 안 되며 중요한 가치는 인간, 사회와 관련된 비경제적 목표다. 이것은 경제학을 독립된 사회과학으로 보지 않음을 뜻한다.

간단히 말해 나는 경제학자가 아니다. 1934년, 런던 상업은행의 젊은 경제학자로서 케임브리지에서 열린 존 메이너드 케인스John Maynard Keynes의

세미나에 참여한 적이 있다. 그때 케인스는 상품의 흐름에 관심을 갖고 있다는 사실을 깨달았고 나는 사람들의 행동에 관심을 가진다는 점을 알게 되었다.

중요한 예산이나 의사결정을 내리기 전에 조직 내 직원과 고객들에게 미치는 영향을 실제로 고려했는지 생각할 수 있도록 30분 정도 할애하라.

개인의 이익과 공공의 이익 사이에서

" 도덕 사회에서 공공의 선은 항상 개인의 선에 달려 있다. "

국가와 기업을 위해 공공의 이익을 창출하려면 성실한 근로, 훌륭한 경영 방식, 높은 책임 기준, 원대한 비전이 필요하다. 하지만 이는 실현 불가능한 것을 바라는 것과 같다. 완전하게 이루려면 가장 기본적인 요소들을 순금으로 바꾸는 연금술사의 '현자의 돌'이 필요하다. 그러나 경영진이 지도층으로 남기 위해서는 이 규칙을 행동 지침으로 삼아야 하며, 의식적으로 노력해야 한다. 또한 실제로도 일정 수준 이상 그 방식을 따라야 한다.

훌륭하고 도덕적이며 지속적인 사회에서 공공의 선은 개인의 선에 달려 있다. 모든 리더 집단은 공공의 이익이 개인의 이익이라고 주장할 수 있어야 한다. 이는 리더십의 유일하고도 합리적인 근거이며, 이를 실현하는 일이 리더들의 우선 과제다.

당신이나 당신의 조직이 공공의 이익을 무시함으로써 실패하였거나, 실패가 예상되는 신제품이나 서비스 목록을 세 가지만 적어 보라.

" 자신의 강점을 파악하고, 이를 향상시키고,
자신이 할 수 없는 부분을 파악하는 일이 지속적 학습의 핵심이다. "

예수회 수사들이나 칼뱅주의 목사들은 중요한 일을 하거나 결정을 내릴 때 자신이 기대하는 성과를 기록한다. 그리고 9개월 후에 그가 기대한 성과와 실제 성과를 비교해 평가한다. 이를 통해 자신의 강점과 잘한 일을 파악하고, 배워야 할 점과 바꿔야 할 습관을 깨닫는다. 바꿔 말하면 자신에게 부족한 능력이 무엇인지, 잘할 수 없는 영역이 무엇인지 살피는 것이다.

나도 이 방법을 지금까지 50년 동안 사용해 왔다. 이를 통해 자신의 강점을 발견할 수 있으며, 자기 자신에 대해 알 수 있다. 또한 자신이 할 수 없는 점, 즉 시도조차 할 필요가 없는 부분을 파악할 수 있다. 이런 일은 지속적인 학습을 하는 데 가장 중요한 바탕이 된다.

자신의 강점과 이를 향상시키기 위해 취하는 방법들을 열거해 보라. 당신의 강점을 파악하는 데 도움을 줄 수 있을 정도로 당신을 잘 아는 사람은 누구인가?

자기혁신 방법을 찾아라

" 지식근로자는 반드시
자신의 발전과 직업에 대해 책임져야 한다. "

오늘날 사회의 다양한 조직에서는 사람들이 일할 때 기술보다 지식을 쓰는 경향이 강해졌다. 지식과 기술은 기본적 특성에서 차이가 있다. 기술은 매우 서서히 변하지만 지식은 자기 스스로 발전하며, 지식 자체가 지식을 진부하게 만들면서 빠른 속도로 변화한다.

지식근로자들이 3~4년 주기로 학교로 돌아가지 않으면 그들의 지식은 낡은 것이 된다. 이는 오늘날의 생활이나 업무를 해내기에는 과거의 학습, 지식, 기술, 경험적 도구가 충분하지 않다는 사실을 뜻한다.

사람은 오랜 시간에 걸쳐 변화한다. 다른 니즈, 다른 능력, 다른 관점을 가진 다른 사람이 되기 때문에 '자기혁신'이 필요하다. 나는 의도적으로 재충전이라는 용어보다 강한 의미의 혁신이라는 용어를 사용한다. 만약 당신이 지난 50년간의 근로에 대해 이야기할 때 그 방식이 일반화되어 있다면 스스로 혁신해야 한다. 새로운 에너지원을 찾기보다 자신을 다르게 바꾸어야 한다.

자기보다 나이 든 사람에게 자기혁신 방법을 물어라. 그리고 지금 어떤 조치를 취해야 하는가?

" 지속과 혁신의 필요성 사이의
팽팽한 긴장은 사회와 문명화의 핵심이다. "

자연생태학자들이 생물학적 환경을 연구하듯이 나는 스스로를 인간이 만든 환경에 관심 갖는 '사회생태학자'라고 생각한다. '사회생태학'이란 내가 만든 용어지만 이 학문 자체는 오래되고 차별되는 계보를 자랑한다. 알렉시 드 토크빌Alexis de Tocqueville의 《미국의 민주주의Democracy in America》는 이에 관한 위대한 저서다. 그러나 빅토리아 시대의 영국인 월터 배젓Walter Bagehot만큼 기질, 개념, 접근 방식에 있어 나와 가까운 사람은 없다. 배젓은 사회 변화의 시대에 살면서 새로운 형태의 기관, 즉 효율적 경제의 중심으로서의 민주주의와 금융의 핵심으로서의 은행, 내각 정부의 등장을 처음 목격한 사람이다.

나는 배젓 이후 백 년 만에 새로운 사회조직으로서의 경영을 처음 목격하였고, 얼마 후 새로운 핵심 자원인 지식의 출현, 사회적 지배계급으로서의 지식근로자를 파악했다. 배젓과 마찬가지로 나 역시 지속과 혁신의 필요성 사이의 팽팽한 긴장이 사회 발전과 문명화의 핵심이라고 본다.

당신과 당신이 속한 조직은 변화를 이끌고 있는가? 변화를 추구하고 변화와 안정성 간의 균형을 유지하기 위해서 어떠한 조치를 취할 수 있는가?

체계적으로 경영하라

> "당신이 이해를 못해서 무언가를 재현할 수 없다면,
> 그것은 진정한 발명이 아니라 우연히 이뤄진 것이다."

60여 년 전 《경영의 실제》가 출간된 후 그때까지만 해도 일부 천재들만 할 수 있을 뿐 어느 누구도 재현할 수 없을 것 같았던 경영 방식을 일반인들도 학습할 수 있게 되었다.

내가 경영에 참여하기 시작했을 때 경영의 많은 부분이 공학과 회계에서 파생되었다. 일부는 심리학과 근로관계에서 나왔다. 각 분야는 별개의 것으로 여겨졌고, 각 분야 그 자체로는 별다른 효과가 없었다. 목수가 톱, 망치만 가지고 있고, 대패에 대해 들어본 적이 없다면 일할 수 없는 것과 마찬가지다.

모든 도구를 활용해야만 비로소 원하는 발명품을 만들 수 있다. 《경영의 실제》를 통해 각각의 경영 원칙을 하나로 체계화할 수 있었다.

✔

당신의 경영 방식은 임기응변식인가, 아니면 체계적인가?

헨리 포드의 실패

" 헨리 포드의 흥망과 포드사의 회생 이야기는
통제된 상황에서 잘못된 경영을 실험한 것이라고 할 수 있다. "

헨리 포드Henry Ford의 인생 부침과 손자인 헨리 포드 2세 때 회사가 회생한 이야기는 자주 언급된다. 하지만 사람들은 이 극적인 이야기를 통해 한 인간의 성공과 실패 이상의 것을 깨닫지 못한다. 하지만 무엇보다도 헨리 포드의 이야기는 통제된 상황에서 잘못된 경영을 실험한 것이다.

헨리 포드 1세가 사업에서 실패한 이유는 관리자(경영자)와 경영이 필요 없다고 믿었기 때문이다. 그는 오로지 기업 소유주와 지원자helpers만 필요하다고 믿었고, 확신에 차 있었다. 자신의 명령 없이 의사결정을 하거나 행동을 취하는 경영자는 아무리 능력이 뛰어나도 해고하거나 업무에서 제외시켰다. 이처럼 그가 자신의 확신대로 밀어붙인 일은 원하는 바와 전혀 다른 결과가 나오는 실험이었으며, 무모했다.

포드의 실패는 인격이나 기질 때문이 아니라 직무에 필요한 경영자와 경영을 거부했기 때문이다. 즉 보스로부터 관리자로 권한 이양이 이루어지지 않았기 때문이다.

☑

당신은 모든 직원들을 도우미로 생각하는 기업 소유주인가? 또는 도우미로 취급당하는 직원인가? 직원들에게 책임을 지도록 권유할 때 조직의 이윤이 증가하는 방법 세 가지를 기술하라.

학력과 직업이 경영의 질을 좌우하지 않는다

" 지식보다는 성과가 경영의 증거이자 목표다. "

경영을 평가하는 궁극적 기준은 '성과'다. 경영은 과학이나 직업이 아니라 실천이다. 예를 들어 특별한 학위를 가진 사람들의 경영 참여를 제한하거나 경영자에게 면허를 주어 경영을 직업화하려는 시도는 경제와 사회에 치명적인 영향을 미칠 수 있다. 오히려 훌륭한 경영을 평가하는 기준은 실무자가 자신의 일을 잘 해내는지에 달려 있다.

경영을 '과학화', '직업화'하려는 시도는 결국 번거로운 일, 즉 위험, 사업의 부침, 소모적 경쟁, 소비자의 비합리적 선택 등 사업의 예측 불가능한 요소를 제거하려는 시도로 이어진다. 결국 그 과정에서 경제의 자유와 성장 능력도 사라진다.

경영 실천 방식 중에서 좋은 성과를 창출했던 것은 무엇인가? 그리고 지금 버려야 할 실천 방식은 무엇인가?

> " 조직 경영은 기본적이고
> 예측 가능한 트렌드를 기반으로 해야 한다. "

2001년 9·11테러와 그에 대한 미국의 대응은 세계 정치를 근본적으로 바꾸었다. 특히 우리는 중동에서 몇 년간 무질서를 목격해 왔다. 하지만 기업, 대학, 병원 등 조직의 경영은 현대의 일시적 변화에 흔들리지 않고 기본적이며 예측 가능한 트렌드를 기반으로 움직여야 한다. 경영은 트렌드를 기회로 활용해야 한다. 이러한 기본 트렌드는 다음 사회와 새롭고 전례 없는 특성의 출현을 보여 주기 때문이다.

- ◆ 청소년 인구의 감소와 새로운 노동인구 출현
- ◆ 부와 직업 창출 수단이던 제조업의 지속적 쇠퇴
- ◆ 기업과 최고경영진의 형태, 구조, 기능의 변화

예측할 수 없는 거대한 변화가 있을 때는 기본적이고 예측 가능한 트렌드에 대한 전략과 정책을 근거로 해도 성공이 보장되지 않는다. 그러나 그렇다고 해서 트렌드에 기반하지 않으면 반드시 실패한다.

당신이 속한 업체가 기반으로 삼고 있는 세 가지 기본적 사회 동향을 기술하라. 그러한 흐름이 여전히 유지되는가?

권력에 정당성이 있어야 한다

"권력의 정당성이 없으면 사회질서가 존재할 수 없다."

사회가 제 기능을 발휘하려면 실제 사회질서를 조성할 힘이 있어야 한다. 그 질서는 물질세계를 경영할 수 있어야 하며, 개인에게 의미 있고, 이해할 수 있어야 하며, 합법적인 사회 정치권력을 확립할 수 있어야 한다.

구성원 개개인에게 사회적 지위와 역할을 부여하지 않고, 사회 권력의 정당성이 없으면 그 사회는 제 기능을 할 수 없다. 전자는 사회생활의 기본 구조(사회 목적과 의미)를 세우며, 후자는 기본 구조 내에서의 공간을 형성하기 때문이다. 다시 말해 사회를 구체화하고 제도와 관습을 형성하는 일이다. 그리고 권력의 정당성이 없으면 사회조직이 있을 수 없다. 단순한 노예제나 오직 피동적이고 무력한 사회적 공백만 남는다.

이라크의 새로 출범하는 정부가 정당성을 확보하려면 무엇을 해야 할까? 그리하여 정부는 이라크인의 지위와 역할을 창출하기 위해 무슨 일을 해야 할까?

032~059

다른 각도로 보라

The Daily Drucker

" 경계를 초월하여 새로운 현실로. "

몇백 년에 한 번씩 급격한 변화가 발생한다. 우리는 그 변화의 경계선을 넘는다. 몇십 년 사이 사회는 세계관, 기본 가치, 사회 및 정치 구조, 예술, 핵심 기관을 재정리한다. 그리고 50년이 지나면 새로운 세계가 된다. 변화 이후 태어난 사람은 조부모가 살았던 세상과 자신의 부모가 태어난 세상을 상상조차 할 수 없다.

오늘날의 근본적인 변화, 즉 30년 전에 나타난 이러한 새로운 현실은 시작에 불과하다. 또한 이제 본격적인 영향을 미칠 이 변화들은 세계적인 사업 구조의 조정, 합병, 제휴의 기초가 된다. 그리고 세계 노동인구 재편의 기반이 된다. 이 변화들은 주로 미국에서 진행되고 있으며 일본과 유럽은 초기 단계다. 이런 변화는 교육, 특히 고등 교육 기반이 혁신되어야 할 필요성을 만든다.

현실은 단순히 정치가, 경제학자, 학자, 비즈니스맨, 노동조합 지도자들이 관심을 갖고, 책을 쓰고, 연설하는 주제와는 다르다.

☑

동료가 과거의 뉴스를 가지고 열을 올리면, 그에게 과거에서 벗어나 현실을 직시하라고 말할 방법을 생각해 보라.

다가오는 현실과 믿고 있는 현실은 다르다

" 새로운 현실을 활용하라. "

오늘날 새로운 현실은 좌익이나 우익 중 어느 한쪽에만 적용되지 않으며, 모든 사람이 '알고 있는 것'과도 전혀 들어맞지 않는다. 심지어 모든 사람이 여전히 믿는 현실과 다를 수도 있다. 현실은 정치적 입장과 관계 없이 좌익이나 우익 모두 인정하고 믿는 것과도 다르다. 오늘날 가장 위대하고 가장 위험한 변화는 정부 관료, 기업 경영자, 노동조합 지도자 등 의사결정권자들이 가지고 있는 환상과 현실 사이의 차이에서 비롯된다.

그러나 격변의 시기는 새로운 현실을 이해하고, 수용하고, 이를 이용하는 사람들에게는 커다란 기회다. 따라서 각 기업의 의사결정권자는 현실을 똑바로 보고 모든 사람이 알고 있는 사실과 관련된 유혹이나 이제의 확실성에서 비롯된 유혹(미래에는 해로운 미신이 될 수 있다)에서 벗어나야 한다. 격변의 시기를 헤쳐 나가려면 새로운 현실에 직면해야 한다. 이는 몇 년 전만 해도 의미 있었던 주장이나 가정이 아닌 "현실 세계의 실상은 무엇인가?"라는 질문에서 시작해야 한다.

☑

인구통계학적 변화(인구 구성과 노동인구의 변화)와 국가나 지역, 국가 간에 일어나는 경제 변화에 따라 생기는 새로운 기회 요소 세 가지를 열거하라. 그리고 그 기회를 따라가라.

" 중요한 것은 비육체 노동자들의 생산성이다. "

1881년 미국의 프레드릭 테일러Frederick Winslow Taylor는 최초로 지식을 노동 연구, 노동 분석, 노동 공학에 적용하였다. 그 결과 '생산성 혁명'이 일어났지만 생산성 혁명은 자기 발에 걸려 넘어진 꼴이 됐다. 이제부터는 비육체 노동자들의 생산성이 중요하며 이를 위해 '지식을 지식에 적용'하는 일이 필요하다.

그러나 이제는 지식이 어떠한 새로운 지식을 필요로 하는지, 그 지식이 실현 가능한지, 지식을 효율적으로 활용하려면 무엇을 해야 하는지 등을 파악하기 위해 체계적으로 적용되고 있다. 즉 '체계적 혁신'을 위해 지식을 이용하는 것이다. 이러한 지식의 역동성dynamics of knowledge에서의 세 번째 변화를 '경영 혁명'이라고 말할 수 있다.

성과를 내기 위해 기존 지식을 가장 잘 적용할 수 있는 방법을 모색하는 데 지식을 제공하는 것이 바로 '경영'이 추구하는 의미다.

당신이 직무에서 달성해야 할 성과는 무엇인가? 생산성 향상을 위해서 배제해야 할 세 가지 과업을 열거하라.

실용적으로 지식에 접근하라

" 새로운 기술은 인간의 모든 지식을 수용하고 활용한다. "

지식 교육뿐 아니라 지식 탐구는 전통적으로 지식의 응용과는 구분되는 것으로 여겨져 왔다. 물론 두 가지 모두 주제(학과목), 즉 지식 그 자체의 논리에 따라 구성되었다. 대학의 교수진과 학과, 학위, 특화 분야 등 고등교육기관은 학과목 중심적이었다. 그런 기관들은 '시장'이나 '최종 용도end use'보다 '제품'을 기반으로 한 조직 전문가들의 언어를 사용하기 위해 노력해 왔다. 하지만 점진적으로 학문 분야별 주제가 아닌 응용 영역을 중심으로 지식을 구성하는 추세다. 학제간 작업이 곳곳에서 '일어나고' 있다.

이것은 지식이 그 자체가 목적이 아니라 특정 성과를 추구하는 자원으로 바뀌고 있음을 뜻한다. 현대사회의 핵심 에너지로서 지식은 응용되는 과정에서 다양한 지식이 통합적으로 이용된다. 그러나 노동은 학문적 측면에서 정의될 수 없다. 필연적으로 최종 성과는 학제적인 것이다.

당신이 창출해야 할 성과를 나열하라. 성과를 만들기 위해서 당신은 어떤 전문가에게 의존하고 있는가? 그런 전문가들과의 협력 관계를 어떻게 긴밀히 할 수 있는가?

"다음 사회next society가 곧 우리와 함께할 것이다."

　선진국에서, 노인 인구의 급격한 증가와 출산율의 급격한 감소가 다음 사회를 바꾸는 막대한 요인으로 작용하겠지만 이제야 많은 사람이 그 문제에 관심을 갖기 시작했다. 로마 제국의 쇠퇴기 이후 우리가 한 번도 경험해 보지 않았을 젊은 층의 인구 감소는 노령 인구의 증가보다 더한 격변을 야기할 것이다. 모든 선진국뿐 아니라 중국과 브라질의 출산율도 현재 인구를 유지하는 수준에 훨씬 못 미친다. 이에 따라 정치적으로 이민이 큰 의미를 가질 것이며, 모든 부유한 국가들의 쟁점이 될 것이다. 전통적 정치 구도에도 영향을 줄 것이다.

　경제적 측면에서 인구 변화는 시장 상황을 근본적으로 바꾸는 요인이 된다. 가족의 증가는 선진국의 모든 내수시장의 핵심 원동력이었다. 청년층의 대규모 이민이 뒷받침되지 않으면 가족 형성 비율은 꾸준히 감소할 것이다.

☑

주 고객층을 청년층, 노년층, 이민 계층 중 누구로 할지 결정하라. 청년층 인구를 대상으로 한 시장은 점차 감소하고 신규 이민자와 노년층 인구는 증가하므로 이에 대비하라.

국가의 경계는 의미 없다

" 성공한 초국적기업들은
스스로를 국적 없는 독립체로 본다. "

오늘날 세계를 무대로 비즈니스를 하는 대부분의 회사는 전통적인 다국적multinational기업들처럼 조직되어 있다. 그러나 지금 초국적transnational기업으로의 전환이 시작되었고 그 변화는 빠르게 진행되고 있다. 다국적기업과 초국적기업의 제품이나 서비스는 같을지 모르지만 구조는 근본적으로 다르다. 초국적기업에는 '세계'라는 하나의 경제 단위만 존재한다. 그들의 판매, 서비스, 홍보, 법적 문제는 지역을 기반으로 이루어지지만, 부품, 기계, 기획, 연구, 재무, 마케팅, 가격 결정, 경영 방식은 세계 시장을 고려해 진행된다.

예를 들어, 미국의 선도적 엔지니어링 회사는 전 세계에 산재해 있는 43개의 공장에서 필요로 하는 핵심 부품을 벨기에의 북부 앤트워프 외곽에 위치한 공장에서 생산하며, 이 공장은 해당 부품만을 만든다. 이 회사는 세 군데의 공장에서 전 세계에 판매할 제품들을 개발하고 다른 네 곳의 공장에서는 품질 관리를 한다. 따라서 이 회사에 국가 간 경계는 큰 의미가 없다.

초국적기업이라고 해도 각 정부의 통제를 완전히 벗어나지는 않으므로 반드시 해당 정부의 정책을 따라야 한다. 하지만 세계 시장과 기술에 맞춰 결정되는 정책과 실무는 예외다.

성공하는 초국적기업은 스스로를 별개의, 국적 없는 독립체로 인식한다. 이러한 자기인식은 수십 년 전에는 상상도 할 수 없었던 무언가, 바로 초국적 최고경영자에 의해 증명되고 있다.

자국에서 구매한 컴퓨터나 프린터에 관한 질문을 외국 기술 지원센터에 문의해 보라. 그 지원 서비스의 품질이 자국에 있는 케이블 회사의 품질과 어떻게 다른지 비교해 보라.

지식이 현실에 발을 딛도록 하라

" 교육받은 사람들은 지식을 미래의 기틀을
마련하는 데 쓰는 것은 물론, 현재에도 활용할 필요가 있다. "

헤르만 헤세Hermann Hesse는 1943년에 발표한 소설《유리알 유희Magister Ludi》에서 인문주의자들이 원하는 세상과 그 세상의 실패에 대해 예견했다. 이 소설은 위대한 전통, 지혜, 아름다움에 전념해 화려한 은둔생활을 살았던 지식인, 예술가, 인문주의자들의 조직에 대해 묘사하고 있다. 그러나 조직에서 가장 성공한 영웅적 인물이 결국 타락하고, 천박하고, 폭력적이고 격변하는 세속적 현실로 돌아가기로 한다. 자신이 추구하는 가치가 현실과 관련이 없으면 바보가 소유한 금괴처럼 쓸모없어진다고 생각했기 때문이다.

탈자본주의 사회에서는 이전의 다른 사회들보다 교육받은 사람이 훨씬 많이 필요하다. 또한 과거의 위대한 유산을 이용하는 일이 필수적인 요소가 될 것이다. 그러나 자유주의 교육은 반드시 인간이 현실을 이해하고 이를 명확히 파악할 수 있도록 해야 한다.

정치, 역사 등 주제를 막론하고 자기가 관심 있는 분야의 책을 읽어라. 무엇을 배웠는가? 그렇게 익힌 지식을 어떻게 활용할 수 있는가?

꾸준한 변화를 만들 수 있는 조건

" 변화는 항상 있기 때문에
그 기반은 더욱 튼튼해야 한다. "

변화의 선두주자가 되고 싶은 조직일수록 안팎으로 보다 강한 연속성을 만들고, 급격한 변화와 연속성 사이에서 균형을 유지해야 한다. 이를 위한 한 가지 방법은 파트너십을 바탕으로 삼는 것이다. 변화와 연속성 사이의 균형을 유지하려면 정보에 대한 끊임없는 연구가 필요하다. 연속성과 관계를 망가뜨리는 가장 큰 요인은 신뢰할 수 없고 빈약한 정보다. 크든 작든, 심지어 가장 작은 변화 앞에서 조직은 이렇게 자문해야 한다. "누가 이 정보를 알고 있어야 하는가?" 이는 점점 더 많은 기업이 실제로 함께 작업하지 않으면서도 공동작업을 하는 사람들, 즉 새로운 정보기술을 사용하는 사람들에 의존하게 되면서 정보 파악의 중요성은 더욱 커질 것이다. 무엇보다 기업의 기본 요소인 사명, 가치, 성과, 그리고 수행과 결과에 대한 연속성을 유지할 필요가 있다.

마지막으로 변화와 연속성 간의 균형은 보상과 인정의 형태로 이뤄져야 한다. 또한 우리는 조직의 연속성 유지에 대해서도 보상해야 한다. 예를 들어 지속적으로 개선하는 사람에게도 진정한 혁신가에게 하듯 똑같이 인정하고, 보상해야 한다.

결정하거나 변경할 때 "누가 그 내용을 알아야 하는가?"라고 스스로에게 질문해 보라.

조직이 지역사회의 안정을 저해할 수 있다

" 조직 문화는 언제나 조직을 초월한다. "

현대 조직은 지역사회 안에서 운영되어야 하며 성과를 내는 길도 지역사회에 있다. 그러나 조직은 공동체에 안주할 수 없고, 종속될 수도 없다. 그들의 문화는 공동체를 초월해야 한다. 지역사회가 일자리 때문에 기업에 의존하더라도 기업들은 공장을 닫거나 혹은 수년 동안 모형 제작을 해온 쉰 살의 직원을 컴퓨터 시뮬레이션 방법을 아는 스물다섯 살의 청년으로 대체할 수 있다. 이런 모든 변화는 지역사회를 뒤흔든다. 모두가 '불공평하다'고 생각하고, 불안해한다.

조직의 가치 체계를 결정하는 건 공동체가 아닌 과업이다. 모든 병원, 학교, 기업들은 현재 자신들이 하는 사업이 궁극적으로는 지역사회의 사람들이 의존하게 되는 중요한 공헌을 하고 있다고 믿어야 한다. 과업을 성공적으로 하기 위해서는 동일한 방식으로 조직하고 관리해야 한다. 조직 문화가 공동체의 가치와 충돌하면, 조직 문화가 우선시된다. 그렇지 않으면 조직은 사회 공헌을 할 수 없다.

월마트가 지역 주민들의 의사에 반하여 인근으로 이전하려고 한다면, 월마트는 어떤 조치를 취해야 할까? 이전을 포기하는 일이 현명한 상황일까?

> " 역동적인 불균형을 지닌 사회만이
> 안정성과 결속력을 가진다. "

사회, 공동체, 가족은 모두 지속성이 있는 조직이다. 안정을 유지하려고 변화를 막거나 늦추려는 노력을 한다. 그렇다 해도 우리는 인간의 생각, 가치, 인위적 산물은 노화하고 경직되고 쓸모없어지고 고통의 원인이 되기도 한다는 사실을 알고 있다.

그렇지만 토머스 제퍼슨Thomas Jefferson의 조언처럼 모든 세대에서 '혁명'이 해결책은 아니다. 우리는 혁명(대변혁)이 성취나 새로운 시대의 시작이 아님을 안다. 그것은 오래된 부패, 사상과 제도의 고갈, 자기개혁 실패에서 비롯된다. 정부, 대학, 기업, 노동조합, 군대를 막론하고 연속성을 유지하는 유일한 방법은 체계를 세우고 각 분야에서 구조적인 혁신을 일으키는 것이다. 제품, 프로세스, 서비스처럼 조직이나 제도, 정책은 결국 진부해진다. 목표를 이뤘거나 혹은 실패했을 때 그런 현상이 나타난다. 따라서 경제와 비즈니스 영역 만큼이나 사회, 공공서비스기관에도 혁신과 기업가정신이 필요하다. 현대 조직은 안주해서는 안 되며, 혁신을 위해 조직되어야 한다.

새로운 제품이나 서비스 개발에 마지막으로 참여하였던 때는 언제인가? 경쟁사 제품을 모방만 했는가, 아니면 실제로 새로운 아이디어를 냈는가? 다시 한 번 시도해 보라.

" 경영은 인간에 관한 것이다. "

경영의 임무는 사람들이 공동의 성과를 내고, 자신의 강점을 효율적으로 발휘하며 약점을 보완함으로써 맡은 일을 다하도록 하는 것이다. 이것은 조직이 무엇을 의미하는지에 대한 답이며, 경영이 중요하고 결정적 요인이 되는 이유다.

경영은 의사소통과 개인의 책임감에 기반해야 한다. 모든 구성원들은 목표가 무엇인지 확실히 파악하고 동료들도 그 목표를 알고 이해할 수 있도록 해야 한다. 모두가 다른 사람에게 어떤 의무가 있는지 깊이 생각해야 한다. 또한 상호 역할과 동료들에게 필요한 일이 무엇인지 서로 이해해야 한다.

경영은 조직과 개별 구성원들이 일의 필요성이나 기회가 변화하는 상황에서 그에 걸맞게 성장하고 발전하도록 해야 한다.

당신은 끔찍한 연극에서 위대한 배우인가? 그렇다면 무엇을 해야 할 것인가?

" 방관자는 배우나 관중의 시선으로 사물을 보지 않는다. "

방관자는 자신의 이력이 없다. 그들은 무대에 있지만 연극의 일부가 아니다. 관객은 더더욱 아니다. 연극과 배우의 운명은 관객에 달려 있는 반면, 방관자의 반응은 자신 외에 어느 누구에게도 영향을 주지 않는다. 그러나 극장에 있는 소방관처럼 한쪽 모퉁이에 서서 사물을 볼 때 배우의 시선으로도, 관객의 시선으로도 보지 않는다. 방관자들은 배우나 관객과는 다른 방식으로 사물을 본다. 거울이 반사하듯 보는 것이 아닌 프리즘처럼 다른 각도에서 굴절시켜 본다.

다른 각도에서 자신을 바라보고 자신에 대하여 생각해야 한다. 흔히 "지붕 위에서 이상한 소리를 내 다른 사람을 놀라게 해서는 안 된다"라는 훈계는 잘 받아들여지지만 나는 그 충고에 거의 주의를 기울이지 않는다.

조직에서 무슨 일이 일어나는지 이해하기 위해 방관자의 시각으로 보라. 그다음에 행동하라. 그러나 다른 사람들이 영향을 받을 수 있다는 사실을 알아야 한다.

자유는 책임이 따르는 선택이다

" 자유는 결코 방종이 아니며 항상 책임이 따른다. "

자유는 즐거운 것이 아니다. 그것은 개인의 행복과는 다르며, 안전, 평화, 진보도 아니다. 책임이 따르는 선택이다. 권리보다는 의무다. 진정한 자유는 무언가로부터의 자유가 아니다. 자유란 어떤 일을 할지 하지 않을지, 한다면 어떤 방식으로 할지, 신념을 따를지 혹은 반대 의견을 따를지를 선택하는 방식이다. 개개인이 자신과 사회의 행동을 결정하고, 그 결정에 책임지는 일은 즐겁지 않다. 그것은 인간이 짊어져야 할 무거운 짐이다.

✓

자신의 구체적인 업무 목표를 나열하라. 업무 처리에 필요한 부분을 채우고 아울러 상사의 목표 달성에도 도움이 되는 자신의 목표에 대하여 생각해 보라. 이 목표를 상사에게 알리고, 지속적으로 상사가 그 진행 과정을 파악할 수 있도록 하라.

"카리스마를 조심하라."

오늘날 카리스마는 뜨거운 화제다. 이에 관한 많은 이야기가 있으며, 카리스마형 리더십을 다룬 책들 역시 많다. 그러나 카리스마를 향한 열망은 정치적 몰락에 관한 동경이기도 하다. 20세기처럼 카리스마형 지도자가 많은 적은 없었다. 특히 스탈린Joseph Stalin, 무솔리니Benito Mussolini, 히틀러Adolf Hitler, 마오쩌둥毛澤東 네 사람의 정치 지도자가 가장 큰 악영향을 주었다. 중요한 것은 카리스마가 아닌 지도자가 대중을 올바른 방향으로 인도하는지 아니면 호도하는지 여부다. 사실 20세기의 건설적 성과는 카리스마와 거리가 먼 사람들이 이룬 업적이다.

제2차 세계대전을 승리로 이끈 두 사람은 아이젠하워Dwight Eisenhower와 마셜George Marshall이었다. 두 사람은 모두 올바른 규율을 따르고, 유능했으며, 쉽게 동요하지 않았다.

희망적인 낙관론을 펼 수 있는 가장 큰 이유는 새로운 다수를 형성하는 지식근로자들에게 구시대 정치는 말도 안 되는 것이기 때문이다. 그들에게는 능력이 검증된 지도자라야 의미가 있다.

강력한 카리스마가 없더라도 조직 내에서 가장 유능한 사람을 찾아보라.

" 사회에 의한 구제라는 신념의 궁극적 지향점은
개인의 책임으로 귀결될 수도 있다. "

마르크스주의의 붕괴는 궁극적으로 사회에 의한 구제에 대한 믿음의 종말을 뜻한다. 그 뒤 어떤 현상이 나타날지는 알 수 없으며 오직 바라고 기도할 뿐이다. 아마 금욕주의적 체념만 남게 되지 않을까? 아니면 지식사회 사람들의 욕구와 과제를 건드리면서 전통적 종교가 부활하지 않을까? 개신교, 가톨릭, 비종파 종교의 목회론의 폭발적 성장이 그 전조일 수 있다. 이슬람 근본주의가 부활할 수도 있고 새로운 종교가 나타날 수도 있다.

하지만 여전히 구제, 자기 개혁, 영적 성장, 선과 미덕 등 전통적인 관점에서의 '개과천선'은 사회 목표나 정치 규범이라기보다 실존적 규범으로 보일 수 있다. 사회가 구제한다는 믿음은 결국 내적 변화를 이끈다. 이것은 다시 개인과 사람을 강조할 수 있게 해 준다. 심지어 개인의 책임으로 돌아가는 결과를 가져올 수도 있다. 아니면 적어도 그렇게 희망할 수 있다.

당신을 돌보는 책임은 인사부서가 아니라 당신에게 있다. 자신이 무엇을 잘하는지, 자신이 만들어 내는 결과가 기대치와 동일한지 확인하라. 그리고 자신을 관리하라. 지속적으로 "내가 기여하는 것은 무엇인가?"를 질문하라.

> " 조화에 대한 요구라는 것이
> 사회가 기업의 경제적 권력 행사를 제한할 권리를
> 포기해야 한다는 것을 의미하지 않는다. "

기업의 경제적 목적이 사회 규범에서 해방되어야 함을 뜻하지 않는다. 오히려 기업은 이윤을 추구하는 과정에서 사회적 의무를 다해야 한다. 각 기업의 경영 이념이나 사회 인식과는 별개로 기업이 사회 안정과 사회의 목적 달성에 기여할 때 비로소 사회가 제 기능을 발휘할 수 있다.

동시에 조화를 향한 요구는 사회가 기업의 경제적 권력 행사를 제한할 수 있는 권리나 필요성을 포기해야 한다는 것을 의미하지 않는다. 오히려 조직이나 개인 행동의 근거가 되는 기준을 정하는 일이 통치의 중요한 역할이다. 다만 사회 안정이나 사회적 믿음이라는 미명하에 조직의 생존과 안정을 해치려는 유혹에 빠져서는 안 된다.

2004년 초까지만 해도 많은 유명한 뮤추얼 펀드들이 영업 종료 후에도 대형 고객이 펀드를 거래할 수 있게 허용했다. 이를 통해 그 대형 고객들은 판매 시점의 판매가를 알 수 있는 이점을 누렸다. 이는 일반 주주들은 누릴 수 없는 혜택이었다. 당신이 주식을 소유하고 있는 뮤추얼 펀드 회장에게 이메일을 보내 이러한 관행으로 당신이 피해를 입지 않았다는 증거를 요청하라.

"산업사회에 대한 기본적인 사회적 목적이 없다는 것이
우리가 갖고 있는 문제의 핵심이다."

우리는 이미 경제적 진보가 항상 그리고 필요에 의해 가장 중요한 목표라는 믿음을 포기했다. 일단 경제적 성취가 최고가 아닌 여러 목표들 중 하나라고 생각하게 되면, 사실상 우리는 사회생활의 기본으로서의 경제활동을 포기하는 셈이다. 이러한 경제활동에 대한 포기는 점점 더 많은 이들에게 퍼지고 있다. 서구 사회는 경제적 동기에 의해 움직이고 경제적 성공과 보상을 성취로 보는 '경제적 인간'이라는 인간에 대한 기본적인 믿음을 포기했다.

우리는 인간 본성과 사회의 목적과 성취에 대한 새로운 개념을 바탕으로 자유롭고 효율적으로 기능하는 사회를 만들어야 한다. 사회생활의 기본 윤리 개념을 개발해야 한다. 이는 철학적이고 형이상학적인 분야에 속한다.

재무 성과나 주주 이익 최대화라는 목표를 초월하는 조직의 목적을 정의해 보라. 직원들이 믿을 수 있고 최선의 노력을 할 수 있는 목표를 정의하라.

정부의 혁신과 비전

" 정부는 조금이라도 수행 역량을 회복해야 한다. "

오늘날의 정부는 사회 속 다양한 이해집단의 공격에 무력하다. 통치력, 의사결정력, 정책 처리 부분에서도 무능해졌다. 환경보호, 민병대와 국제 테러의 진압, 무기 통제 등 새롭게 나타난 과업은 작은 정부에서 할 수 있는 것보다 많은 일을 요구한다. 따라서 다른 형태의 정부가 필요하다.

정부는 조금이라도 수행 역량을 회복해야 하며, 완전히 새로워져야 한다. 기업, 노동조합, 대학, 병원, 정부 등 어떤 조직을 새롭게 만들려면 다음의 세 단계가 필요하다. 우선 제 기능을 발휘하지 못하거나 유용성이 없어진 것을 버리는 단계다. 그다음은 제 기능을 발휘하면서 원하는 성과를 내고 조직의 수행 능력을 향상시키는 일에 집중하는 것이다. 그리고 이 일을 바탕으로 절반의 성공과 절반의 실패를 분석한다.

혁신은 제 기능을 발휘하지 못하는 것을 버리고, 제 기능을 발휘하도록 더욱 발전시키는 것이다.

페덱스FedEx나 유나이티드 파슬 서비스UPS가 미국 우편 서비스의 단점 때문에 이윤을 얻듯, 당신의 회사가 정부의 무능함으로 인해 혜택을 볼 수 있는가? 당신이 정부를 위해 일하고 있다면 제 기능을 발휘하는 곳에 집중하여 효율성을 높여라.

기업이 갖고 있는 장점을 이용하라

" 민간기업에 대한 가장 큰 논란은 손실의 기능이다. "

재민영화Reprivatization는 민간 조직이나 가정에서 할 수 없는 일들을 정부가 하다가 다시 비정부기관이 체계적으로 시행하도록 하는 정책을 말한다. 기업의 재민영화가 합리적인 이유는 다른 조직들은 마지못해 필요해서 개혁하지만 기업은 모든 사회조직 중에서 가장 적극적으로 혁신을 향해 움직이기 때문이다.

기업의 두 가지 강점은 정부의 주된 약점이기도 하다. 먼저 기업은 활동을 그만둘 수 있다. 사실 시장을 기반으로 움직인다면 그럴 수밖에 없다. 더구나 모든 조직 중에서 사회에서 퇴출될 수 있는 유일한 조직이다.

두 번째 강점은 성과 기준이 있다는 점이다. 고객들은 항상 "그 제품이 내일은 우리에게 무엇을 해줄까요?"라고 묻는다. 만약 그 답이 "아무것도 해 주지 않을 겁니다"라면 그 기업은 주저없이 사라지고 말 것이다. 투자자들도 마찬가지다. 민간기업에 대해 가장 강력한 논쟁이 되는 부분은 이익이 아니라 손실의 기능이다. 따라서 기업은 적응을 가장 잘하며 가장 유연성이 높다.

민간기업은 이전에는 교도소를, 지금은 전쟁을 운영한다. 다음에 민영화될 분야에 대한 목록을 만들고, 당신이 어떻게 수익을 얻을 수 있는지 파악하라.

놀라운 발전의 비결

" '후진국은 없고, 단지 경영되지 않는 국가만 있다'라고 말할 수 있다. "

경영은 경제, 사회를 발전시킨다. 경제·사회의 발전은 경영의 성과다. '저개발 국가란 없다'란 말은 지나친 표현이 아니다. 단지 경영이 안 된 국가만 있을 뿐이다. 140년 전의 일본은 모든 주요 지표를 기준으로 후진국이었지만 빠른 속도로 놀라운 기량의 경영을 보였다. 이것은 경영이 핵심 동력원이고 그 성과가 개발임을 뜻한다. 경제 발전에 관한 우리의 모든 경험이 이를 증명한다. 자본만 가지고 있을 때는 발전할 수 없다. 경영에 힘을 쏟을 수 있었던 소수의 경우에 급격히 성장할 수 있었다. 다시 말해 발전은 경제적 부의 문제가 아닌 인간의 에너지 문제다. 그리고 이러한 인적 에너지를 생산하고 이끄는 것은 경영의 과제다.

발전하는 세계에서 당신의 회사는 어떠한 영향을 주고 있는가? 당신의 활동 중에서 지역 회사들의 경영 표준을 향상시키는 것이 있는가?

"중앙집중식 계획에 따라 경제를 운영하면
신기술 시대의 모든 사회는 비참하게 사라질 것이다."

신기술은 경영의 영역을 크게 넓힐 것이다. 이제는 일반인들도 경영 능력을 가져야 한다. 모든 부문에서 경영자의 책임과 능력, 비전, 위험 선택 능력과 지식, 기술, 책임자 관리, 근로자와 직무 관리, 의사결정력에 대한 요구가 크게 높아질 것이다.

신기술은 권한을 위임하는 분권화를 최대한으로 요구한다. 신기술 시대에 중앙집중식 경제 운영을 고집하며 기업의 자유로운 경영을 규제한다면 그 사회는 비참하게 사라질 것이다.

기업도 마찬가지다. 중앙으로 책임을 집중하고, 의사결정권을 최고경영진에만 준다면 기업은 사라질 것이다. 마치 급격히 바뀌는 환경에 적응할 수 없는 중앙의 작은 신경계로 거대한 몸집을 움직이려고 했던 파충류 시대의 공룡과 같은 운명이 될 것이다.

▶

당신은 직원들을 미성년자처럼 관리하는가? 직원들이 자신의 직무를 잘 수행하도록 적절히 훈련시킨 뒤 그들에게 권한과 책임을 주어라. 또한 실패할 여유도 주어라.

일부만 특혜를 누려서는 안 된다

" 정부는 시민 사회의 주인이 되어 틀을 만들고 조직할 수 있다. "

제1차 세계대전까지는 거의 모든 국가의 전체 수입 중 국민에게 거둔 양은 극히 일부(아마도 5~6퍼센트)에 지나지 않았다. 수입이 제한되어 있는 이상 민주 정부든, 러시아처럼 절대군주제든 극도의 제약 상태에서 운영되었다. 이런 제약은 정부가 사회적 혹은 경제적 기관의 역할을 할 수 없게 만든다.

그러나 주목할 만한 것은 제1차 세계대전 이후, 특히 제2차 세계대전 후에는 예산 수립 절차는 사실상 모든 것을 긍정적으로 받아들이게 되었다. 세금을 거둘 때 경제적 한계가 없다고 가정한 새로운 분배 제도에서 정부는 시민 사회의 주인이 되어 틀을 만들고 조직할 수 있다. 정부는 '지갑'의 힘을 통해 정치가가 그리는 대로 사회를 조직할 수 있다. 이때 최악의 경우는 '나눠먹기식' 재정이 되는 것이다. 나눠먹기식 재정은 점점 자유사회의 토대를 갉아먹는다. 선거로 선출된 대표자들은 은밀히 특정 이해집단을 지원함으로써 표를 확보한다. 이것은 시민권의 개념을 부정하는 일이다.

캘리포니아의 주민발안13(Proposition 13, 주민발안으로 재산세의 상한선을 정했다. 대표적 조세저항운동)처럼 재산세 연간 인상 한도를 포함해 도시의 균형 예산 수정안에 대한 투표청원서를 작성해 보라. 그리고 시의회에 가서 예산 대비 지출 내역을 평가해 보라.

" 새로운 과제는 다른 형태의 정부를 필요로 한다."

모든 새로운 과제는 작은 정부 그 이상의 것을 필요로 할 것이다. 그러나 그것들은 다른 '형태'의 정부를 요구할 것이다. 가장 큰 위협은 개인 주거지에 대한 피해이다. 주거지 보호 다음으로는 민간 군대의 부활을 막고 테러를 근절하기 위한 초국가적 조치와 기관의 필요성이다.

테러리즘은 아주 작은 집단이라도 큰 국가를 인질로 삼아 몸값을 요구할 수 있기 때문에 위협적이다. 핵폭탄을 주요 도시의 사물함이나 우편함에 넣어 원격 조종으로 폭발시킬 수 있고, 수천 명을 죽일 수 있는 탄저병 세균 폭탄으로 수원을 오염시켜 사람이 살 수 없도록 할 수도 있다. 테러리즘의 위협은 한 국가로는 감당할 수 없으며 통제를 위해서는 한 국가의 힘 그 이상의 조치가 필요하다. 그에 필요한 기관을 설계하는 일도 여전히 해결해야 할 숙제로 남아 있다. 또한 그 기관들을 개발하는 데 많은 시간이 걸릴지도 모른다. 어쩌면 큰 재앙이 있은 후라야 각국 정부가 그러한 기관들과 그들의 결정을 받아들이게 될 것이다.

핵 테러에 대항하는 국제원자력기구IAEA와 같은 다국적 조직과의 협조를 통해 산업 전반에서 당신과 회사에 중요한 계획에 동참해 보라.

지식근로자가 불러올 변화

" 돈이 아닌 지식이 지배할 때 자본주의는 어떤 의미를 갖는가? "

머지않아 우리는 회사의 지배 구조에 관한 문제에 다시 직면할 것이다. 주주 등의 법적 소유자와 회사에 부를 가져다주는 인적자본 소유자, 즉 지식근로자 모두 만족시킬 수 있도록 조직과 경영의 목적을 새롭게 정의내려야 한다. 앞으로 조직의 생존은 지식근로자의 생산성을 높일 수 있는 '비교우위comparative advantage'에 달려 있다. 따라서 최고의 지식근로자를 고용하여 유지하는 능력은 조직에 가장 중요하고 기본적인 전제조건이다.

돈이 아닌 지식이 지배할 때 자본주의는 어떤 의미를 갖는가? 지식근로자가 진정한 자산이 될 때 '자유 시장'은 어떤 의미를 띠는가? 지식근로자들은 사고팔 수 있는 대상이 아니며, 인수합병을 통해 얻을 수 있는 자원도 아니다. 지식근로자의 출현은 경제시스템의 구조와 성격에 근본적 변화를 불러올 것은 분명하다.

당신의 직원 중 몇 퍼센트가 고등 교육이 필요한 일을 하는 사람들인가? 그들이 기여하는 가치를 말하고, 그들의 전문성이 중요한 역할을 하는 의사결정에 그들이 참여하도록 하라. 그들이 주인의식을 갖도록 하라.

" 주주의 통제권은 반드시 행사하기 어려워질 것이다.
그것은 형편이 좋을 때만 가능한 모델이다. "

'다음 사회'에서 기업의 최고경영진이 수행해야 할 가장 중요한 일은 세 가지 차원의 균형을 맞추는 것이다.

세 가지 차원이란 경제적 조직, 인간적 조직, 그리고 점점 중요성이 커지는 사회적 조직이다. 지난 반세기에 걸쳐 발전한 기업의 세 가지 모델은 각각 이 세 가지 차원 중 한 가지에 중점을 두고 나머지 두 가지를 그 하위에 종속시켰다.

독일의 '사회적 시장경제' 모델은 사회적 차원을 강조했다. 일본은 인간적 차원을 강조했고, 미국은 경제적 차원을 강조했다.

세 가지 중 어느 것도 그 자체만으로는 부족하다. 독일은 경제적 성공과 사회적 안정을 이뤘지만, 높은 실업률과 위험한 수준의 강경한 노동시장을 그 대가로 지불했다.

일본은 전 세계를 상대로 수년 동안 놀라운 성공을 거두었으나 첫 번째 심각한 도전에 부딪쳤다. 정말로 그것은 1990년대 일본의 경기 침체에서 벗어나는 데 큰 장해물이 되었다. 주주의 통제권 역시 행사하기 힘들어질 것이다. 그것은 번영의 때에만 잘 작동하는, 맑은 날씨에나 가능한 모델이다.

분명히 기업은 사업으로 번성할 경우에만 인간적이고 사회적인 역할을 수행할 수 있다. 그러나 이제는 지식근로자가 핵심 직원이 되어 가고 있으며, 기업은 성공하기 위해 바람직한 고용주가 될 필요가 있다.

경제적, 인간적, 사회적 요소를 기준으로 조직의 성과를 평가하라. 부족한 다섯 가지 영역을 열거하고 이것을 개선할 계획을 준비하라.

"우리 사업을 무엇이라 정의할 것인가?"

"철강회사는 철강을 만들고, 철도회사는 화물과 승객을 운송하기 위해 철도를 운행한다. 보험회사는 화재 위험을 감수하고, 은행은 돈을 빌려준다"처럼 기업의 사업이 무엇인지 아는 일은 간단해 보인다. 그러나 사실상 "우리의 사업이 무엇인가?"라는 질문은 항상 대답하기 어려우며 대체로 명백하게 올바른 대답은 하기 어렵다. 사업은 회사의 이름, 규정, 상품에 의해 정의되지 않는다. 그것은 고객이 제품이나 서비스를 구입할 때 어떤 욕구가 충족되느냐에 따라 정의된다. 고객을 만족시키는 일이 모든 사업의 임무이며 목적이다. 그러므로 "사업이 무엇인가?"라는 질문은 외부에서부터 고객과 시장의 관점으로 사업을 볼 때만 대답할 수 있다. 고객이 보고, 생각하고, 믿고, 원하는 것은 언제든지 경영진에 의해 객관적 사실로 받아들여져야 하며 영업사원의 보고서, 엔지니어의 실험 결과, 회계사의 회계 수치만큼 심각하게 받아들여져야 한다. 경영진은 고객의 마음을 읽으려는 시도보다 고객에게 직접 대답을 들으려고 노력해야 한다.

매일 고객과 대화하라. 고객이 당신의 회사를 어떻게 보는지, 어떻게 생각하는지, 어떤 종류의 회사라고 믿는지, 그 회사로부터 무엇을 원하는지 들어라. 회사의 사명을 더 잘 정의하기 위해 이 피드백을 활용하라.

"고객이 누구인가?"

"고객이 누구인가?"라는 질문은 사업 목적과 임무를 정의하기 위해 가장 먼저 해야 하는 중요한 질문이다. 당연한 질문이 아님은 물론이고 쉬운 질문도 아니다. 대답에 따라 사업 그 자체를 어떻게 정의할지가 대부분 결정된다. 소비자, 즉 제품이나 서비스의 최종 사용자는 항상 고객이다.

대부분의 기업들은 최소한 두 범주의 고객을 가진다. 그리고 판매가 이루어지려면 두 고객 모두가 구매를 해야 한다. 예를 들면 주부와 식료품 잡화상처럼 말이다. 식료품 잡화상이 어떤 브랜드의 제품을 매입해 두지 않는다면 열성적으로 제품을 구입하려는 주부가 있다고 해도 큰 도움이 되지 않는다. 반대로 주부가 구입하지 않는다면 잡화상이 상품을 잘 보이게 진열해도 큰 의미가 없다. 즉 이 두 고객 중 한쪽만 만족시킨다면 아무런 성과도 얻을 수 없다.

M

당신이 책임을 맡고 있는 제품이나 서비스 중 하나를 이용해 얼마나 많은 고객을 확보할 수 있을지를 결정하라. 그다음 당신이 다른 종류의 고객들을 모두 만족시키고 있는지 또는 고객들 중 어떤 부류를 무시하고 있는지 알아내라.

" 고객은 무엇에 가치를 두는가?"

사업의 목적과 임무를 이해하기 위해 할 마지막 질문은 "고객은 무엇에 가치를 두는가?"이다. 이는 가장 중요하지만 좀처럼 하지 않는 질문이다. 경영자들 스스로가 대답을 안다고 확신하기 때문이다. 그들은 대체로 품질을 가치로 정의하지만 대부분 틀렸다. 고객은 상품을 사지 않는다. 그들이 구매하는 것은 욕구에 대한 만족이다. 다시 말해 고객은 '가치'를 구입한다.

예를 들어 10대 소녀에게 신발의 가치는 최신 유행이다. 그 가치가 제품 안에 담겨 있어야 한다. 가격은 두 번째 고려 사항이며 내구성은 중요한 가치가 아니다. 몇 년 후 젊은 엄마가 된 소녀에게 최신 유행은 금기사항이 된다. 물론 유행에 뒤처진 제품을 사지는 않겠지만 내구성이나 가격이 적합한지 등을 따져본다. 회사의 다른 고객들이 무엇을 가치로 판단하느지는 너무나 복잡해 이는 고객만이 대답할 수 있는 부분이다. 경영진은 섣불리 추측하지 말아야 한다. 대답을 찾는 과정 안에는 반드시 고객의 몫을 둬야 한다. 즉 고객을 항상 찾아가야 한다.

당신의 고객은 당신이 제공하는 제품과 서비스에서 무엇이 가장 가치 있다고 생각하는가? 모른다면 알아내라. 당신이 안다면 그들에게 가치를 제공하고 있는지 자문해 보라.

060~090

혁신은 사소한 곳에 있다

" 변화를 성공적으로 관리하는
가장 효과적인 방법은 변화를 만드는 것이다. "

변화를 통제할 수 있는 사람은 없다. 다만 변화하기 전에 먼저 나아갈 수 있을 뿐이다. 오늘날처럼 모든 것이 급격하게 변하는 대변혁의 시기에 변화는 하나의 규범이다. 변화의 과정은 분명 고통스럽고 위험하다. 해야 할 일도 엄청나게 많다. 매우 빠른 속도로 구조가 바뀌는 시기에 살아남기 위해서는 변화를 주도하는 리더들이 중요하다. 변화를 이끄는 일을 조직의 사명으로 보지 않으면 그 조직은 살아남을 수 없다.

그래서 변화를 이끄는 리더들은 변화를 또 다른 기회로 본다. 또한 그들은 변화를 추구할 뿐 아니라 올바른 변화를 발견하는 방법을 알고, 조직 안팎에서 효과적으로 변화를 만들려면 무엇을 해야 하는지도 알고 있다.

미래를 만드는 데는 위험이 따른다. 하지만 아무것도 시도하지 않는 것은 더욱 위험하다. 변화를 시도하다 보면 실패도 경험하겠지만, 성공한 사람들은 하나같이 변화를 시도한 사람들이었다.

미래를 예측하고 변화를 이끄는 리더가 되어라.

" 혁신의 성공 여부는 시장과 고객에
얼마나 기여했는지를 보면 알 수 있다. "

혁신을 평가하는 기준은 그것이 가치를 창출하는지 여부에 달려 있다. 고객을 위한 가치와 만족을 새롭게 만들어 낼 때 혁신은 의미가 있다. 참신함은 이와 달리 단지 오락만을 창조할 뿐이다. 그러나 현실에서 경영진은 매일 똑같은 일을 하고, 똑같은 물건을 만들어 내는 데 싫증이 나서 혁신을 단행하려고 할 때도 있다. 혁신을 판단하는 올바른 기준은 품질만이 아니다. 또한 우리가 그것을 좋아하는지가 중요한 것도 아니다. 혁신을 할 때 우리가 반드시 해야 할 질문은 바로 이것이다. "고객이 원하며, 그것을 위해 돈을 지불할 마음이 있는가?"

조직은 과학적 또는 기술적 중요성이 아니라 고객에 대한 공헌도에 따라 혁신의 가치를 측정한다. 그들은 사회 혁신이 기술 혁신만큼 중요하다고 생각한다. 예를 들어, 할부판매는 경제와 시장에 과학의 발전보다 더 큰 영향을 미쳤을 수 있다.

☑

가치를 창출하는 혁신과 참신한 혁신을 조직에서 확인하라. 당신은 같은 일을 하는 데 싫증이 나서 혁신을 시작했는가? 그렇다고 하더라도, 신제품이나 서비스는 반드시 고객의 필요를 충족해야함을 잊지 마라.

" 회사와 산업에 가장 큰 영향을
미칠 기술은 그 산업 분야 밖의 기술이다. "

기업을 바꾼 대부분의 변화는 그 기업체가 속한 특정 산업 외부에서 생겨났다. 여기 세 가지 주목할 만한 예가 있다. 지퍼는 항구에서 곡식처럼 무거운 제품이 든 자루를 밀봉하기 위해 발명되었다. 아무도 지퍼를 의류에 사용하려 하지 않았고, 단추를 대체할 수 있다고 생각한 디자이너도 없었다. 발명한 사람조차 의류 산업에서 지퍼가 성공할 것이라고 전혀 예상하지 못했다. 기업어음(비은행권 금융기관에서 발행한 단기어음)은 은행에서 나온 것이 아니지만 많은 영향을 미쳤다. 미국에서는 기업어음이 법률상 주식으로 간주되어 상업은행에서는 기업어음을 판매할 수 없다. 골드만삭스Goldman Sachs, 메릴린치Merrill Lynch, GE캐피탈GE Capital 등의 금융 서비스 회사는 이런 사실을 알아차리고 상업은행의 역할을 대신하면서 선도적인 금융기관으로 탈바꿈했다. 전화 산업을 혁명적으로 바꾼 광섬유케이블은 미국이나 일본, 독일의 거대한 통신회사 연구실에서 나오지 않았다. 바로 유리회사인 코닝Corning이 발명했다.

해당 산업 분야 밖에서 발생했지만, 어떤 기업에 영향을 미쳤거나 그럴 가능성이 있는 변화를 한 가지 들어 보라. 다른 산업 분야의 아이디어 가운데 당신이 속한 산업 분야에서 유익하게 사용될 수 있는 것을 찾아보라.

> " 혁신적인 아이디어는 개구리의 알과 같다.
> 1,000개의 알 중에서 오직 한 개나 두 개만이 부화한다. "

혁신적인 조직은 혁신이 하나의 아이디어에서 시작된다는 사실을 잘 알고 있다. 아이디어는 작고, 미숙하고, 볼품없이 태어난다. 아이디어는 성취라기보다는 약속에 가깝다. 혁신적인 조직에서는 임원들이 "이건 엄청나게 바보 같은 아이디어야"라고 말하지 않는다. 그 대신 미성숙한 이 아이디어를 합리적이고, 실행 가능한, 기회로 만들려면 무엇이 필요한지 묻는다.

그러나 혁신적인 조직은 아이디어가 대부분 결국 합리적이지 않은 것으로 판명될 것을 알고 있다. 그러므로 임원들은 아이디어를 가진 사람들이 아이디어를 제품, 프로세스, 사업, 기술로 변화하는 데 필요한 일을 끝까지 생각하도록 요구한다. 이 임원들은 주요 혁신을 이루는 것과 마찬가지로, 작은 아이디어를 성공적으로 현실로 만드는 일이 대단히 어렵고 위험이 따른다는 사실을 알고 있다. 그들은 제품 또는 기술을 개선하거나 수정하는 일을 목표로 두지 않으며, 새로운 사업 혁신을 목표로 삼는다.

당신이 가장 훌륭하다고 생각하는 세 가지 아이디어를 목록으로 만들라. 그리고 그 아이디어를 새로운 사업으로 꽃피우기 전에 알아야 할 주요 정보와 해야 할 주요 작업의 목록을 만들라. 가장 훌륭한 아이디어를 실행하고 만일 현실적이지 않으면 처음부터 다시 시작하라.

" 미래에 일어날 사건들의 예측은 필요 없다. "

미래를 아는 출발점은 이미 다가온 미래, 즉 경제와 사회의 단절 현상이 나타나고 그 단절 현상이 영향을 미치기까지 지연되는 시간을 발견하고 이용하는 방법, 그리고 아직 생겨나지 않은 다가올 미래의 방향을 잡고 형태를 부여하고 새로운 아이디어를 덧붙이는(미래 만들기) 방법, 이렇게 상호 보완적인 두 가지 접근법이 있다는 것을 깨닫는 데서부터 시작된다.

이미 다가온 미래는 현재의 사업 범위 안에 있지 않다. 그것은 사회, 지식, 문화, 산업 또는 경제구조의 변화 안에 존재한다. 더 나아가 그것은 주요 트렌드이며, 패턴 안에서의 변화가 아닌 패턴의 파괴를 뜻한다. 이미 발생한 미래를 찾아 그 영향을 예상하다 보면 그 일들을 바라보는 관찰자의 인식은 새로워진다. 필요한 것은 그저 바로 보는 것뿐이다. 기회는 멀리 떨어져 있지도 않고, 모호하지도 않다. 따라서 패턴을 먼저 인식해야 한다.

미래를 예측하려고만 하면 상황이 어려워질 수 있다. 그보다 현재를 관리하고, 발생할 수 있는 또는 발생할 미래를 만들기 위해 일해야 한다.

이미 나타났고, 기회를 제시하는 경제와 사회 사이의 단절 현상을 찾아내라. 이 변화가 사업에 영향을 미치기까지 얼마나 걸릴지를 예측하라. 이 통찰력으로 돈을 벌 수 있는 사업을 계획하라.

혁신과 위험 감수

" 성공적인 혁신은 보수적이다. "

    많은 심리학자가 참석한 기업가정신 관련 심포지엄에서 있었던 일이다. 그 자리에서 발표된 논문은 저마다 의견이 제각각이었지만 핵심 주제는 '기업가의 성격, 특히 위험을 감수하는 성격'이었다. 25년간 세계적인 초일류 기업의 리더로서 프로세스 중심의 경영 혁신으로 많은 영향을 끼친 기업가가 단상에 올라 말했다.

    "나는 뛰어난 혁신가와 기업가를 누구보다 많이 알고 있다고 자부합니다. 그중 기업가의 성격을 가진 사람을 만난 적은 없습니다. 다만 그들에게 한 가지 공통점이 있었습니다. 그들은 위험을 감수하려는 것이 아니라 감수해야 하는 위험이 무엇인지 명확히 하고, 가능한 한 그것을 최소화하려고 노력합니다. 만약 그렇지 않았다면 누구도 성공하지 못했을 겁니다."

    이 말에 나는 충분히 동감한다. 내가 아는 성공한 기업가들 중 어느 누구도 위험을 감수하려고 하지 않았다. 실제 성공하는 혁신가는 위험을 부담하기보다 현금 흐름을 예상하는 데 훨씬 더 많은 시간을 쓴다. 그들은 위험을 지향하지 않으며, 오히려 기회에 초점을 맞춘다.

당신의 아이디어 중 어느 것이 가장 덜 위험하고 많은 기회가 있는가. 그 아이디어에 초점을 맞춰라.

진정한 전체 만들기

" 각 부분의 합보다 더 큰 전체를 만들어라. "

경영자는 각 부분을 단순히 합친 것보다 더 큰 의미의 전체를 만들어야 한다. 이는 오케스트라 지휘자와 비슷하다. 지휘자는 자신의 노력, 비전과 리더십으로 각 파트의 악기를 모아 살아 있는 하나의 음악으로 만든다. 그런데 그는 작곡가가 쓴 악보를 가지고 있다. 이를테면, 지휘자는 번역가라고도 할 수 있다.

반면 경영자는 작곡가인 동시에 지휘자. 진정한 전체를 만들려면 경영자는 모든 활동에서 기업 전체의 업적과 성과를 달성하기 위한 다양한 활동을 동시에 고려해야 한다. 지휘자가 항상 오케스트라 전체와 2번 오보에 소리를 모두 들어야 하는 것처럼, 경영자 역시 언제나 기업의 전체적인 성과와 시장조사 활동 모두를 고려해야 한다.

경영자는 다음과 같은 두 가지 질문을 동시에 해야 한다. "더 높은 성과를 내려면 무슨 활동을 해야 하는가?" "이 활동들을 통해 이루어 낼 수 있는 성과는 무엇이며, 사업 성과에서 어떤 효과를 가져올 것인가?"

당신은 자신만의 교향곡을 작곡했는가? 당신의 상사들은 어떠한가? 당신의 연주자들과 이미 리허설을 시작했는가? 당신은 2번 오보에 소리를 들을 수 있는가? 그리고 카네기홀에서 연주할 준비가 되어 있는가?

> " 하늘에서 만나 비가 내려올 때
> 어떤 사람들은 우산을 펼쳐 들지만
> 또 다른 사람들은 큰 숟가락에 손을 뻗는다. "

경영자는 위험과 기회, 무엇보다 변화에 대비하기 위해 자신이 무엇을 해야 하는지를 질문해야 한다.

첫째, 경영자는 조직의 군살을 빼서 신속하게 움직일 수 있도록 만들어야 한다. 그래서 맞지 않는 제품과 활동을 포기하거나 과감히 제거함으로써 정말 중요한 과업들을 적절히 지원하도록 살펴야 한다.

둘째, 경영자는 가장 비싼 자원(시간, 사람 등)을 활용할 수 있어야 한다. 그것을 통해 생산성 향상을 위한 목표를 설정해야 한다.

셋째, 경영자는 성장을 관리하고 성장의 종류를 구별하는 방법을 배워야 한다. 만약 효과적인 자원의 활용으로 기업이 성장하는 한편 생산성도 함께 향상된다면 그것은 건강한 성장이다.

넷째, 다가올 미래를 위해 직원들이 능력을 개발할 수 있도록 해야 한다.

불합리한 제품과 활동을 제거하라. 생산성 향상 목표를 설정하라. 성장을 관리하라. 사람들의 능력을 개발하라.

" 오늘의 확신은 언제나 내일의 어리석은 짓이 된다. "

전 세계가 엄청난 변화의 시간에 직면해 있다. 조직은 이 끊임없는 변화에 대비해야 한다. 혁신은 이제 경영의 외부나 경계 부분에 있지 않다. 그것은 경영의 심장부이며 핵심이다. 조직의 역할은 철저히 기업가적이어야 하며 지식의 역할은 도구와 제품, 프로세스, 작업의 설계, 지식 그 자체를 만들어 내도록 기능해야 한다. 기술 변화가 크지 않은 경우라면 더욱더 혁신에 중점을 둘 필요가 있다. 제약회사 직원이라면 누구나 회사의 생존이 10년마다 제품의 4분의 3을 완전히 새로운 제품으로 교체할 수 있는 역량에 달려 있다는 점을 알고 있다. 반면 보험회사 직원들 중 새로운 형태의 보험 개발에 회사의 생존이 좌우된다는 사실을 깨닫고 있는 사람은 얼마나 될까? 기업체가 기술 변화에 소극적이고, 그 변화 정도가 미미할수록 조직 전체가 고착화될 위험은 더욱 커진다. 그러므로 혁신에 더욱 중점을 둘 수밖에 없다.

당신의 조직은 고착화될 위험에 처해 있지 않은가? 어떻게 하면 당신과 조직이 체계적으로 혁신할 수 있을지 생각해 보고, 그 방법을 경영에 반영하라.

유행과 변화의 차이를 알아라

" 변화는 사람들이 행동으로 하는 어떤 일이며,
유행은 사람들이 변화에 대하여 말하는 것이다. "

　기업가들은 변화를 매우 긍정적인 시각으로 바라본다. 또한 변화는 기업가와 기업가정신을 정의한다. 기업가들은 대부분 직접 변화를 이끌지는 않지만 항상 변화를 찾아내고, 반응하고, 기회로 이용한다. 모든 변화를 살펴보고, 모든 창 밖을 내다보라. 그리고 질문해 보라. "이것이 기회가 될 수 있는가?" "이 새로운 현상이 진정한 변화인가, 아니면 단순한 유행인가?" 차이는 매우 간단하다. 변화는 사람들이 행동으로 하는 어떤 일이며, 유행은 사람들이 변화에 대해 말하는 것이다. 이 변화가 기회인지 위협인지 스스로에게 질문해야 한다. 만약 변화를 위협으로 바라본다면 결코 혁신할 수 없다. 자신이 계획한 변화가 아니라고 해도 포기하지 말아라. 종종 예기치 않았던 것이 가장 훌륭한 혁신의 원천이 되기도 한다.

동료와 30분 이야기하면서 업계를 둘러싸고 나타나는 진정한 변화를 논의하라. 유행은 무시하라. 진정한 변화를 활용할 방법을 강구하라.

" 연구도, 시장조사도, 컴퓨터 모델링도
현실적인 실험을 대신할 수는 없다. "

개선해야 할 것이 있거나 뭔가 새로운 일을 해야만 하는 상황이라면 먼저 소규모 실험을 해볼 필요가 있다. 파일럿 테스트pilot test에서 필요한 일은 새로운 것을 원하는 기업 내부에서 변화를 진정으로 원하는 사람이 누구인지 찾아내는 일이다. 그다음에는 전력을 다해 변화를 추진할 사람이 필요하다. 그는 조직 내부에서 존경받는 사람이어야 하지만, 반드시 조직 내부 사람일 필요는 없다.

새로운 제품이나 서비스를 시험해 보는 가장 좋은 방법은 실제로 새로운 것을 원하거나 당신의 회사에 관심이 많은 적극적인 고객을 찾아내는 것이다. 파일럿 테스트가 성공적이면 아무도 예상하지 못한 문제를 발견하고, 설계, 시장, 서비스에서 예상하지 못한 기회를 찾을 수 있다. 이 경우 변화에 따르는 위험은 대부분 매우 낮아진다.

조직 내부의 가장 훌륭한 아이디어가 시장의 시험을 끝까지 통과할 수 있도록 열렬한 지지자를 반드시 찾아라.

사업의 진짜 목적

" 기업은 두 가지 기본적인 기능을 가지고 있다.
바로 마케팅과 혁신이다. "

비즈니스가 무엇인지 알고 싶다면, 먼저 목적이 무엇인지를 알아야 한다. 그리고 목적은 비즈니스의 바깥에 존재해야 한다. 또한 기업은 하나의 사회조직이기 때문에 사실상 추구하는 목적은 사회 내에 있다. 비즈니스의 목적은 '고객을 창조하는 것'이라고 명확하게 정의할 수 있다. 고객은 비즈니스의 기초이며 존재 이유다. 고객 덕분에 고용이 창출되고, 사회는 기업이 이윤을 만들 수 있도록 고객을 공급한다.

고객을 만드는 일이 목적이기 때문에 어떤 기업이든 오직 두 가지 기본적인 기능이 있는데, 바로 마케팅과 혁신이다. 이는 기업가가 해야 할 일이기도 하다. 마케팅은 비즈니스를 다른 것과 구별 짓는 고유한 기능이다.

당신의 고객들이 오늘 어떤 필요를 충족하고 싶어 하는지 알아내라. 당신의 상품이 고객의 필요를 얼마나 잘 충족하는지 판단하라.

"가장 좋은 계획도 행동으로 옮기지 못하면
그것은 그저 좋은 의도일 뿐이다."

좋은 성과를 창출할 계획을 알 수 있는 방법이 있다. 주요 인력이 실질적인 업무에 집중하는지를 보면 된다. 만약 집중하지 않는다면 단지 약속이나 희망일 뿐 올바른 계획이 없는 것이다. 관리자들에게 다음과 같이 질문하여 그 계획을 평가해 볼 수 있다.

"오늘 이 업무에 어떤 최고 인력을 투입했습니까?"

과거처럼 (대부분의 관리자들이 그렇듯이) "지금 당장 최고의 인력을 투입할 수 없습니다. 제가 새로운 업무를 주기 전에 당장 끝마쳐야 하는 일이 너무 많이 있습니다"라고 말하는 관리자는 단순히 계획이 없다는 사실을 인정하는 것이다. 업무는 책임, 마감시한, 그리고 최종 성과 측정, 업무의 결과에 대한 피드백을 모두 담고 있다. 우리가 측정하는 것과 측정 방법이 다른 업무와의 관련성을 결정할 것이며, 그것으로 말미암아 일에 대한 관점뿐 아니라 우리와 다른 사람이 무엇을 할지를 결정할 것이다.

결과를 평가하기 위해 구체적인 수치로 기준과 목표를 정하라. 당신과 조직이 이 목표를 성취할 수 있는 마감 시한을 정하라.

단기적 성과 VS 장기적 성장

" '결국 우리 모두는 죽는다.' 존 메이너드 케인스의 유명한 명언이다. 그의 말은 곧 단기를 최적화하면 장기적 미래가 밝아진다는 주장이 완전히 오류라는 사실을 의미한다. "

사업을 운영할 때는 단기간의 성과를 쫓아야 하는가, 아니면 먼 미래를 내다보아야 하는가? 이것은 매우 가치 있는 질문이다. 재무분석가들은 두 가지 모두를 위해 사업을 운영할 수 있다고 믿는다. 그러나 성공하는 사업가들은 단기 성과를 창출해야 한다는 것을 잘 알고 있다. 그러나 단기 성과와 장기 성장이 대립되는 상황에서는 장기 성장을 선호하는 회사도 있고, 단기 성과를 선호하는 회사도 있다. 즉 경제적인 부분은 생각이 같지만 근본적으로 기업체의 기능과 경영의 책임에 대한 가치는 대립하는 것이다.

단기 성과를 창출하기 위해 장기적으로 부를 만들어 내는 기업의 역량을 희생하고 있지 않은가? 이 함정에서 벗어나서 계속 단기 성과를 창출할 수 있는 방법을 논의해 보라.

" 이익의 극대화라는 전통적 명제는 버려야 한다."

　기업 경영은 다양한 니즈와 목표 사이의 균형을 맞추어야 한다. 이윤만을 강조하면 기업은 생존의 기로에 설 수 있다. 경영자들은 눈앞의 이익 때문에 미래를 보지 못하기도 한다. 쉽게 팔 수 있는 제품을 밀어붙이느라 내일의 시장을 만들 제품을 못 볼 수 있다. 연구비, 홍보비, 당장은 중요해 보이지 않는 분야에 대한 투자 비용을 아낄 수도 있다. 무엇보다 이익에 비해 투자를 많이 해야 하는 사업에 투자하기를 주저한다. 이는 결국 생산 설비의 노후화와 쇠퇴를 초래해 경영자로서는 최악의 실수를 저지른다.

　수행과 성과가 직접적이고 치명적으로 기업의 생존과 발전에 영향을 미치는 모든 영역에서는 목표가 필요하다. 시장 유지, 혁신, 생산성, 물질적·재정적 자원, 수익성, 경영자 성과와 발전, 근로자의 성과와 태도, 기업의 공적 책임이라는 여덟 가지 영역에서는 성과와 목표가 반드시 설정되어야 한다. 각기 다른 주요 영역에서 다른 기업들에게 다른 강조 사항, 발달 단계에 따른 다른 성과와 목표가 반드시 강조되어야 한다. 그러나 규모나, 발전 단계와 관계없이 사업의 영역은 같다.

시장 유지, 혁신, 생산성, 물질적·재정적 자원, 수익성, 경영자 성과와 발전, 근로자의 성과와 태도, 기업의 공적 책임과 같은 영역에서 수익성 외에 사업의 목적을 설정하라.

수익의 목적

" 수익은 사업 수행의 궁극적인 기준이다. "

수익은 다음 세 가지 목적에 기여한다. 첫째, 기업체가 기울인 노력의 순수한 효과와 건전성을 측정해 준다. 둘째, 인력 교체, 노후화, 시장 위험, 불확실성 등에 대처해 사업을 유지하는 비용을 충당해 준다. 이런 관점에서 보면 수익은 사업을 세우고 유지하는 비용이다. 즉 기업체의 과업은 적절한 이윤을 창출하여 사업을 유지하는 비용을 제공하는 것이다. 마지막으로, 수익은 이익 잉여금을 이용해 자체 자금 조달 수단을 제공함으로써 직접적으로, 또는 기업의 목적과 잘 부합하는 형태로 신규 외부 자원을 충분히 유치한다. 그리하여 간접적으로는 혁신과 확장을 위한 미래 자본을 공급할 수 있다.

만약 어떤 사업이 유지 비용을 감당하지 못하거나 미래 성장을 위한 자본을 충분히 제공하지 못한다면 그 사업의 플러그를 뽑아 버려라.

수익을 부도덕한 일의 결과물로 보지 마라

"충분한 수익이 있는가?"

조지프 슘페터의 '창조적 파괴'와 '혁신가'라는 개념은 수익이 왜 존재하는지 설명해 주는 유일한 이론이다. 고전 경제학자들은 자신들의 이론이 수익에 대해 어떠한 이론적 근거도 제공하지 못했다는 사실을 잘 알고 있었다. 폐쇄경제시스템closed economy system을 바탕으로 하는 균형경제학에서는 수익이 들어설 자리가 없고, 정당한 근거도 진실한 값도 제시하지 못한다. 그렇지만 수익이 진실한 값이라면, 특히 일자리를 유지하거나 새로운 것을 창출할 유일한 방법이라면 자본주의는 다시 한 번 도덕적인 체제가 될 수 있다.

칼 마르크스는 수익을 장려하는 인센티브의 도덕적 근거가 빈약하다는 점을 들어, 자본가들이 악하고 부도덕하다고 비난했으며 그들이 아무 역할도 못한다는 것을 '과학적으로' 주장했다. 그러나 우리가 변화가 없고 자족적인 폐쇄 경제에서 눈을 돌리면 수익은 더 이상 부도덕한 것이 아니다. 오히려 도덕에 필수적인 요소다. 우리가 물어야 할 질문은 따로 있다. "충분한 수익이 있는가?" "미래에 소요될 비용, 사업을 유지할 비용, 창조적 파괴를 할 수 있는 비용을 대기에 충분한 자본이 형성되는가?"

자본 비용을 감당하고 혁신을 할 만한 수익이 있는지 점검하라. 없다면 무엇을 할 것인가?

" 기업의 부를 창출하는 능력을 극대화하라. "

1958년부터 1963년까지 GE의 최고경영자였던 랄프 코디너Ralph Cordiner는 대규모 상장사의 최고경영자는 신탁관리자trustee라고 주장했다.

그는 임원들에게 주주, 고객, 직원, 공급업체, 공장이 있는 도시의 이익 균형을 최상으로 유지하며 기업을 경영할 책임이 있다고 말했다. 그의 주장을 뒷받침하려면 성과와 균형을 최상으로 유지하는 상태가 무엇인지 명확하게 정의할 필요가 있다. 하지만 이미 그것을 보여 주는 성공적 사례가 있으므로 이론적 체계를 세울 필요까지는 없다.

독일과 일본은 양쪽 다 매우 중앙집권적인 조직의 소유주가 있다. 그렇다면 독일과 일본의 산업 기관의 소유주들은 수행과 성과를 어떻게 정의할까?

그들의 경영 방식은 판이하지만 수행과 성과를 정의하는 방식은 같다. 균형을 유지하지 않으며 무엇이든 극대화한다. 그렇다고 주주의 이익이나 투자자의 단기 이익을 극대화하려 하지는 않는다. 오히려 부를 창출하는 기업의 능력을 극대화한다. 단기 이익과 장기 성과를 통합하고 사업 성과를 운영하는 (시장 유지, 혁신, 생산성, 인력과 인력의 개발) 재정적인 필요와 재정적인 결과를 하나로 묶어 주는 것이 목표다.

그렇게 하기 위해서 모든 구성 요소, 즉 주주든, 고객이든, 근로자든 그들의 기대와 목적을 만족시키기 위해 서로 의존하게 만드는 것을 목적으로 한다.

당신의 기업이 시장 유지, 혁신, 생산성, 인력 개발 등의 단기 이익과 장기 성과 사이에서 절충하는 부분을 점검하라. 이 절충이 기업에게 이로운 것인지 결정하라.

> " 기업가적 원칙이 절대적으로 바람직한 것은 아니지만
> 오늘을 살아남기 위한 필수 조건이다. "

기업은 물론 모든 조직의 리더라면 다음 네 가지 활동을 경영에 일상적으로 반영해야 한다.

첫째, 최적의 효과를 내지 못하는 상품과 서비스, 프로세스, 시장, 유통 채널 등은 계획적으로 포기한다. 둘째, 체계적이고 지속적인 개선을 준비한다. 셋째, 체계적이고 지속적인 운영, 특히 성공과 관련된 운영을 준비한다. 마지막으로 조직은 체계적으로 혁신해야 한다. 즉 현재는 성공을 거둔 제품일지라도 시간이 지나면 쓸모없는 제품이 되기 때문에 새로운 제품을 개발해 내일을 준비해야 한다. 이런 원칙이 절대적으로 바람직한 것은 아니시만, 오늘을 살아남기 위한 필수 조건이다.

곧 쓸모없어질 것들을 버려라. 당신의 성공을 활용할 시스템을 개발하라. 혁신에 대한 체계적인 접근 방법을 개발하라.

> " '경영 감사'를 하는 사람들이 말하는 것,
> 예를 들어 성실성, 창의성 따위는 소설가들에게 맡겨 두는 편이 낫다. "

손익계산서는 경영 성과보다는 사업 성과를 측정하는 자료다. 오늘날 기업의 성과는 대개 과거 몇 년간의 경영 결과물이다. 그러므로 경영 성과는 내일을 위해 오늘의 사업을 잘 준비하는지를 측정하는 기준이다. 기업의 미래는 대개 네 가지 영역에서 현재 경영 성과에 따라 좌우된다.

- **자본의 적절한 활용** : 기대수익 대비 투자수익을 측정할 필요가 있다.
- **인적자원 관련 의사결정** : 업무에 투입할 인재에게 기대하는 성과, 그리고 그 인재를 채용함으로써 나타나는 효과를 공정하게 판단해야 한다.
- **혁신** : 연구 결과는 평가할 수 있으며, 그 후 연구가 시작된 시점의 가능성과 기대로 되돌아가 역으로 평가될 수 있다.
- **전략 대 성과** : 전략이 예측한 결과를 가져왔는가? 실제 현실화된 결과를 볼 때 설정된 목표가 적절한 목표였는가? 그것은 달성되었는가?

☑

당신은 물론 당신에게 직접 보고하는 부하 직원들까지 '경영 감사'를 수행하라. 그 기준에는 인적자원 관련 문제에 대해 훌륭한 의사결정을 했는지, 혁신적인 아이디어를 도출해 냈는지, 전략이 유용했는지가 포함되어야 한다.

새롭게 나타날 사업을 주시하라

" 탄생하기를 기다리는 서비스가 있다. "

정보혁명에서 진정으로 혁명적인 영향력이 느껴지기 시작했다. 그러나 혁명의 추동력은 '정보'가 아니라 '전자상거래'에서 나왔다. 15~20년 전에는 그 누구도 예상하지 못했지만 제품과 서비스, 경영자와 전문직 일자리의 주요 유통 수단으로서 인터넷이 혜성처럼 등장했다. 인터넷은 경제, 시장, 산업구조를 변화시키고 있다. 다시 말해 제품, 서비스, 트렌드, 소비자, 소비자 가치, 소비자 행동, 일자리와 노동시장 등이 엄청난 속도로 변화하고 있는 것이다.

예상하지도 못했던 새로운 산업 분야는 반드시, 그리고 신속하게 나타날 것이다. 지금도 새로운 시비스가 탄생하길 기다리고 있다.

오늘날 당신이 알고 있는 기술 발달 덕분에 당신의 사업 분야에서 새롭게 나타날 사업을 세 가지 적어 보라.

> " 매체는 내용을 전달하는 방법뿐 아니라
> 전달하는 내용까지도 제한한다. "

의료 분야에서 정보기술은 엄청난 영향을 미쳤다. 교육 분야에서 정보기술의 영향은 더 커질 것이다. 하지만 통상적인 대학 과정을 인터넷상에서 운영하려는 시도는 잘못된 것이다. 캐나다 비평가 마셜 매클루언Herbert Marshall McLuhan이 옳았다. 매체는 내용을 전달하는 방법뿐 아니라 전달하는 내용까지도 제한한다. 인터넷으로 교육할 때는 다른 방식을 찾아야 한다. 모든 것을 새로 디자인해야 한다.

첫째, 학생들의 주의를 끌 수 있어야 한다. 훌륭한 선생님은 학생들의 반응을 감지하는 레이더를 가지고 있다. 그러나 온라인상에서는 불가능하다. 둘째, 학생들이 대학 강의를 들을 때 할 수 있는 것을 온라인상에서도 할 수 있게 해 줘야 한다. 온라인상에서 책의 내용, 강의의 연속성과 흐름이 통합되어야 한다. 무엇보다 강의의 앞뒤 내용의 흐름에 맞게 그것을 제작해야 한다. 대학 강좌는 전후 연관 관계가 있다. 온라인 강좌 역시 그런 배경과 전후 문맥, 참고문헌을 제공해야 한다.

웹에 기반한 학습에서 원격진료에 이르기까지, 당신의 조직이 제공하는 온라인 서비스에 대해 생각해 보라. 사용하는 사람들에게 만족하는지를 물어보라.

" 판매는 이제 제조보다는 유통과 관련되어 있다. "

전자상거래와 정보혁명의 관계는 마치 철도와 산업혁명의 관계와 같다. 철도가 거리를 정복했다면, 전자상거래는 거리 자체를 없애 버렸다. 인터넷 덕분에 기업은 활동을 할 때 다른 활동과 연계할 수 있고, 회사 내부 사람은 물론 외부 공급자, 유통 채널, 고객이 모두 이용할 수 있는 실시간 데이터를 만들 수 있게 되었다. 따라서 회사를 분산하려는 기업의 움직임은 점점 더 강화된다.

그러나 전자상거래의 진정한 힘은 누가 만든 제품이든, 어떤 종류의 상품이든 누구나 손쉽게 구입할 수 있다는 데 있다. 아마존닷컴 Amazon.com과 카즈디이랙트닷컴 CarsDirect.com이 좋은 예다. 전자상거래 덕분에 처음으로 판매와 제조가 분리되었다. 판매는 이제 제조보다는 오히려 유통과 밀접하게 관련된다. 전자상거래 업체가 하나의 제조사 상품이나 제품만을 마케팅하고 판매해야 할 이유는 없다.

당신의 사업은 아마존닷컴과 동네 서점 중 어느 쪽에 가까운가? 만약 후자라면, 전자상거래를 통해 영업할 수 있는 방법을 고민하라.

전자상거래와 도전

" 그게 우리 사업을 잡아먹을 거야. "

우리는 전자상거래에 어떤 상품과 서비스가 가장 적합할지는 아직 알 수 없다. 그러나 기업 대 기업으로든, 기업 대 소비자로든 전자상거래가 성공한다면 슈퍼마켓이나 도매상 등 전통적인 유통 채널에 이보다 위협적인 일도 없을 것이다. "그게 우리의 사업을 잡아먹을 거야!" 전통적인 유통업자들은 경악하게 될지도 모른다. 그러나 과거의 경험에 비추어 보면, 전통적인 사업체가 늘어나거나 오히려 이익이 늘어난 경우도 많다. 새로운 유통 채널이 등장했을 때 이런 결과가 나타나는 것은 흔한 일이다.

그러나 우리는 꽤 오랫동안 어느 제품이나 서비스가 전자상거래로 유통하기에 적합한지 알 수 없을 것이다. 그러니 섣부른 추측으로 전자상거래에 뛰어드는 결정은 위험하다. 전자상거래가 자사의 상품이나 서비스를 판매하는 데 가장 중요하다고까지는 할 수 없어도 중요한 유통 채널 중 하나가 되리라는 징후가 보이지 않는 한 전자상거래의 위험을 감수할 기업은 없다.

전자상거래가 자사의 유통 방식에 가져온 세 가지 주요 변화 방향과 향후 몇 년간 유통을 바꾸게 될 세 가지 방향을 열거하라.

"그 활동들은 어디에서 하는 게 유리하지?"

요즈음 경제가 움직이는 과정을 보면 제휴나 합작 투자, 아웃소싱에 의존하는 기업체가 점점 더 증가하고 있다. 소유나 통제보다는 전략에 기반한 구조가 세계경제 속에서 성장 모델이 되고 있다. 이런 협력 구조에서 경영자들은 회사의 전략과 제품 설계, 상품 비용을 유기적으로 조직하고 관리해야 한다.

세계적인 소비재 생산업체를 예로 들어 보자. 그 회사는 제품을 회사 내부에서만 생산했다. 그러나 지금은 먼저 질문한다. "그 활동은 어디에서 하는 게 유리하지?" 그래서 고객이 있는 180개국 중 여러 곳에서 마무리 가공을 하기로 했다. 그렇지만 기본이 되는 주요 제품은 세계의 몇몇 지역에서만 만든다. 예를 들어 아일랜드의 대규모 공장은 유럽과 아프리카 전역에 서비스를 제공한다. 품질 관리를 위해 기본적인 주요 부품은 내부에서 제작한다. 하지만 최종 조립은 아웃소싱하고 있다. 그 회사는 전체적인 가치사슬value chain을 보고 다양한 작업들을 어디에서 할지 결정한다.

☑

당신의 업무를 들여다보라. 당신보다 적은 돈을 받고 그 일을 더 잘할 수 있는 사람이 있는가? 그렇다면 책을 파고들든, 연구를 하든, 아니면 사람들을 만나 배움을 청하든, 먹이사슬의 한 단계 위로 도약할 새로운 기술을 얻을 계획을 세워라.

" 2025년의 다국적기업은 전략에 의해 통합되고 통제될 것이다. "

통계만을 놓고 보면, 1913년이나 지금이나 세계경제에서 다국적기업의 역할은 다를 것이 없다. 그러나 그 모습은 완전히 달라졌다. 1913년의 다국적기업은 해외에 자회사가 있는 국내기업으로, 자회사들이 정치적으로 정해진 지역을 책임지는 독립된 형태였으며, 운영 방식도 매우 자급자족식인 국내 회사였다. 반면 현재의 다국적기업은 상품과 서비스 라인을 따라 세계적으로 조직화하는 경향이 있다. 그러나 1913년과 마찬가지로 소유권에 따라 통합되고, 통제된다.

이와는 대조적으로 다가올 2025년의 다국적기업은 전략에 의해 통합되고 통제될 것이다. 물론 소유권은 여전히 존재하겠지만 제휴와 합작 투자, 소수 지분, 기술 협정 등은 점점 더 활발하게 이루어질 것이다.

이런 때는 새로운 최고경영자가 필요하다. 대부분의 나라에서 거대하고 복잡한 회사의 최고경영자는 회사를 운영하는 운영자다. 그러나 내일의 최고경영자는 별도의 조직이 돼 회사를 상징하고 대표할 것이다.

사업부를 운영하거나 전략적 파트너들을 조율하는 일이 당신의 전문 분야인가, 아니면 상사의 전문 분야인가? 전략적 파트너로서 매력을 높이 올리는 데는 두 가지 길이 있다. 다른 비즈니스나 문화에 관한 책을 읽거나 경험이 풍부한 임원을 찾아가 배우는 것이다.

" 기업을 최대한 통합해야 한다는 원칙은 이제 쓸모없어졌다. "

기업이 최대한 통합되어야 한다는 전통적 원칙은 이제 의미가 없어졌다. 회사를 분산해야 하는 두 가지 이유가 있다. 첫째, 지식이 눈에 띄게 전문화되었다. 따라서 지식은 더욱더 값비싸졌고, 중요한 업무를 한 기업이 모두 수용하기가 점점 더 어려워지고 있다. 더구나 지식은 지속적으로 사용하지 않으면 빠르게 쇠퇴한다. 어쩌다 하는 업무를 회사 내부에 그대로 유지하는 일은 그 기업의 무능력을 보여 주는 것이나 다름없다.

둘째, 인터넷이나 이메일 같은 새로운 정보기술 덕분에 의사소통에 드는 비용이 줄었다. 따라서 조직을 생산적으로 관리하고, 더 많은 이윤을 남기기 위해 업무를 분산하고 파트너십을 맺는 일이 가능해졌다. 이런 현상은 점점 더 확산되고 있다. 예를 들어 연구소의 정보기술, 자료 처리, 컴퓨터 시스템 관리 등을 아웃소싱하는 것은 일상적인 일이 되었다.

회사 업무를 아웃소싱하면 당신의 일도 정리되지 않을지 생각해 보라. 이를 대비해 계획을 세워라.

" 기업의 유일한 수익원은 부도를 내지 않는 고객이다. "

　전략은 시장, 고객, 비고객, 당신이 속한 산업의 기술, 다른 산업의 기술, 세계로 분산된 자본, 변화하는 세계경제에 대한 정보 등이 바탕이 되어야 한다. 여기에서 성과가 나오기 때문이다. 기업 내부에는 오직 이윤 창출Cost Center만 존재한다. 주된 변화는 항상 기업 외부에서 발생한다. 소매상은 상점에서 쇼핑을 하는 고객에 대해서는 잘 알고 있겠지만, 이 고객들은 전체의 일부에 불과하다. 나머지 대부분은 비고객이다. 그런데 기본적이고 중요한 의미를 갖는 변화는 항상 비고객들과 함께 시작된다. 지난 50년간 산업을 변화시킨 중요한 신기술의 절반은 그 산업의 외부에서 시작되었다.

시장, 고객, 비고객, 당신의 산업체 내부와 외부의 기술에 대한 정보를 망라하는 환경에 관련된 정보를 수집하고 정리하기 위한 시스템을 만들어라.

"부분은 전체를 염두해 두고 생각할 때 존재한다."

모든 경영학의 기저에는 기업은 가장 상위 시스템이며, 자발적으로 자신의 지식과 기술과 헌신을 제공하는 사람들의 집합이라는 생각이 깔려 있다. 그러나 미사일 통제처럼 기계적인 것이든, 나무처럼 생물학적인 것이든, 기업체처럼 사회적인 것이든 관계없이 시스템의 모든 성격을 결정짓는 것은 단 하나, 바로 상호의존성이다. 한 가지 기능이나 부분이 더 효율적으로 만들어졌다고 해서 시스템 전체가 반드시 개선되지는 않는다. 오히려 손해를 보거나 경우에 따라서는 시스템이 파괴될 수도 있다. 때로는 덜 정확하고, 덜 효율적인 어떤 부분을 약하게 만드는 것이 시스템을 강화하는 가장 좋은 방법이다. 어떤 시스템에서나 중요한 것은 전체의 성과다. 그것은 단순한 기계적 효율성보다는 성장과 역동적 균형, 적응과 통합에서 나온다. 경영에서 부분의 효율성만 강조하면 손해가 생긴다.

재무 분야나 기술 분야처럼, 회사 전체의 실적을 올리기 위해서는 어느 부분을 약화시켜야 하는지 결정하라.

단기 현상을 함부로 추측하지 마라

> "단기 현상에는 어떠한 체계도 없다.
> 단지 혼란만 있을 뿐이다."

복잡성이론은 현대 수학에서 가장 빠르게 성장하는 분야다. 그것은 복잡계complex system가 섣부른 추측을 받아들이지 않는다는 사실을 엄밀한 수학적 증거와 함께 보여 준다(즉 통계로 보는 것이 의미가 없는 요소들에 의해 통제된다). 이 이론은 신비롭지만 수학적으로 정밀하며, 실험적으로도 이미 증명된 '나비효과'로 널리 알려져 있다. 아마존 우림에 있는 한 마리 나비의 날갯짓이 몇 주 또는 몇 달 뒤 시카고의 날씨를 결정할 수 있다. 복잡한 체계 속에서도 기후는 예상할 수 있다. 안정성이 높기 때문이다. 하지만 불안정한 날씨는 예상되지 않는다. 날씨와 같은 단기 현상에는 어떤 체계도 없다. 오직 혼란만 있을 뿐이다.

경제학과 경제정책은 단기 현상, 즉 경기 침체와 가격 변동을 다룬다. 현대 경제학과 경제정책은 이자율 변화, 정부 지출, 세율 등의 단기적 정책에 의해 장기적 체계가 만들어진다고 추정한다. 하지만 복잡계에서는 현대 수학의 증명처럼 단순하지 않다.

당신의 조직에 영향을 주는 장기 현상을 밝혀내라. 그러한 현상이 조직에 장·단기적으로 어떤 영향을 미치겠는가?

" 생태학에서는 '전체'를 보고 이해해야 하며,
'부분'은 전체를 고려할 때만 존재한다. "

수학자와 철학자의 세계에서 인식이란 직감적·비논리적·영감적인 것일뿐 아니라 이해하기 어렵고 신비로운 것이다. 반면 기계적인 세계관에서 인식은 심각한 것이 아니다. 인간은 인식 없이도 살 수 있다. 그러나 생물학적 우주에서 인식은 중심이다. 어떤 식의 생태학이든 그것은 분석이라기보다는 인식이라고 할 수 있다. 생태학은 전체를 보고 이해해야 하며, 부분은 단지 전체에 대해 고려할 때만 존재한다. 300년 전 데카르트는 "나는 생각한다. 고로 나는 존재한다"라고 말했다. 우리는 이제 "나는 본다. 고로 나는 존재한다"라고 말해야 한다.

이 책에서 다루고 있는 새로운 현실, 예를 들어 새로운 다원성의 동적 불균형, 다국적·초국적 경제와 생태, 절실하게 요구되는 '지식인'의 새로운 전형 등을 이해하려면 확실히 분석만큼이나 인식도 필요하다.

조직에 대해 설명하는 다음 문장에서 인식과 분석은 각각 어떤 역할을 하는가? "어떤 체계에서나 중요한 것은 전체의 성과다. 그것은 미약한 기계적 효율성보다는 성장과 역동적 균형, 적응과 통합에서 나온다."

091~120

리더는 어떻게 인재를 관리하는가

The Daily Drucker

" 경영은 인간에 관한 일이다. "

현대 기업은 인적·사회적 조직이다. 경영은 원칙적으로나 실질적으로 인간적·사회적 가치를 다룬다. 다만 분명한 점은 조직의 목적은 그 조직을 넘어선 곳에 있다는 것이다. 회사의 목적은 이윤을 내는 것이고, 병원의 목적은 환자를 치료하는 것이며, 대학의 목적은 가르치고 연구하는 것이다. 이런 목적을 달성하기 위해 경영은 사람을 모으고 사회조직을 형성한다. 그러나 경영이 조직의 인적자원을 생산적으로 만드는 데 성공할 때만 자신들이 갈망하던 외부 목표 및 성과를 달성할 수 있다.

경영은 의학보다는 과학에 가깝다. 두 가지 모두 실천적 분야field of practice인데 폭넓은 순수과학에서 양분을 얻는다. 의학이 생물학, 화학, 물리학 등 수많은 기초과학에서 양분을 얻듯이, 경영 또한 경제학, 심리학, 수학, 정치이론, 역사, 철학 등에서 양분을 얻는다. 그러나 의학과 마찬가지로 경영도 고유한 가정과 지향점, 도구, 실행 목표 및 측정 방법을 갖는 하나의 학문 분야다.

M

당신의 전직은 무엇인가? 엔지니어, 경제학, 물리학, 수학, 정치학, 역사, 철학을 배경으로 하고 있는가? 당신의 경영 방식에 영향을 주는 배경을 세 가지 이상 나열해 보라.

" 책임 있는 근로자는 성과를 내기 위해 개인적으로 헌신한다."

조직에 속한 사람은 누구나 스스로를 경영자로 인식해야 한다. 기본적인 경영책임, 즉 자신의 직무와 작업 그룹에 대한 책임, 전체 조직의 성과에 공헌할 책임, 작업 공동체의 사회적 소명에 대한 책임을 온전히 부담할 의무가 있다.

그러므로 책임은 외적인 동시에 내적이다. 외적으로는 사람과 특정 성과에 대한 책임을 의미하며, 내적으로는 헌신을 의미한다. 책임감 있는 근로자는 특정 목표에 대해 책임을 질 뿐 아니라 성과 창출에 필요한 일을 실행할 권한이 있으며, 개인의 성취를 위해 그 결과에 전념하는 사람이다.

직무에서 좋은 결과를 얻기 위해 전념하는가, 아니면 일하는 시늉만 하는가? 성과를 창출하기에 충분한 권한을 지니고 있는가? 그런 권한을 가질 수 없다면 차라리 다른 직업을 찾아라.

" 조직의 목적은 평범한 직원이
평범하지 않은 일을 할 수 있게 하는 것이다. "

도덕성이 의미를 지니려면 훈계나 설교가 되어서는 안 된다. 반드시 실천이 뒷받침되어야 한다. 특히, 다음을 명심하라.

1. 조직의 초점은 반드시 성과에 맞춰져야 한다. 실행의 첫 번째 요건은 집단은 물론 개인을 위한 높은 성과 기준이다.
2. 조직의 초점은 문제가 아닌 기회에 맞춰져야 한다.
3. 부서 배치, 급여, 승진, 좌천, 퇴직 등 사람들에게 영향을 주는 의사결정에서는 반드시 조직의 가치와 믿음이 표현되어야 한다.
4. 경영자가 사람들에 관해 결정할 때는 청렴해야 한다. 청렴성은 모든 경영자에게 필요한 절대적 요건이며, 후에 생길 거라고 기대할 수 없는 덕목이기도 하다.

성과, 기회, 사람, 청렴성에 초점을 맞춰라.

" 조직이 커질수록 개인도 그만큼 더 성장할 수 있다. "

더 많은 구성원이 인격체로 성장할수록 그 조직은 더 많은 일을 성취할 수 있다. 오늘날 우리가 관리자 발굴과 교육에 주의를 기울이는 데는 이런 통찰이 숨어 있다. 조직의 진정성과 진실성, 목표 및 역량이 성장하면 할수록 개인이 인격체로서 성장하고 발전할 수 있는 여지는 더 많아진다.

계속 학습하라. 회사의 교육 혜택을 충분히 활용하라.

리더를 정할 때 무엇을 보아야 할까

" 나는 늘 스스로 묻는다.
내 아이가 그 사람 밑에서 일하기를 원하는지. "

한 기관의 리더를 선정할 때 무엇을 보아야 할까? 먼저 나는 후보자가 그동안 어떤 일을 해냈는지, 어떤 강점이 있는지 살펴볼 것이다. 그리고 조직의 시급한 과제가 무엇인지 찾아보고, 그 문제를 해결하는 데 후보자의 강점이 적절한지 자문해 볼 것이다.

그다음에는 성실성을 볼 것이다. 리더, 특히 강력한 리더는 조직 구성원의 본보기가 된다. 또한 젊은이들이 본받고자 하는 사람이다. 몇 년 전 매우 큰 세계적 조직의 수장이었던 현인에게 인재를 적재적소에 배치하는 원칙을 배운 적이 있다. "당신은 사람을 뽑을 때 무엇을 봅니까?" 내 물음에 그는 이렇게 대답했다. "나는 항상 스스로에게 묻곤 한다네. '내 아이가 그 사람 밑에서 일해도 좋은가?' 만일 그가 성공한다면 젊은이들은 그를 모방하고자 텐데, 내 아이가 그렇게 되기를 원하는지 묻는 것이지." 내 생각에는 이것이야말로 궁극적인 질문이다.

누군가를 고용해야 할 일이 생기면, 당신의 아이가 그 사람을 위해 일하기를 원하는지 자문해 보라.

리더는 다른 사람이 비전을 갖도록 한다

" 리더십은 어떤 사람의 비전을 더 높은 견지로 올려 주는 것이다. "

기본적으로 자기 자신에게 중점을 두는 리더는 조직을 잘못된 방향으로 이끌기 쉽다. 20세기에는 역사상 어느 누구보다 인류에 고통을 준 카리스마 있는 리더가 셋 있었다. 바로 히틀러와 스탈린, 마오쩌둥이다. 리더에게 중요한 것은 카리스마가 아니다. 리더십은 사람을 선동할 만큼 매력적인 개성이 아니다. 그렇다고 아첨하듯 친구를 사귀고 사람들에게 영향을 끼치는 것도 아니다.

리더십은 다른 사람의 비전을 끌어올리고, 업무 수행 능력을 더 높은 수준으로 이끌어 내며, 인격을 일정 수준 이상으로 계발하는 것이다. 리더십의 토대를 다질 때 조직 활동에서의 엄격한 행동 및 책임 수치, 높은 성과 기준, 개인과 업무를 분명히 존중하는 경영 정신보다 더 나은 것은 없다.

엄격한 행동, 책임 수치, 높은 성과에 대한 기준을 설정하고, 사람들과 그들의 업무를 존중하라.

" 리더와 보통 사람들 간의 거리는 일정하다. "

　리더와 보통 사람들 간의 거리는 일정하다. 리더의 성과가 뛰어나면 성과도 올라간다. 탁월한 임원은 대중의 성과를 높이는 일보다 리더 한 사람의 성과를 높이는 일이 쉽다는 사실을 안다. 그렇기 때문에 기준을 설정하고 성과를 창출하고 모범을 보일 수 있는 강점을 가진 사람을 요직에 임명하려 한다. 이는 항상 강점에 초점을 맞추는 방법인데, 강점을 발휘하는 데 방해가 되지 않는 한 약점은 크게 상관하지 않는다.

　경영자의 임무는 사람을 변화시키는 것이 아니다. 개인의 강점과 활력, 열의를 이용해 전체의 성과와 역량을 높이는 것이다.

비즈니스 단위의 성과를 끌어올리려면 강력한 리더가 이끌도록 하라.

"장군들이 별로 죽지 않았다."

내가 만났던 모든 유능한 리더들(함께 일했거나 지켜본)은 한결같이 다음과 같은 네 가지 사실을 알고 있었다. 리더는 추종자가 있는 사람이다. 리더십은 인기가 아니라 성과로 평가되며 리더는 크게 부각되고 모범이 된다. 또한 리더십은 계급, 특권, 직위, 돈이 아니라 책임이다.

고등학교 졸업반이었을 때, 훌륭한 역사 선생님(전쟁에서 부상당한 참전용사이셨다)은 우리에게 제2차 세계대전을 다룬 전집에서 몇 권을 골라 그에 대한 에세이를 쓰게 했다. 각자가 써 온 에세이에 관해 토론할 때 한 친구가 물었다. "모든 책에서 위대한 전쟁은 군사적으로는 완전히 무능한 전쟁이었다고 적고 있어요. 그 이유가 뭘까요?" 선생님은 주저 없이 대답하셨다. "그건 장군들이 많이 죽지 않았기 때문이란다. 자신들은 전선 뒤편에 머물면서 부하들을 싸우다 죽게 만들었던 거지."

유능한 지도자는 권한을 위임한다. 그러나 기준이 되는 것 한 가지는 위임하지 않는다. 그것은 자신이 직접 한다는 원칙이다.

환자를 치료하든 채권을 판매하든 간에 기업의 핵심 기능을 완전히 이양하면 직원들로부터 계속 존경받을 수 없다.

> " 경영자는 현실주의자여야 한다.
> 그리고 냉소주의자는 가장 비현실적인 사람이다. "

진실성을 정의하기란 쉽지 않다. 다만 한 가지 분명한 것은 진실하지 못하다고 여겨지는 사람은 경영자의 자리에 앉기에는 부적절하다. 만일 사람들의 강점이 아닌 약점에 초점을 맞추는 사람이라면 결코 경영자가 되어서는 안 된다. 사람들이 할 수 없는 일을 정확하게 알지만 그들이 할 수 있는 일을 전혀 보지 못하는 사람은 조직 정신을 훼손한다. 냉소주의자보다 비현실적인 사람은 아무도 없으며 경영자는 현실주의자여야 한다.

만일 한 사람이 "무엇이 옳은가?"라는 질문보다 "누가 옳은가?"라는 질문에 더 관심이 있다면 그를 경영자의 자리에 앉혀서는 안 된다. "누가 옳은가?"라고 물으면 부하 직원들은 권모술수에 빠지기 쉽고, 그렇지 않더라도 적어도 위험을 무릅쓰려고 하지 않는다. 결국 그들은 자신들의 실수를 발견해도 고치려 들기보다 감추려 한다. 경영자는 진실보다 정보를 더 중요시하는 사람, 능력 있는 부하 직원을 두려워하는 사람, 자신의 업무에서 높은 목표를 세우지 않는 사람을 관리자로 채용해서는 안 된다.

진실성에 대해 정의 내려라. 신입 직원에게 요구하는 진실성의 속성을 연구하라.

리더는 위기를 예측할 수 있어야 한다

" 리더는 험난한 직업이다. "

20세기에 가장 성공한 리더는 윈스턴 처칠이다. 그러나 그도 1928년부터 1940년까지 12년간은 있는 듯 없는 듯했고, 신뢰도 거의 얻지 못했다. 당시에는 처칠이 필요하지 않았기 때문이다. 상황이 안정적이었거나, 적어도 안정적인 것처럼 보였다. 하지만 재난이 닥치자 그의 쓸모가 드러났다. 어떤 조직이든 한 가지는 알 수 있다. 바로 위기다. 위기는 늘 찾아오기 마련이며 바로 이때가 리더가 빛을 발할 때다.

조직의 리더는 위기를 막을 수는 없더라도 예측은 해야 한다. 위기가 닥칠 때까지 기다리는 일은 포기나 다름없다. 리더는 조직이 다가오는 폭풍을 예상하고, 극복하고, 이길 수 있게 해야 한다. 재난을 막을 수는 없어도 사람들이 전투 준비를 하고, 사기를 높이도록 해야 한다. 어떻게 행동해야 하는지를 알고, 자신은 물론 구성원들이 서로 믿고 의지하는 조직을 만들어야 한다.

군사 훈련의 제1규칙은 군인들에게 상관에 대한 신뢰를 심어 주는 것이다. 신뢰도 없이 싸움에 나설 군인은 없기 때문이다.

조직이 당면한 주요 문제점을 직시하라. 그 본질에 대해 솔직하고, 충분하게 전달하라. 문제 해결에 필요한 조치를 취하기 위해 사람들의 지지를 끌어모아라.

" 1939년에 사람들이 할 수 있었던 것은 기도와 희망뿐이었다."

나는《경제인의 종말》에서 윈스턴 처칠에 대한 깊은 존경을 표했다. 실제로 당시 쓴 내용을 지금 읽어 보면 나는 처칠이 리더의 역할을 하길 바란 것 같다. 믿기 어렵겠지만 1939년에 처칠이 유명한 사람이 될지는 알 수 없었다. 그는 그저 70대에 가까운 평범하고 힘없는 노인이었다. 그는 열정적으로 웅변할 줄 알지만 청중을 지루하게 한 카산드라 같은 사람이었다. 야당 인사로는 훌륭했으나 관직에는 부적절하다는 평가를 받아 두 차례나 선거에서 떨어지기도 했다. 프랑스가 몰락하고 됭케르크 철수 작전으로 뭔헨 사람들이 관직을 박탈당한 1940년에도 처칠은 결코 반드시 필요한 후계자가 아니었다.

《경제인의 종말》이 출간된 지 1년 넘게 지난 1940년, 처칠의 등장은 그 책에서 기원하고 염원했던 기본적 윤리와 정치적 가치들을 재차 주장하는 것이었다. 그러나 1939년에 사람들이 할 수 있었던 일은 오로지 기도하고 희망을 가지는 것뿐이었다. 현실에서는 리더십도, 긍정도, 사람도, 가치와 원칙도 찾을 수 없었다.

당신이 처한 현실을 직시하라. 당신은 어떤 위협을 피해 왔는가? 이러한 문제점들을 해결하기 위해 오늘 적절한 계획을 세워라.

> "처칠이 준 것은 도덕적 권한, 가치에 대한 믿음,
> 그리고 합리적인 행동의 정당성에 대한 신뢰였다."

《경제인의 종말》은 1930년대 말의 리더십의 부재라는 현실을 분명하게 전달한다. 당시 정치 무대에는 다양한 인물이 가득했다. 그전까지만 해도 많은 정치인들이 그렇게 광적으로 일한 적은 결코 없었던 것 같다. 이 정치인들 가운데 상당수는 괜찮은 사람이었고, 일부는 아주 유능한 사람이었다.

그러나 히틀러와 스탈린을 제외하고는 측은할 정도로 평범했다. 오늘날 사람들은 "그래도 윈스턴 처칠이 있었다"라고 항의할 것이다. 전체주의 악의 무리에 대항하는 유럽 투쟁의 리더로서 처칠의 등장은 중요한 사건이었다. 처칠식으로 표현하면 '운명을 여는 손잡이'였다.

오늘날 사람들은 실제로 처칠의 중요성을 과소평가하기 쉽다. 처칠이 자유인의 리더로서 직분을 인계받기 전까지 히틀러는 명백하게 진군하고 있었다. 하지만 처칠 이후 히틀러는 완전히 추락했고, 적기適期를 읽고 적의 작은 움직임까지 예측하는 뛰어난 능력을 보여 주지도 못했다. 1930년대에는 빈틈없이 계산하던 이가 1940년대는 거칠고 통제 불가능한 투기꾼이 되었다. 아마 처칠이 없었다면 오늘날 미국은 나치의 지배하에 있었을지도 모른다.

도덕적 권한, 가치에 대한 믿음, 합리적 행동의 공정함에 대한 신뢰 등

제2차 세계대전 당시 처칠이 보여 준 태도는 정확하게 유럽에서 필요로 하던 것이었다.

조직 내에서 작용하는 주요 가치들을 기록하라. 그것과 리더들이 지지하는 가치를 비교해 보라. 올바른 조치를 도출하기 위해 지지를 얻는 가치들과 작용하는 가치들을 조화롭게 할 방안을 제시하라.

" 당신 자신을 보지 말고 일을 보라.
당신은 고용인일 뿐, 중요한 것은 일이다. "

대부분의 조직에는 어떤 상황에서든 선두에서 이끌 수 있는 사람이 필요하다. 일할 때는 다음과 같은 네 가지 기본 역량이 중요하다.

첫째, 경청과 자기수양이다. 경청은 기술이 아니다. 훈련만 하면 누구나 할 수 있는 일이다. 당신이 해야 할 일은 그저 입을 다무는 것뿐이다. 둘째, 마음에서 우러난 의사소통으로 자신을 이해하고자 하는 것이다. 여기에는 끝도 없는 인내가 필요하다. 셋째, 변명하지 않는 것이다. 깔끔하게 말하자. "이대로는 일이 잘될 것 같지 않군요. 처음으로 되돌아가 개선합시다." 마지막으로, 당신이 그 임무에 비해 중요하지 않다는 점을 기꺼이 받아들이는 것이다. 리더는 자신보다 임무를 위에 둔다.

매주 금요일 오후 10분은 네 가지 기본 역량에 대한 주간 보고서를 작성하기 위한 시간으로 남겨 둬라.

> " 회사 내에 '파벌'이 있는
> 최고경영자는 중립을 유지할 수 없다. "

　미국의 최고경영자 중 GM의 앨프리드 슬론만큼 존경받았던 사람은 드물다. GM의 많은 관리자는 슬론의 조용하지만 결단력을 갖고 있는 인정과 지원, 아낌없는 충고, 관리자가 곤경에 처했을 때 보여 준 따스한 연민에 깊은 고마움을 느꼈다. 하지만 동시에 슬론은 GM의 전체 경영진에 대해 초연했다.

　그는 자신의 경영 스타일에 대해 다음과 같이 설명했다. "최고경영자는 객관적이고 공정해야 할 의무가 있다. 관대하지만 자신의 호불호나 누가 일을 어떻게 하는지에 대해서는 주의를 기울이지 않는다. 평가의 유일한 기준은 성과와 품성뿐이다. 인맥이나 파벌이 있으면 불가능한 일이다. 회사 내에 친분 있는 사람이 있고, 동료들과 파벌을 형성하고 있거나 그들과 업무 외적인 부분을 논의하는 사람은 공평할 수 없다. 적어도 공평해 보이지 않는다. 외로움, 거리감, 격식이 자신의 기질과 맞지 않을 수도 있겠지만(이러한 것은 나와 늘 상반되는 것들이었다), 이것은 최고경영자의 의무다."

당신이 그 직원을 좋아하는지는 중요하지 않다. 그들의 성과와 품성에 중점을 두어라.

인사결정의 중요성

" 어떤 조직도 내부의 인적자원이 가진
능력 이상으로 잘할 수는 없다. "

　인사결정은 조직 통제에서 결정적인(어쩌면 유일한) 문제다. 인재는 조직의 수행력을 결정한다. 어떤 조직도 내부의 사람들이 가진 능력 이상으로 잘할 수는 없다. 인적자원의 생산력은 조직의 성과로 이어진다. 그리고 이것은 고용과 해고, 역할 배치, 승진에 관한 의사결정으로 결정된다. 인사결정의 성패는 공적 관계나 홍보 활동, 설득보다는 오히려 조직이 진지하게 운영되는지, 임무나 가치와 목표가 현실적이고 구성원들에게 의미가 있는지에 따라 좌우된다.

　스스로 사람을 잘 평가한다고 믿는 경영자는 최악의 결정을 내리기 쉽다. 사람을 평가하는 것은 단순한 인간에게 주어진 권한이 아니다. 반면 결정을 내릴 때 수천 가지 가능성을 염두에 두는 사람은 매우 간단한 전제에서 시작한다. 바로 사람들을 평가하는 것이 아니라 진단하는 과정에 집중한다. 경영자는 그 사람의 통찰력과 지식이 아니라 평범하고 지루하면서도 양심적인 단계별 과정에 따라 인사를 결정하는 법을 배워야 한다.

본능에 따라 직원을 고용하지 말라. 지원자를 철저하게 조사하고 시험할 수 있는 적절한 과정을 만들어라.

인재 기용의 좋은 예

" 그들이 할 수 없는 분야에 고용하지 말고,
그들이 할 수 있는 분야에 고용하라. "

제2차 세계대전 중 미 육군 참모총장이었던 위대한 리더, 조지 마셜 장군은 사람들을 적재적소에 배치하는 데 놀랄 만한 기록을 세웠다. 그는 한 치의 실수 없이 약 600명 정도의 장성과 사단장 등을 임명했다. 이들 중 과거에 부대를 지휘한 사람은 아무도 없었다.

인사 문제를 토의할 때 마셜의 보좌관들은 이렇게 말했다. "아무개 대령은 우리가 보유한 최고의 트레이너입니다. 문제는 그는 상관과 잘 지내지 못한다는 거예요." 그에 대해 마셜은 이렇게 대답했다. "그에게 맡겨야 할 과제가 뭐지? 과제가 사단 훈련이고, 그가 트레이너로서 일류라면 그를 배치해. 나머지는 내 몫이야."

그 결과 그는 세계 역사상 가장 거대한 규모인 130만 군대를 최단시간에 실수 없이 창설했다. 중요한 것은 강점에 중점을 두는 일이다.

당신이 고용하는 사람 각각의 강점을 알아야 한다.

" 가장 중요한 것은 그 사람과
업무가 서로 잘 맞느냐 하는 것이다. "

세계 역사상 가장 거대한 규모의 군대를 최단 시간에 창설한 조지 마셜 장군은 인사결정을 할 때 다음과 같은 다섯 가지 단계를 따랐다.

첫째, 사람들에게 어떤 업무를 맡길지 신중하게 생각했다. 직무분석표는 오랫동안 잘 변하지 않았지만 업무 과제는 항상 변화한다.

둘째, 자질 있는 사람을 여러 명 두고 검토했다. 이력서에 있는 공식적 자질은 검토의 시작에 불과하며, 이러한 자질이 없는 것이 드러나면 후보자는 실격된다. 가장 중요한 것은 그 사람과 업무가 서로 잘 맞는지 여부다. 최적임자를 찾기 위해 그는 적어도 3~5명 정도의 후보자들을 두고 고려했다.

셋째, 각 후보자의 강점을 파악하기 위해 성과 기록을 검토했다. 마셜은 후보자의 강점을 찾고자 했다. 그들이 할 수 있는 것들에 집중해 특정 업무에 적합한 강점을 보유하고 있는지를 판단해야 한다. 성과는 강점을 토대로 만들어질 수 있다.

넷째, 후보자들과 함께 일한 사람들과 상의했다. 가장 좋은 정보는 종종 후보자의 전 상관이나 동료들과의 비공식 논의에서 나온다.

다섯째, 일단 결정하고 나면 지명된 사람이 그 업무를 잘 이해했는지 확인했다. 가장 좋은 방법은 임명된 사람으로 하여금 업무를 성공시키기 위해 어떻게 해야 하는지에 대해 깊이 생각해 보게 한 다음, 업무 시작 90일 후에 서면으로 작성하게 하는 것이다.

누군가를 고용할 때는 다음 다섯 가지 결정 단계를 따르라. 후보자가 맡을 업무를 이해하고, 3~5명 정도의 후보군을 정하고, 성과 기록을 검토해 그의 강점을 알아보고, 그의 전 동료와 상의한 뒤 고용 후에는 새로운 업무를 그에게 설명한다.

> " 어떤 산업이 쇠퇴하는 첫 번째 징후는
> 유능한 사람들을 끌어당기는 힘을 잃어버리는 것이다. "

인사 분야에는 진정성 있는 마케팅 목표가 필요하다. "우리가 필요로 하는 사람들을 영입하기 위해 무엇을 해야 하는가? 인력 시장에서 영입할 자원이 있는가? 그들을 영입하기 위해 무엇을 해야 하는가?" 목표를 관리자 영입이나 그들을 독려하고 성과를 낼 수 있게 하는 데 두는 것도 좋지만, 실무 인력들에 대해서도 구체적 목표를 갖는 것이 바람직하다. 여기에서는 직원의 기술뿐 아니라 일을 대하는 목표도 중요하다.

어떤 산업이 쇠퇴하는 첫 번째 징후는 유능하고 자질도 뛰어나며 야심도 있는 사람들을 끌어들이는 힘을 잃어버리는 것이다. 예를 들어, 미국 철도는 세1차 세계대전이 끝나고 쇠퇴한 것이 아니다. 이미 제1차 세계대전 중에 쇠퇴하기 시작했다. 제1차 세계대전 이전에는 유능한 공과대학 졸업생들이 철도업에서 일하고 싶어 했다. 하지만 전쟁이 끝난 뒤 철도 산업은 더 이상 젊은이들의 흥미를 끌지 못했다. 그 결과 20년 후 철도 산업이 어려움을 겪게 되었을 때, 새로운 문제를 감당할 만한 유능한 경영자를 찾지 못했다.

성과 기준이 높고 일을 대하는 태도가 진지하며 기술까지 갖춘 최고의 인력을 영입하고 유지하기 위한 목표를 설정하라.

성공적인 인사관리의 다섯 가지 원칙

" 군인은 정당한 통솔권을 가진다. "

인사결정에서 완벽한 이력 같은 것은 없다. 성공하는 경영진은 다섯 가지 기본 원칙을 따른다.

첫째, 경영진은 인력 배치에 실패하면 책임을 감수해야 한다. 성과를 내지 못한다고 비난한다면 이는 책임 회피일 뿐이다. 경영진은 그 사람을 선택한 실수를 했기 때문이다. 둘째, 경영진은 업무를 수행하지 않는 사람을 면직할 책임이 있다. 무능하거나 업무 능력이 저조한 사람을 그대로 두면 다른 사람들이 피해를 입고, 전체 조직의 사기가 떨어진다. 셋째, 해당 업무에서 성과를 내지 못한다고 해서 그가 해임되어야 할 만큼 무능력한 사람인 것은 아니다. 단지 그와 업무가 맞지 않는 것일 수도 있다. 넷째, 모든 직무에 걸맞은 사람을 배치하려고 노력해야 한다. 조직은 구성원 개개인의 능력만큼만 성과를 낼 수 있다. 그러므로 인사결정은 올바르게 해야 한다. 다섯째, 새로 온 사람에게는 기대하는 바가 분명하고 조직의 도움을 받을 수 있는 일을 맡기는 것이 가장 좋다. 새로운 업무, 특히 중요한 일이라면 행실과 품성이 익히 알려져 있고, 이미 신뢰를 얻은 사람에게 맡겨야 한다.

인사 배치에 실패했다면 책임을 감수하라. 성과가 저조한 사람은 다른 직무로 옮겨라.

최고경영자의 후임 결정

" 가장 중요하고 돌이킬 수 없는 인사는
최고위직의 후임 결정이다. "

최고위직의 후임 결정은 무엇보다 어려운 일이다. 그러한 결정은 도박이기 때문이다. 최고위직의 업무 평가로 가장 좋은 방법은 최고경영자로서 그가 해낼 성과에 달렸기 때문에 이에 대해 준비할 수 있는 것이 없다. 하지 말아야 할 일은 아주 간단하다. 퇴임하는 최고경영자와 판박이인 인물을 선택해서는 안 된다. 만일 퇴임하는 최고경영자가 "그는 30년 전 내 모습 그대로야"라고 말한다면 판박이다. 그리고 판박이는 늘 약하기 마련으로 새로운 최고경영자로서는 문제가 있는 사람이다.

18년 동안 상사 곁에 있으면서 그의 모든 희망 사항을 알지만, 혼자서 결정을 내린 적이 없는 충직한 보좌관도 조심해야 한다. 대체로 스스로 결정하려고 하거나 할 수 있는 사람은 보좌관 역할을 오래하지 않는다.

최고경영자의 후임을 선정하는 가장 좋은 방법은 업무를 보는 것이다. 향후 수년간 직면할 가장 큰 도전 과제는 무엇일지, 그리고 후보자가 그동안 해낸 일을 보라. 입증된 성과와 그 자리에 필요한 덕목을 비교해 보라.

☑

향후 5년간 조직이 당면할 가장 큰 단일 도전 과제를 판단하고, 이러한 도전 과제를 극복해 이미 입증된 실적이 있는 사람을 선택하라.

" 만일 우리가 사람을 고용하고 그를 적소에 배치하는 데
네 시간을 투자하지 않는다면, 우리는 우리의 실수를 수습하는 데
400시간을 투자해야 한다. "

나는 몇 년 동안 GM의 최고위원회 회의에 참석해 자본 투자, 해외 진출, 자동차 사업·부속품 사업·비자동차 사업 간의 균형, 노사 관계, 재무구조와 같은 전후 정책에 관한 기본적인 결정을 수행했다. 나는 인사결정이 정책 결정에 비해 너무 많은 시간이 걸린다는 사실을 깨달았다. 위원회는 시종일관 어떤 직책의 업무와 임무를 논의하다 끝났다. 회의가 끝난 나는 슬론에게 물었다. "그다지 중요하지도 않은 일에 늘 네 시간이나 투자하십니까?" 그는 이렇게 대답했다. "나는 중요한 결정을 내리고 그것을 잘하기 위해 회사에서 많은 급여를 받고 있습니다. 그런데 만일 데이턴에 있는 저 수리공이 부적절한 사람이라면 우리의 결정은 무의미해집니다. 결정을 성과로 바꾸는 건 저 수리공입니다. 만일 우리가 사람을 고용하고 적소에 배치하는 데 네 시간을 투자하지 않는다면 실수를 수습하는 데 400시간을 투자해야 할 겁니다. 저는 그런 시간을 갖고 싶지 않습니다." 그리고 이렇게 결론 내렸다. "인재 결정은 무엇보다 중요합니다. 누구나 회사가 더 나은 사람을 구할 수 있다고 생각합니다. 하지만 회사가 할 수 있는 일은 사람을 적절한 역할에 배치하는 것뿐입니다. 그래야 성과를 얻게 됩니다."

인사에 대한 결정(선발, 배치, 평가)을 가장 높은 순위에 두어라.

> " 인사결정을 잘하는 사람도 있고,
> 인사결정을 잘못하고서 두고두고 후회하는 사람도 있다. "

언젠가 슬론이 말했다. "내가 인사에 대해 훌륭한 심사위원이어야 한다고 생각하는 것을 압니다. 장담하지만, 그런 사람은 없습니다. 인사결정을 잘하는 사람도 있고, 인사결정을 잘못하고 두고두고 후회하는 사람도 있겠지요. 다만 우리는 실수를 덜 합니다. 그건 우리가 사람을 잘 판단해서가 아니라 신중하게 공을 들이기 때문입니다."

인사결정 때문에 GM경영위원회에서 격론이 벌어지기도 했다. 반면 위원회 전체가 한 후보로 의견이 모일 때도 슬론은 위기를 아주 잘 처리했다. 그는 이렇게 물었다. "스미스, 아주 인상적인 실적이군요. 그런데 당신이 아주 잘 처리한 그 위기 상황에 어떻게 하디 연루됐는지 설명해 주시겠어요?" 스미스는 아무 대답도 하지 못했다. 이어 슬론은 또 말했다. "여러분은 조지가 할 수 없는 일은 모두 압니다. 그런데 그가 할 수 있는 일은 무엇일까요? 좋습니다. 그는 뛰어나지도, 민첩하지도 않아요. 그리고 단조로워 보입니다. 하지만 항상 실적을 내지 않았나요?"

결과적으로 조지는 어려운 시기에 큰 조직의 가장 성공적인 총지배인이 되었다.

인사결정을 우선순위에 두고 더 많은 시간을 투자하라. 그러면 후회할 일은 없다.

> " 결정적 승진은 미래에
> 최고경영진으로 선발될 그룹을 고르는 일이다. "

직원들이 회사에 공헌하게 하려면 그에 따른 보상을 해 주어야 한다. 인사결정, 특히 승진은 조직이 진정으로 믿고, 원하고, 지향하는 바가 무엇인가를 보여 준다. 이런 결정은 말보다 더 크게, 어떤 수치보다 분명한 메시지를 전달한다.

결정적 승진은 대상자의 경력에는 가장 중요할 수도 있지만 그 사람에게 첫 번째 승진은 아니며 최고경영자로서 올라서는 최종 승진도 아니다. 경영진은 선별된 소수의 그룹에서 다시 선발해야 한다. 다시 말해 결정적 승진은 앞으로 최고경영진으로 선발할 그룹을 고르는 일이다. 이는 조직 구조의 피라미드가 갑자기 좁아지는 시점에서 이루어지는 결정이다. 큰 조직이라면 이 시점까지 각 자리에 임명할 수 있는 사람이 대개 40~50명 정도는 된다. 하지만 그 위로는 서너 명 가운데 한 명으로 선택지가 줄어든다. 또한 이 시점까지는 한 사람 한 사람이 대개 한 분야, 또는 한 직무에서만 일한다. 하지만 이 단계 위로 가면 사업 부문에서 일하게 된다.

고위 간부로 승진해 조직이 정말로 원하는 바를 이룰 수 있다는 믿음을 심어 주기 위해 최선을 다하라.

"좋은 의도가 항상 사회적 책임이 있는 것은 아니다."

적어도 자본을 들인 만큼의 수익도 내지 못하는 사업을 한다는 것은 사회의 자원을 낭비하는 무책임한 짓이다. 경제적 성과가 없는 사업은 그 어떤 책임도 이행할 수 없다. 좋은 고용주, 좋은 시민, 좋은 이웃이 될 수 없기 때문이다. 그러나 학교의 책임이 교육 성과에 그치지 않고, 병원의 책임이 보건만이 아닌 것처럼 사업의 책임이 경제적 성과에만 국한되지는 않는다.

모든 조직은 구성원, 환경, 고객, 관련된 사람이나 사물 모두에게 미칠 영향에 대해 책임져야 한다. 이것이 '사회적 책임'이다. 그러나 우리는 사회가 점점 더 영리 조직이든 비영리 조직이든 모든 조직들이 사회악에 맞서는 데 힘을 보태기를 바라고 있다는 사실을 안다. 여기서 우리는 조심해야 할 필요가 있다. 좋은 의도에 항상 사회적 책임이 있는 건 아니기 때문이다. 조직이 주요 과제와 임무 수행에 방해가 되는 책임을 떠맡거나 역량을 넘는 활동을 하는 것은 무책임하다.

기업의 자선활동에 관한 한, 회사가 눈을 떼지 않도록 하라.

" 모든 붐boom에는 사기꾼이 최고위직에 올라앉곤 한다. "

이른바 '붐'이라고 하는 호황기에 좋아 보이도록 포장하는 건 쉽다. 호황기에는(나는 '붐'을 네다섯 번쯤 경험했다) 언제나 사기꾼이 가장 높은 자리에 앉곤 한다.

1930년 1월, 젊은 저널리스트였던 내게 첫 임무가 떨어졌다. 회사의 이익을 체계적으로 빼돌린 당시 유럽 최대 보험회사의 최고경영진에 대한 재판을 다루는 것이었다. 이런 일은 '붐'이 지나면 늘 있는 일이었다. 지난번 붐과 비교했을 때 그나마 다른 점이 있다면 장부(분기별 수치에 대한 강조, 주가에 대한 지나친 강조, 경영진은 회사의 주요 주식을 보유하고 있어야 한다는 선의의 그러나 어리석은 믿음, 내가 늘 부실 경영에 대한 공개적 초대장이라고 여겨 온 스톡옵션 등)를 조작하려는 유혹이 훨씬 커졌다는 것뿐이었다. 그것 말고는 다를 것이 전혀 없었다.

'호황기'에는 번영뿐 아니라 재무적 약탈자도 함께 온다는 점을 주의하라.

" 책임 없는 권한은 불법이고, 권한 없는 책임 역시 그러하다. "

슬론은 '공적' 책임은 비전문성보다 나쁘다고 여겼다. 무책임하며 권한을 함부로 쓰는 일이라고 생각했다.

슬론과 함께 참석한 회의에서 미국의 저명한 최고경영자가 말했다. "우리는 고등교육에 대한 책임이 있습니다." 그 말을 듣고 슬론이 물었다. "사업하는 우리가 고등교육에 대해 어떤 권한을 갖고 있나요?" 그는 물론 없다고 대답했고, 슬론은 퉁명스럽게 답했다. "그럼 책임에 대해서는 말하지 맙시다."

슬론은 다음과 같이 말했다.

"당신이 큰 회사의 최고경영자라면 경영의 기본으로 삼아야 할 것이 있습니다. 권한과 책임은 일치해야 하고 서로 상응해야 합니다. 당신이 권한을 원하지 않고, 가져서도 안 된다면 책임에 대해 논하지 마십시오. 또한 당신이 책임을 원하지 않고, 가져서도 안 된다면 권한에 대해 논하지 마십시오."

슬론은 경영의 원칙에 기초해 말했지만, 이것은 정치 이론이나 정치사에서도 가장 기본적인 교훈이다. 책임 없는 권한은 불합리하고, 권한 없는 책임 역시 마찬가지다. 이 둘은 전제정치로 귀결된다. 슬론은 전문 경영인으로서 더 큰 권한을 가지길 원했고, 기꺼이 그에 상응하는 책임을 지고자 했다. 그러나 같은 이유로, 그는 권한을 전문적 역량이 필요한 분야로 한정하고 그 외의 분야에서는 책임을 거부했다.

당신의 업무 영역에서는 권한과 책임이 일치하는가? 그렇지 않다면 책임에 더 부합하는 권한을 요구하라.

" 먼저 해를 끼치지 말라."

전문가의 첫 번째 책임은 2,500년 전 이미 그리스 의사 히포크라테스Hippocrates가 다음과 같이 명시했다. "어떤 경우에도, 고의로 해를 끼치지는 말라." 의사건 변호사건, 아니면 관리자이건 그 어떤 전문가도 고객을 이롭게 할 것이라고 확실히 약속할 수는 없다. 하지만 고의적으로 해를 입히지는 않겠다고 약속할 수는 있다. 고객 역시 그 전문가가 자신에게 고의로 해를 끼치지 않을 것이라는 신뢰가 있어야 한다. "고의로 해를 끼치지는 말라"는 전문가의 윤리와 공적 책임 윤리의 기본 원칙이다.

전문가는 어떤 경우에도, 고의로 해를 끼쳐서는 안 된다.

"비즈니스 윤리는 몇몇 이유로 일반적 윤리 규칙은
비즈니스에 적용되지 않는다고 가정한다."

서양의 윤리적 전통은 왕자든 거지든, 부자든 빈자든, 강자든 약자든, 누구나 지켜야 할 윤리 규범이 존재한다는 데 기반을 두고 있다. 유대-기독교 전통에서 윤리란 모든 생명체가 창조자(그것을 신이라 부르든 자연이나 사회로 부르든 상관없이)의 피조물이라 생각하는 것이다. 모든 사람에게 동등하게 적용되는 개인 행동에 대한 단일한 윤리, 단일한 도덕, 단일한 규칙이 있다는 것이다.

하지만 비즈니스 윤리는 이와 같은 근본 원리를 부정한다. 비즈니스 윤리는 서양철학자나 신학자들이 말하는 그런 개념의 윤리가 아니다. 비즈니스 윤리는 몇 가지 이유로 일반적인 윤리 규칙을 비즈니스에서는 적용되지 않는다고 가정한다. 그렇다면 비즈니스 윤리란 무엇인가?

옳고 그름에 관한 개인적 가치관과 일할 때의 가치관을 분리하지 말라.

> " 무엇이 비즈니스 윤리인가?
> 그것은 궤변이다."

"무엇이 비즈니스 윤리인가?"라는 질문을 받으면 서양의 역사철학자들은 "그것은 궤변(Casuistry, 결의론 : 궤변으로 도덕적, 법률적 문제를 해결하려는 방식)이다"라고 대답할 것이다.

이에 따르면 통치자는 책무가 있기 때문에, 개인에게 적용되는 일반적 윤리와 왕국에 대한 사회적 책임 사이에서 균형을 유지해야 한다고 주장했다. 이것은 보통 사람들의 윤리를 결정하는 규칙이 사회적 책임을 가진 사람들에게는 동등하게 적용되지 않는다는 사실을 암시한다. 그들에게 윤리는 개인적 양심에서 오는 요구와 직위에서 오는 요구를 아우르는 비용-편익 계산cost-benefit calculation이다. 즉 다른 사람들에게 편익을 제공할 수 있다면 그들의 행동은 윤리적 요구를 받지 않는다는 사실을 의미한다.

비즈니스 윤리에 대한 무시무시한 이야기는 궤변가들에게는 이타적인 비즈니스 순교가 아니더라도, 비즈니스 미덕의 예로서 나타난다.

1950년대 후반, '전기 설비 음모Electrical Apparatus Conspiracy'로 GE의 여러 고위 간부들이 수감되었다. 그들은 반독점 규정을 위반했다는 이유로 유죄판결을 받았다. 터빈과 같은 중장비 주문을 미국 3대 전기 설비 제조업체인 GE, 웨스팅하우스Westinghouse, 앨리스 차머스Allis Chalmers가 독점했기 때문이다. 기업연합(카르텔)은 세 회사 중 가장 약하고 의존적인 회사인 앨리스 차머스를 보호할 목적으로 결성되었지만, 정부 조치로 인해 카르텔이 와해되자마자 앨리스 차머스는 터빈 사업에서 퇴출되었고, 수천 명을 감축해야 했다.

당신이 내린 결정의 배경에 결의론이 있었던 경험을 두 가지 기록하라. 이들 사례에서 어떤 결정을 내렸어야 했는가?

" 불안정은 산업 전반에 고루 스며든다. "

불안정, 즉 경제적이 아닌 심리적 불안정은 산업 전반에 골고루 스며들며 두려움을 야기한다. 아직 알려진 적도 없고, 예측할 수도 없는 일에 대한 두려움이기 때문에 희생양이나 용의자를 찾는 과정으로 이어진다. 우리는 자신의 업무를 통제하는 세력이 합리적이고 예측 가능하다는 근로자의 믿음이 회복될 경우에만, 산업 기업의 정책이 효과적일 것이라 기대할 수 있다. 믿음이 회복되지 않는다면 다른 어떤 분야에서도 그렇게 많은 일을, 그렇게 빨리 달성하기를 기대할 수 없다. 기업을 정상적으로 활동하는 기관으로 만드는 데는 사회의 객관적 요구 사항, 기업의 객관적 요구 사항, 개인의 객관적 요구 사항 및 필요성이라는 기본적 힘이 작용한다.

당신이 일하는 분야에서 최고가 될 계획을 세워라. 만일 고용주가 당신의 직업적 능력을 유지하기 위한 훈련 프로그램이나 경험을 제공하지 못한다면 이직을 고려하라.

121~151

지속적으로 학습하라

The Daily Drucker

" 사람 관리는 구인 마케팅과 같다."

신흥 경제 또는 기술 분야에서 리더십을 유지하는 비결은 지식근로자들의 사회적 지위와 가치를 인정하는 것이다. 하지만 오늘날 우리는 중요한 원천은 자본이며 자본가가 '갑'이라고 믿는 전통적 사고방식을 버리지 못하면서도 한편으로는 지식근로자들이 떠나지 못하도록 보너스와 스톡옵션으로 환심을 사려 하는 이중적 태도를 보인다. 그러나 이런 사고방식은 과거 인터넷 기업들이 그러했듯이 그 산업이 주식시장에서 붐을 일으키는 동안에만 효과가 있다.

지식근로자의 관리는 구인 마케팅과 같다. 마케팅에서는 "우리가 원하는 것이 무엇인가"라는 질문으로 시작하지 않는다. 그보다 "다른 사람들은 무엇을 원하는가" "그 가치는 무엇인가" "그들의 목적은 무엇인가" "어떤 성과를 바라는가"라는 질문으로 시작한다. 지식근로자에게 동기를 부여하는 일은 자원봉사자들에게 동기를 부여하는 것과 비슷하다. 자원봉사자는 일을 해서 급여를 받는 근로자보다 더 많은 만족을 얻어야만 한다. 그들이 원하는 것은 돈이 아니라 도전이다.

당신의 최고 직원이 만족할 만한 도전을 제공하라.

" 선진국은 네트워크 사회로 빠르게 이동하고 있다. "

100년 넘는 기간 동안 모든 선진국은 피고용인 중심 사회구조로 꾸준히 나아갔다. 이제 미국을 선두로 선진국들은 조직을 위해 일하는 개인과 조직 사이의 관계, 그리고 다른 조직들의 관계에서도 네트워크 사회로 빠르게 움직이고 있다.

미국 근로자들은 대부분 하나의 조직을 위해 일한다. 그러나 계약직, 시간제 등 한 조직에만 속하지 않는 경우가 점점 늘어난다. 조직들 사이의 관계 역시 개인과 조직 간의 관계와 마찬가지로 빠르게 변하고 있다. 흔히 볼 수 있는 예가 '아웃소싱'인데, 기업, 병원, 정부기관은 활동 전체를 그 종류의 일을 전문으로 하는 독립 회사에 인계한다. 그보다 중요한 것은 '제휴'가 늘어나는 추세일 수도 있다는 것이다. 이제 개인 전문직 종사자와 경영자들은 자신의 자리를 스스로 찾아야 한다는 사실을 알아야 한다. 이는 무엇보다 자신의 장점을 알고, 자신들 역시 시장에서 매매되는 상품으로 보아야 한다는 뜻이다.

당신은 기업 혹은 개인이 파트너를 맺고 싶은 만큼 매력적인가? 그 이유 열 가지를 목록으로 작성하라.

" 세계적으로 생각하고, 국지적으로 행동하라. "

전략을 세우려면 새로운 원칙을 받아들여야 한다. 기업뿐 아니라 모든 기관은 전 세계 각 산업 지도자가 만든 기준으로 스스로를 평가해야 한다. 활동이나 시장은 지역이라는 제약이 있지만 지식사회가 되면서 정보를 쉽고 빠르게 얻을 수 있기 때문에 모든 조직이 세계적인 경쟁력을 갖춰야 한다. 인터넷 덕분에 고객은 자신이 있는 곳에 구애받지 않고 세계 어느 곳에서나 구입할 상품의 가격을 알 수 있다. 전자상거래는 교역과 부의 분배에서 새로운 세계적 채널을 창조할 것이다.

그에 관한 예를 살펴보자. 기계 설계 분야에서 성공한 멕시코 기업이 있다. 그런데 그 기업의 임원은 동료들에게 더 이상 멕시코에서만 경쟁해서는 살아남을 수 없다는 점을 설득하는 일이 가장 힘들다고 불평한다. 경쟁자가 눈앞에 존재하지 않아도 인터넷을 통해 고객들은 멕시코에서 전 세계의 다른 제품들과 품질과 디자인 면에서 동일한 제품을 요구한다. 이 임원은 회사가 지금 전 세계와 경쟁하고 있으며, 그 성과 역시 세계 경쟁자들과 비교되어야 한다는 점을 동료들에게 설득해야 한다.

국내외 경쟁자들의 웹사이트와 당신이 속한 조직의 웹사이트를 비교해 보라. 당신이 속한 조직의 웹사이트가 부족해 보인다면 전자상거래에 더 많이 투자하라.

" 지식사회에서 모든 기관은 세계적 경쟁력을 갖춰야 한다. "

'다음 사회'는 지식사회가 될 것이다. 주요한 세 가지 특징은 다음과 같다.

- 국경 없는 지식이 가능해졌다. 지식은 돈보다 쉽게 이동하기 때문이다.
- 누구나 정규 교육을 받을 수 있게 되면서 사회 이동Social Mobility이 이전보다 쉬워졌다.
- 성공 가능성 못지않게 실패 가능성도 커졌다. 누구든 생산수단, 즉 그 일에 필요한 지식을 얻을 수 있지만 모두가 성공하는 것은 아니다.

이 세 가지 특징이 상호작용함으로써 지식사회는 고도의 경쟁 사회로 진입하게 된다. 정보기술은 다음 사회의 수많은 특징 중 하나지만 이미 큰 영향을 미치고 있다. 인터넷 덕분에 지식이 순식간에 확산되고 모두 그 지식에 쉽게 접근할 수 있다. 그 속도를 감안할 때 기업뿐 아니라, 학교, 대학, 병원, 정부 기관도 세계적으로 경쟁력이 있어야 한다. 인터넷이 가격을 포함해 모든 정보를 제공하기 때문이다.

소비자들이 인터넷 덕분에 가격에 대해 더 잘 알게 됨으로써 당신이 얼마나 많은 고객들을 잃었는지 알아내라. 그리고 경쟁하기 위해 가격을 낮출 것인지를 결정하라.

" 각각의 새로운 조직은 자신의 목표를 궁극의 가치로,
진실로 중요한 단 하나의 것으로 인식한다. "

새로운 다원적 조직은 정권이나 통치에 관심이 없다. 초기의 다원적 조직과 다르게 그것은 '전체'가 아니다. 엄밀히 말하면 그들의 성과는 전적으로 외부에 있다. 기업의 생산품은 고객의 만족이고, 병원의 생산품은 환자의 완치다. 학교의 생산품은 10년 후 자신이 배운 것을 일터에서 적용하는 학생이다.

그러므로 어떤 면에서 새로운 다원성은 이전의 다원성보다 훨씬 유연하고, 분열을 덜 일으킨다. 새로운 조직들은 중세 교회, 봉건 영주, 자유도시 같은 지난날의 다원적 조직처럼 정치권력을 침범하지 않는다. 그러나 동일한 이해관계를 공유하거나 같은 세상을 주시하지도 않는다. 각 조직은 자신의 목표를 세상의 중심으로, 궁극의 가치로, 진실로 중요한 단 하나의 것으로 인식한다. 자신만의 언어로 말하고, 자신만의 지식과 출세 수단, 무엇보다 자신만의 가치를 가지고 있다. 그들 중 누구도 자신이 전체 공동체에 대한 책임을 지니고 있다고 여기지 않는다. 그런 책임은 다른 누군가의 일이라고 생각한다. 하지만 누구의 일이란 말인가?

개별적 이해관계를 추구하는 우리 사회의 다원성의 정치적 병폐를 깊이 생각해 보라.

당신의 일에 어떤 기술이 필요한가

> " 기술이 없는 지식은 비생산적이다. "

현재 지식근로자라는 단어는 의사, 변호사, 교사, 회계사, 화학 엔지니어와 같이 상당한 이론적 지식과 학식을 소유한 사람을 묘사하는 데 널리 쓰이고 있다. 그중 가장 놀라운 성장을 한 분야는 컴퓨터기술자, 소프트웨어 설계자, 임상실험 분석자, 제조공학자, 법무사 등의 지식기술자들이다. 이들은 지식근로자인 동시에 육체근로자다. 두뇌보다 손으로 일하는 데 더 많은 시간을 쓴다.

지식은 기술을 없애지 않으며 오히려 빠른 속도로 기술의 기반이 된다. 우리는 고도화된 기술을 빠르고 성공적으로 익히기 위해 점점 더 많은 지식을 사용한다. 지식은 기술의 토대로 쓰일 때만 생산적이 된다. 예를 들면, 치명적인 뇌출혈이 있기 전에 뇌 동맥류를 바로잡는 수술을 준비하는 외과의사는 진단에 오랜 시간을 들인다. 이는 고도의 전문적 지식을 요하는 일이다. 하지만 정작 수술 자체는 육체노동이다. 속도와 정확성, 균일성이 중요한 반복적인 육체의 작업으로 이루어진다. 다른 육체노동이 그렇듯 수술에도 세심하게 계획된, 유기적인, 정통적, 숙련된 기술이 필요하다.

당신의 일에 필요한 기술을 대략 설명해 보라. 최적의 품질과 생산성을 위해 이 기술들을 분석하고 수정하라.

" 전문 지식만으로는 아무것도 생산할 수 없다. "

후기자본주의 사회는 지식사회이며 동시에 조직사회다. 각 사회는 서로에게 의존하며, 아직은 개념이나 관점, 가치가 매우 다르다. 전문 지식만으로는 아무것도 생산할 수 없다. 그것이 하나의 업무로 통합되어야만 생산적일 수 있다. 그렇기 때문에 지식사회는 동시에 조직사회다. 영리 조직이든 비영리 조직이든, 모든 조직의 목적과 기능은 전문 지식을 일반적인 업무로 통합하는 것이다. 이런 조직은 지식근로자가 효율성을 가질 수 있도록 기본적 연속성을 제공하고, 그들의 전문화된 지식을 성과로 전환한다.

지식인은 조직을 도구로 여긴다. 조직에서 그들은 기술을 연마하고 지식을 전문화한다. 반면 경영자들은 지식을 조직의 성과를 달성하기 위한 수단으로 생각한다. 양쪽 모두 옳다. 그들은 서로 반대편에 있지만 모순됐다기보다 양극으로 연결되어 있다. 이 둘이 서로 균형을 이루면 독창성과 질서, 성취, 사명을 얻을 수 있다.

상사와 동료들에게 기여하기 바라는 것을 정리해 편지를 써라. 당신의 기여가 동료들의 기여와 만나 어떻게 조직의 성과를 가져올 수 있는지 보여 주어라.

" 실패의 두려움이 이미 지식사회에 스며들고 있다. "

지식사회는 경제적으로는 성장했지만 심리적 압박감과 과도한 경쟁으로 인한 감정적 트라우마와 같은 값비싼 대가를 치루고 있다. 이전의 사회와는 달리, 패자가 있어야만 승자가 있다.

일본의 젊은이들은 시험에 통과하기 위해 잠을 아껴 가며 입시학원에서 밤을 보낸다. 그러지 않으면 명문대학에 들어가지 못하고, 좋은 직업을 얻을 수도 없다. 미국, 영국, 프랑스 등에서도 학교는 지독한 경쟁의 장이다. 불과 30~40년이라는 극히 짧은 시간에 발생한 일이다. 이는 지식사회에 사는 사람들이 실패에 대한 두려움을 느끼고 있음을 보여 준다.

극심한 경쟁 때문에 경영자, 대학교수, 박물관장, 의사 등 성공한 지식근로자들은 40대에 들어서야 비로소 안정기에 접어든다. 만약 그들에게 일이 자신이 가진 전부라면 문제는 더 심각해진다. 지식근로자들은 진지하게 취미를 만들 필요가 있다.

만족감을 줄 수 있는 취미를 진지하게 개발하라.

지식의 가치는 더욱 중요해질 것이다

" 교육은 지식사회의 중심이 될 것이다.
그리고 학교는 그 핵심 기관이 될 것이다. "

역사를 보면, 18~19세기의 장인들은 자신이 평생 써먹을 것을 5~7년 동안 도제 방식으로 모두 배웠다. 오늘날 새로 생긴 직업은 오랜 기간 정규 교육을 받아야 하고, 이론적·분석적 지식을 습득하고 적용하는 능력이 필요하다. 일에 접근하는 방식과 일에 대한 사고방식이 달라졌으며, 무엇보다 지속적인 학습 습관이 필요하다.

그 모든 이들을 위해 어떤 지식들을 조합해야 할까? 양질의 배움과 가르침이란 무엇일까? 필연적으로, 이 모든 것들은 지식사회의 중심 관심사가 되고, 주요한 정치적 이슈가 될 것이다. 2~3세기 안에 정규 지식의 습득과 분배가 지식사회의 정치에서 한자리를 차지할 것이라는 예상은 지나친 상상이 아니다. 이제 자본주의 시대라고 부르는 시대가 왔다.

배움을 평생의 습관으로 삼아라.

"늙은 정부가 여전히 우리 곁을 지키고 있지만,
정부와의 밀월은 끝났다."

1918년부터 1960년 사이에 성인이 된 세대와 정부의 정치적 밀월 관계만큼 열렬했던 정치적 사건은 없었다. 이 기간 동안 누군가 해야 할 필요가 있는 일은 모두 정부로 넘겨졌고, 사람들은 그 일이 이미 끝났다고 믿는 듯했다. 그러나 이제 우리의 태도는 변하고 있다. 정부를 향한 의심과 불신으로 빠르게 움직인다. 그럼에도 여전히 습관적으로 사회 업무를 정부에 넘긴다. 우리는 실패한 프로그램들을 반복적으로 수정하고 있으며, 변화의 과정에서 해결할 수 없는 문제가 있어도 별일이 아니라고 주장한다. 하지만 세 번째로 망친 프로그램을 개정할 때는 더는 이런 약속을 믿지 않는다. 예를 들어, 누가 미국이나 유엔의 해외 원조 프로그램의 변화가 전 세계적인 발전을 빠르게 이룰 것이라 믿을 수 있을까? 사람들과 정부 사이의 오랫동안 이어진 밀월 관계는 금이 갔고, 중재자가 되어야 할 중년 세대는 어떻게 그 관계를 끝내야 할지 알지 못해 지치고 지쳐 녹초가 되었다.

사회적 문제를 해결하고자 하는 기업의 활동에서 타당성을 끌어내고, 새로운 정부 기금을 요구하지 않는 의회 대표에게 프로그램을 제안하라.

> " 외환 위험은 가장 보수적인 경영자조차
> 투기꾼으로 만들었다. "

회사가 통화나 상품을 거래하기보다는 투기를 주요 사업으로 삼는다면 분명 실패할 가능성이 크다. 그럼에도 외환 위험은 가장 보수적인 경영자조차 투기꾼으로 만들었다.

경영진은 다양한 외환 위기에 맞서 기업을 보호하는 법을 배워야 한다. 외화를 사고팔면서 손해를 볼 때도 있고, 해외 시장은 물론 국내 시장에서도 시장 지위를 잃거나 영업 손실을 입을 수도 있다. 이런 위험 가능성을 제거할 수는 없지만 최소화하거나 적어도 억제할 수는 있다. 무엇보다, 그 위험은 헤징hedging과 옵션을 사용해 다른 보험료와 크게 차이가 없다고 알려진, 예측 가능하고 통제된 사업 비용으로 바꿀 수 있다. 회사 재정을 '국제화'하는 것 역시 최선의 방법이다. 이는 또한 순수하게 국내 지향적인 회사가 환율에 기반을 둔 외국과의 경쟁에서 어느 정도 자신을 보호할 수 있는 방법이기도 하다.

외환 위험으로부터 당신의 사업을 보호하라.

최소한의 노동력으로 최대의 성과를 올려라

" 어떻게 최소한의 노동자 수로 최대의 생산을 얻을 것인가?"

2020년을 두고 한 예측에서 제조업 분야의 고용이 전체 노동력의 10~12퍼센트 수준으로 줄어드는 반면, 선진국의 제조업 생산량은 두 배가 될 것이라는 의견은 가장 신뢰할 만하다. 제조업을 변화시키고 급격하게 생산성을 올린 것은 '린 제조lean manufacturing', 즉 '군살을 뺀 제조'와 같은 새로운 개념이다. 이 새로운 개념은 정보나 자동화보다 중요하며, 80년 전의 대량생산 시대가 등장한 것에 버금가는 진보다.

부와 일자리를 창출하던 제조업의 쇠퇴는 신보호주의를 불러왔다. 다시 한 번 초기 농업에 일어났던 일이 재현된 것이다. 농부들은 수가 줄어들수록 모든 부유한 나라에서 분화된 정치적 영향력을 수행하는 단일화된 이익집단이 되었다.

✓

당신이 경영하는 사업의 제조와 운영 업무에서 1인당 생산량의 성장 속도를 결정하라. 당신의 조직은 제조업의 역설을 경험하고 있지 않은가? 제조 분야의 잉여 근로자를 재교육하기 위한 프로그램을 추천하라.

" 효율을 떨어뜨리는 가장 큰 장해물 중 일부는
어제의 문제였으나 여전히 우리의 시야를 가리고 있다. "

부와 일자리를 창출하는 제조업의 쇠퇴는 불가피하게 신보호주의를 가져왔다. 이 혼돈의 시기에 나타나는 첫 번째 반응은 외부의 찬바람으로부터 자신의 정원을 보호하기 위해 벽을 세우는 것이다. 그러나 그 벽은 국제수준에서 업무를 수행하지 못하는 조직은 보호할 수 없다. 오히려 공격에 더욱 약해진다.

예를 들어 멕시코는 1929년부터 50년간 외부 세계에 대해 독립적인 경제를 세우는 견고한 정책을 취해 왔다. 멕시코는 외부 경쟁을 배척하기 위해 높은 방어벽을 세웠을 뿐 아니라 자국 회사들의 수출도 금지했다. 이런 시도 끝에 멕시코의 경제는 참담한 실패에 이르렀다. 식품이나 공산품의 공급은 수입에 의존하게 되었고, 필요한 수입품의 대금을 지불할 수 없어 마침내 문호를 개방했다. 멕시코는 그 후에야 비로소 자국의 수많은 산업이 살아남을 수 없다는 사실을 알았다.

제조업 일자리가 쇠퇴할 때 국가의 제조업 기반이 위협을 받았는가? 선진국에서는 사회와 경제에서 육체노동이 주가 되지 못한다는 사실을 받아들이기가 왜 어려운가?

업무에서 아웃소싱의 도움을 받을 일이 있는가

" 지식노동은 대부분의 조직에서 대단히 세분화되었다. "

지식노동은 전문화되었기 때문에 대부분의 조직에서 세분화되었다. 이런 전문성을 활용한 경영은 지식에 기반을 둔 조직에서는 커다란 도전 과제다.

예를 들어 병원은 지식고용인을 다루고, 배치하고, 만족시키기 위해 아웃소싱, PEO(Professional Employee Organization, 전문화된 고용인 조직), 임시 조직을 활용할 수 있다. 관리 업무를 아웃소싱하는 것이다.

현대 병원은 경영의 복잡성을 보여 주는 좋은 예다. 300개 내외의 침상을 가지고 있는 작은 병원에서도 대략 3,000명의 사람들이 일한다. 그중 절반 가까이가 지식근로자다. 간호사와 전문가의 규모도 상당한데, 이들은 수백 명에 이른다. 또한 약 30명 정도의 물리치료사나 심리치료사, 암 연구원, 수십 명의 수술 준비 인원 등 준의료 종사자가 있다. 여기에는 수면클리닉 기술자, 초음파 기술자, 심장클리닉 기술자 등도 포함된다. 이 모든 전문가들을 관리해야 하므로 병원은 현대 조직 중 가장 복잡하다.

조직의 업무 가운데 아웃소싱으로 도움받을 수 있는 일을 말해 보라. 이들 업무를 아웃소싱하고 업무 수행 및 수준 평가 계획을 짜라.

> " 인사관리 업무를 아웃소싱하면 비용을 30퍼센트까지 줄이고 직원들의 만족도를 높일 수 있다. "

　기업들이 인사관리에서 중요한 변화를 겪게 되었고, 그에 대한 대응으로 PEO가 나타났다. 노동 인력에 관한 법적 규제가 복잡해지고 새로운 현실에 대응할 전문가들의 수요가 늘어나면서 PEO 산업의 성장을 이끌었다. PEO는 주로 중소기업에 중점을 두고 있다. PEO의 도입으로 경영자들은 고용 관련 규제나 서류 작업보다 자신의 핵심 경쟁력에 집중할 수 있게 되었다. 겨우 20년 전에 시작되었던 이 산업은 현재 연간 30퍼센트의 성장률을 보이고 있다.

　PEO와는 대조적으로 BPO(Buissness Process Outsourcing, 업무 관리 아웃소싱 회사)는 직원 수 2만 명 이상의 전형적인 대기업에서 인사 업무를 수행하는 데 적합한 능력을 가지고 있다. 신기술을 도입해 BPO 산업을 선도하고 있는 기업인 익절트Exult는 1998년에 설립되었다. 익절트는 현재 전 세계 500대 기업 중 다수의 기업에서 직원 수, 신규 채용, 인력 배치, 교육관리, 인사관리, 재배치, 고용 계약과 해제 등 광범위한 업무를 담당하고 있다. 매킨지의 연구에 따르면, 이런 방식으로 인사관리를 아웃소싱하면 30퍼센트까지 비용을 줄일 수 있고 직원들의 만족도를 높일 수 있다고 한다.

당신은 인사관리를 아웃소싱하고 있는가? 왜 그런가? 아니라면 왜 하지 않는가?

" 경영진이 해볼 만한 도전은 모든 분야의
근로자들의 노력이 균형을 이루도록 하는 것이다. "

　

새로운 주식회사에는 정규직, PEO, 임시직뿐 아니라 비전통적 노동자로 구성된 조직도 존재할 수 있다. 이 조직은 밀접하게 연결돼 있지만 개별적으로 관리되는 조직이다. 점점 더 많은 노동자가 조기 은퇴를 하지만 일을 그만두지는 않는다. 그들의 두 번째 직업은 프리랜서, 시간제, 임시직, 아웃소싱 계약자, 혹은 자가 계약자 등 비전통적 형태를 띠는 경우가 많다. 지식근로자 사이에서 이러한 '일을 계속하기 위한 조기 은퇴'는 흔한 일이 되었다.

그리고 이 다양한 그룹을 끌어들이고 유지하는 것은 기업의 인사관리에서 새로운 중심 업무가 될 것이다. 이들은 기업과 영구적 관계를 맺지 않는다. 관리할 필요가 없지만 생산적이어야 한다. 즉 이들이 가진 전문 지식이 가장 크게 기여하는 곳에 배치되어야 한다. 경영자들은 비전통적 노동자들의 전문성 개발, 동기부여, 만족, 생산성과 관련해 아웃소싱 계약자 조직의 파트너와 밀접하게 협력해야 한다.

✓

비전통적 노동자들을 효과적으로 당신의 조직에 끌어들이고 통합시켜라.

GM과 도요타, 당신은 어느 쪽인가?

" 주식회사에서부터 연맹까지. "

80년 전 GM은 오늘날 대형 주식회사들이 기본으로 삼는 조직 개념과 구조를 개발했다. 그리고 그들은 75년간 다음의 두 가지 기본 원칙을 두었다. 첫째, 우리가 무엇을 제조하든 가능한 한 많이 소유한다. 둘째, 우리는 우리가 하는 모든 일을 소유한다. 그리고 지금은 스웨덴의 사브Saab와 일본의 스즈키Suzuki, 이스즈Isuzu 그리고 피아트Fiat 같은 회사들과 경쟁하면서도 소수의 파트너가 될 수 있는지를 실험한다. 그와 동시에 그들이 제조하는 것의 70~80퍼센트를 매각했다.

반면 도요타는 정확히 반대로 나아갔다. 도요타는 지난 20년간 가장 성공한 자동차회사다. 그들은 핵심 경쟁력을 갖기 위해 구조조정을 한다. 그것은 부품, 부속물의 다양한 공급처를 1~2곳 정도로 모았다. 이는 효율적으로 공급처를 관리하기 위해 제조 경쟁력을 사용한다. 공급처는 독립된 회사이지만 경영에서는 기본적으로 도요타의 일부분이다.

당신의 조직과 경쟁 조직들의 구조가 GM과 도요타 중 어느 쪽에 더 가까운지를 분석하고 이해하라.

> "조합의 모형은 19세기 농부들의 협동조합이다."

　GM과 도요타의 접근 방식이 아무리 다르다고 해도 그들의 출발점은 여전히 전통적인 주식회사이다. 그러나 법인체 모델을 완전히 없앨 새로운 아이디어도 있다.

　한 가지 예가 유럽연합EU에서 몇몇 비경쟁 제조업체가 실험 중인 기업연합 즉, 신디케이트Syndicate다. 신디케이트를 구성하는 회사들은 중소 규모에 가족 소유이며, 소유자가 직접 경영한다. 그들은 한정된 분야에서 기술 집약적인 생산라인으로 산업을 선도한다. 수출 의존도가 높고 각 회사들은 독립된 형태를 유지하며, 생산과 설계를 개별적으로 계속한다.

　또한 그들은 자사의 공장에서 계속 상품을 만들고, 주요 시장에서 계속 상품을 팔 것이다. 다른 시장, 특히 개발도상국이나 미개발 국가의 시장을 개척하기 위해 신디케이트 소유의 공장이나 지역에서 계약을 맺은 제조사에서 제품을 생산할 것이다. 신디케이트는 모든 구성원의 생산품을 운반하고, 모든 시장에서 제품을 공급할 것이다. 각 구성원은 신디케이트의 지분을 소유하고 신디케이트는 각 구성원의 자본 중 작은 몫을 소유한다. 이것은 익숙한 형태다. 19세기 농부들의 협동조합과 같기 때문이다.

당신의 조직이 현존하는 또는 새로운 신디케이트에서 이득을 얻을 수 있는지 판단하라.

" 사람은 자원이지 비용이 아니다. "

사람은 당신의 동료이며, 가장 중요한 자원이라는 내 의견에 처음으로 귀를 기울인 이들은 일본인들이었다. 오직 노동자를 존중함으로써만 진정한 생산성을 이룰 수 있다.

사람은 자원이지 비용이 아니다. 깨어 있는 경영자들은 사람들을 바람직한 목적 또는 목표 쪽으로 관리함으로써 실현할 수 있는 것이 무엇인지 이해하기 시작했다. 경영은 실행하는 지위와 특권, 협상 이상의 무엇이다. 경영은 다양한 측면에서 사람들의 삶과 업무에 영향을 미친다.

사람들을 개발해야 하는 자원으로 보라. 당신 자신과 직원들이 최고의 아이디어를 접할 수 있게 하라. 그 아이디어를 어떻게 적용할지에 관해 교육하라.

"지식 업무에도 육체 활동이 포함된다."

프레드릭 윈슬로 테일러의 원칙은 믿을 수 없을 만큼 간단하다. 육체근로자를 생산적으로 만드는 첫 번째 단계는 업무와 업무를 구성하는 동작을 분석하는 것이다. 다음 단계는 각 동작과 그 동작이 소비하는 육체적 노력과 시간을 기록하는 것이다. 이 과정을 통해 불필요한 활동을 제거할 수 있다. 그리고 노동자의 육체적·정신적 긴장감은 최소화하면서도 시간을 최대한 단축할 수 있는 가장 쉽고 간단한 방법을 찾는다. 그리고 나서 이들 활동을 다시 함께 모아 논리적 순서로 배열한다. 끝으로 활동하는 데 필요한 도구들을 재설계한다.

테일러의 접근은 육체노동이 여전히 사회와 경제 성장에서 중요한 부분을 차지하는 나라에서 조직의 원칙이 될 것이다. 하지만 선진국에서는 이러한 시도가 더 이상 의미를 갖지 못한다. 핵심 과제는 지식근로자를 생산적으로 만드는 것이다. 거기에는 최첨단 지식이 필요한 노동과 수동적 작업을 포함하는 방대한 지식노동이 있다. 이들 업무의 생산성을 높이는 데는 여전히 산업공학이라 불리는 테일러의 방법론이 요긴하다.

당신의 일에서 지식노동과 육체노동의 가장 적절한 조합을 찾아보라. 그리고 산업공학의 기본 원칙을 적용하라.

서비스 업무의 생산성

" 서비스 업무의 생산성을 높이는 것이
경영의 첫 번째 사회적 책임이다. "

선진국에서는 서비스 업무의 생산성 향상을 사회의 우선순위로 삼는다. 만약 서비스 업무의 생산성이 높아지지 않으면 사회는 사회적인 긴장을 높이는 양극화가 심화되고, 급진적 성향이 확산될 것이다. 새로운 계급전쟁에 직면할지도 모른다. 서비스 업무의 생산성을 신속하게 개선하지 않으면, 상품을 만들고 파는 그룹의 사회적·경제적 지위는 꾸준히 떨어질 것이다. 한정된 시간 동안 얻는 실질적인 수입은 생산성에 비례한다. 서비스 업무 담당자는 자신의 경제적 기여도보다 높은 임금을 얻기 위해 자신의 수적 이점을 이용할 수 있지만, 그러면 모든 사람의 실질적 수입이 적어지고, 고용률이 낮아져 사회 전체가 빈곤해진다. 어쩌면 계급의 분화가 더 심화되어 부유한 지식근로자들의 임금은 꾸준히 올라가지만 비숙련 노동자의 수입은 내려가게 될 것이다.

우리는 서비스 업무의 생산성을 높이는 방법을 이미 알고 있다. 지난 100년 동안 생산성 향상을 시도하며 시행착오를 겪으며 배워 왔다. 알고 있으며, 할 수도 있는 일이지만 문제는 조속히 해내야 한다는 사실이다. 이는 지식사회에서 경영의 첫 번째 사회적 책임이다.

서비스 직원의 생산성을 높이기 위해 연간 목표를 세워라. 성공한 이에게는 보상하라.

생산성 향상을 위해서는 조직 구조를 바꿔야 한다

" 우편실mailroom을 없애라. "

서비스 노동자들의 생산성을 향상하려면 조직 구조를 근본적으로 바꿔야 한다. 서비스 노동자들은 대부분 자신들의 서비스가 필요한 조직과 계약을 맺는다. 관리 업무와 같은 부차적인 일을 포함해 그 밖에도 다양한 사무 업무가 있다. 이런 아웃소싱 방식은 건축 도안 설계와 같은 기술적·전문적 지식 목록 등에도 점진적으로 적용할 수 있다. 실제로 미국 로펌들에서는 자사 법률 도서관에서 처리하던 일을 아웃소싱으로 대체했다.

생산성 증대에 필요한 것은 조직 내에서 임원으로 승진하는 것과 관련 없는 활동에서 찾을 수 있다. 임원들은 서비스 업무 처리에 대해 잘 알지도 못하고, 큰 관심을 보이지도 않는다. 심지어 중요하지 않은 일로 여기기도 한다. 이런 생각으로 하는 업무 처리는 조직의 가치 체계와 맞지 않는다.

예를 들어 병원에서 가치를 만드는 이들은 의사와 간호사들이다. 그들의 관심사는 환자 치료이고, 관리·보수·사무 업무에는 크게 신경 쓰지 않는다. 따라서 머지않아 그러한 업무는 독립된 조직과 계약을 맺어 아웃소싱하는 방식으로 바뀔 것이다. 그리고 이런 종류의 조직에서는 업무 처리 방식의 생산성을 높이기 위해 노동의 효율성에 따라 보수를 지불한다.

당신에게 중요하지 않은 서비스 업무가 누군가에게는 주요 업무가 될 수 있다.

" 지식근로자의 생산성을 높이려면 그들을
부담해야 할 '비용'보다는 '자산'으로 생각해야 한다. "

지식근로자의 생산성 연구는 아직 시작 단계에 있지만, 우리는 이미 많은 답을 알고 있다. 또한 답을 찾지 못한 과제들도 알고 있다. 지식근로자의 생산성을 정하는 주요 요소는 다음과 같다.

1. 지식근로자의 생산성을 높이려면 이렇게 물어야 한다. "해야 할 일이 정확히 무엇인가?"
2. 지식근로자들은 자신의 생산성에 스스로 책임을 져야 한다. 자기관리를 스스로 해야 하고, 자율성이 있어야 한다.
3. 지식근로자들은 책임을 지고 지속적으로 혁신해야 한다.
4. 지식근로자들은 자신의 분야에 대해 끊임없이 연구해야 하며, 계속해서 가르치기도 해야 한다.
5. 지식근로자의 생산성은 '양'에 관한 문제가 아니라 '질'에 관한 문제다.
6. 지식근로자의 생산성을 높이려면 그들을 부담해야 할 '비용'이라기보다 '자산'으로 생각해야 한다. 지식근로자들은 다른 모든 것들보다 조직을 위해 일해야 한다.

1단계부터 5단계까지를 당신의 지식노동에 적용해 보라.

> "지식노동에 있어서 '무엇이'라는 것에 대한 답이 나오고 나면
> 그다음에는 '어떻게'라는 것에 대한 답을 찾아야 한다."

육체근로자들에게는 항상 업무가 주어진다. 예를 들어 기계나 조립라인 프로그램은 공장 노동자들에게 무엇을 해야 하는지 알려준다. 하지만 지식노동에서는 '무엇을 해야 하는가?'라는 문제는 가장 기본적이면서도 중요한 부분이다. 지식근로자는 기계에 프로그래밍된 순서에 따라 일을 하지 않는다. 그들은 대부분 스스로를 관리하며, 또 그래야만 한다. 그들은 교육을 통해 가장 비싼 생산수단인 지식이라는 도구를 습득했기 때문이다. 물론 지식근로자도 다른 생산수단을 사용한다. 간호사들은 IV장치를 사용하며 엔지니어들은 컴퓨터를 사용한다. 하지만 이런 도구도 지식이 있어야 다룰 수 있다. 어떤 단계가 가장 중요하며, 어떤 방법으로 업무를 완료해야 하는지를 알아야 한다. 또한 불필요하거나 수행하지 않아도 될 일이 무엇인지도 알아야 한다.

지식노동은 지식근로자 스스로 "무엇을 해야 하는가? 어떤 식으로 해야 하는가? 업무에 방해되거나 제거해야 할 요인은 어떤 것이 있는가?"를 물어보는 데서 시작해야 한다. '무엇'에 대한 대답이 나오면 그다음에는 '어떻게'에 대한 답을 찾아야 한다.

"무슨 일을 해야 하는가?"라는 질문을 통해 지식근로자로서 자신의 업무를 정의하라.

바람직한 성과란 무엇인가

> "과학자의 성과, 즉 과학적 지식의 발전은
> 조직과는 전혀 무관할 수도 있다."

업무를 명확하게 정의하면, 주어진 업무를 수행했을 때 얻게 될 성과를 정의할 수 있다. 그러나 바람직한 성과가 무엇이냐는 물음에 대한 답은 여러 가지일 수 있다. 판매원에게 좋은 성과는 고객에게 상품을 많이 판매하는 것이고, 고객 관리도 그중 하나일 것이다.

따라서 지식근로자의 생산성을 높이는 데 중요한 다음 단계는 특정 지식근로자에게 성과란 무엇인지, 또는 무엇이어야 하는지를 정의하는 것이다. 어떤 판단을 해도 논란의 여지가 있을 것이고, 또한 그래야 한다. 또한 어떤 판단을 해도 위험이 따른다.

무엇보다 개별 노동자들의 업무와 조직 전체의 목표가 조화를 이루는 지점을 찾아내는 것이 중요하다. 백화점이 거래처를 상대로 판매를 극대화할지, 아니면 고객을 상대로 판매를 극대화할지 판단하는 것은 경영의 문제다. 병원의 근본적인 고객이 환자인지 의사인지를 결정하는 것도 경영의 문제다. 이런 결정은 지식근로자 조직의 임원들에게는 끊임없이 골치 아픈 문제가 될 것이다.

자신의 위치에서 성과란 무엇인지를 정의 내리고, 성과에 대해 자신이 내린 정의와 조직이 원하는 정의 사이의 간극을 좁혀라.

> " 지식노동의 질을 평가한다는 것은 쉽지 않은 일이다.
> 실제로 지식노동의 질은 스스로 평가된다. "

특정한 지식노동, 특히 고급 지식을 요하는 몇 가지 일에서 우리는 품질이 무엇을 의미하는지 알고 있다. 예를 들어 의사들은 심장수술한 환자의 생존율처럼 어렵고 위험한 일의 성공률에 따라 평가될 것이다. 그러나 지식노동의 품질과 관련해서 대체로 평가measure보다는 판단judgement을 내린다. 다만 문제는 평가의 어려움보다 업무가 무엇이고, 그 업무를 어떻게 완료해야 하는지를 정의하기가 어렵다는 데서 비롯한다. 대표적인 예로 미국 학교를 들 수 있다. 내륙 도시에 있는 미국 공립학교는 위험한 곳이 될 수도 있지만, 같은 지역에 있고 비슷한 교육을 하는 사립학교에서는 아이들이 더 잘 교육받고, 더 잘 처신한다.

이렇듯 크게 차이가 나는 이유에 대해서는 의견은 분분하지만, 분명한 것은 두 종류의 학교가 업무에 대해 서로 다르게 정의한다는 것이다. 전형적인 공립학교는 자신들의 의무를 '비기득권층을 돕는 것'으로 설정하는 반면 전형적인 사립학교, 가톨릭교회의 학교는 '배우고 싶어 하는 사람들에게 가르침을 주는 것'으로 설정한다. 따라서 한쪽에서는 학문적 실패라고 평가되는 것이 다른 한쪽에서는 학문적 성공으로 평가된다.

당신 업무의 품질을 정의 내려라.

> " 경영 정책을 테스트한다는 것은 정책의 옳고 그름이 아닌
> 효과가 있을지 없을지를 따지는 것이다. "

GM의 임원들은 자신들이 발견한 원칙이 자연법칙처럼 절대적인 것이라고 믿었다. 그런데 반대로 나는 인간이 만든 이런 종류의 법칙은 절대적이지 않고 끊임없이 발전하는 것이라고 믿고 있다. 이런 이유로 경영에 대한 접근법에서 이론가 및 작가들과 나는 적지 않은 차이를 보여 왔는데, 이는 그들의 생각이 학문적 관점으로 봤을 때 나로서는 전적으로 받아들일 수 없는 것이었기 때문이다. 나는 특히 인간에게 기본적인 가치가 있다고 믿는다. 하지만 답이 하나라고 생각하지는 않는다. 잘못된 답이 될 가능성이 높은 것들도 있다. 예를 들어 모든 일이 실패로 돌아가지 않는 한 그는 시도하지 않은 것이라는 말이 그렇다. 그러나 경영을 비롯한 사회학적 부문에서 어떤 정책을 시험해 보는 일은 그 정책의 옳고 그름을 따지는 것이 아니라 효과가 있을지 없을지를 따지는 것이다. 나는 항상 경영이란 신학의 일종이 아니라 임상적인 훈련이라고 믿어 왔다. 의학에서 테스트란 그들이 하는 일이 과학적인지 아닌지를 따지는 것이 아니라 환자를 치료할 수 있는지를 따지는 것이다.

업무 수행을 개선하는 데 도움이 된다는 것을 알게 된 경험법칙 rule of thumb 세 가지를 나열하라. 당신에게는 도움이 되지 않는 '교과서 속의 원칙 textbook principle'을 이야기해 보라.

지식근로자는 지속적으로 학습해야 한다

" 지식 조직은 배우는 조직이자 가르치는 조직이어야 한다. "

지식근로자는 자신의 분야에서 지속적으로 학습해야 한다. 지식 조직은 배우는 조직이자 가르치는 조직이어야 한다. 오늘날에는 모든 분야에서 지식의 변화 속도가 너무 빨라 지식근로자들은 자신의 일에 관해 지속적으로 배우지 않으면 뒤처지고 만다. 공학자나 화학자, 생물학자, 회계사처럼 고급 지식이 필요한 사람들의 이야기만은 아니다. 심장병 전문 간호사나 급여 대장을 기록하는 관리인, 컴퓨터 수리공 같은 사람들에게도 더욱더 중요해지고 있다. 지식 조직은 그들의 동료들이 무슨 일을 어떻게 하는지를 이해하고 있는 지식 전문가들에게 의존하고 있다. 지식근로자들은 특히 자기 전문 분야의 지식 기반이 바뀔 때 다른 동료들에게 그 변화에 대해 설명할 수 있어야 한다. 이를 위해 다음의 두 질문을 자문해 보라.

1. 내 자산인 지식이 뒤처지지 않으려면 무엇을 배워야 하는가?
2. 동료들은 내 지식 분야에 대해, 그리고 지식이 그들의 업무와 조직 전체에 공헌해야 하는 방법에 대해 어떻게 이해해야 하는가?

이 글의 마지막에 있는 두 가지 질문에 답하라.

세분화된 지식을 연결하라

" 그저 연결하기만 하라. "

뭔가를 배우거나 가르칠 때 우리는 도구에 집중해야 하고, 도구를 사용할 때는 최종 결과, 과제, 일에만 집중해 왔다. 위대한 소설가 포스터E. M. Forster는 "가지고 있는 것들을 그저 연결하기만 할 것"을 권했다. 이것은 흔히 예술가들의 특성으로 알려져 있었지만 과학자들의 특징이기도 하다. 그들의 연결 능력은 타고난 것이며, 우리는 그들을 천재라 부르며 신비롭게 여긴다. 그러나 연결을 통해 자신의 지식을 최대한 발현하는 능력은 학습으로 습득할 수 있으며, 가르칠 수도 있다. 이를 위해서는 지식의 종류를 조직적으로 분석하고 주어진 문제가 요구하는 정보를 알 수 있어야 한다. 주어진 문제가 맞닥뜨리게 될 단계를 조직해 나가는 방법에 대한 연구도 필요하다. 이 방법 연구는 우리가 체계 연구라고 부르는 것들 중 일부다.

지식이 전문화된 덕분에 우리는 각 영역에서 중요한 일을 할 수 있게 되었다. 그러나 전문화가 너무 심화돼 이제는 잠재성을 실행으로 옮길 방법을 연구해야 한다. 또한 교육 과정, 수행 과정도 필요하다. 반면 지금 가장 쓸모 있는 지식은 어느 순간에는 더 이상 생산적이지 않고 단순한 정보로 남을 것이다. 지식을 생산적으로 만들려면 연결하는 법을 배워야 한다.

결정을 내리기에 앞서 문제의 정의를 내리는 데 충분한 시간을 보내라.

" 우리는 경제학이 인간적 가치와 관련을 맺도록 접근한다."

경제학은 다음과 같은 질문에 답을 제시해야 한다.

♦ 우리는 경영을 어떻게 성과로 연결시킬 것인가?
♦ 성과란 무엇인가?

이 질문에 대한 전통적인 대답인 최종결산액bottom line이 시사하는 바가 크다. 실리주의적 철학에서는 단기 경영을 장기 경영과 연관시킬 수 없으며, 두 경영 방식 사이의 균형 유지가 경영 실험에서 가장 필수적인 부분임을 알고 있다.

생산과 혁신이라는 횃불은 우리의 이정표가 되어야 한다. 만일 우리가 생산성이 낮아지고 혁신을 이루지 못한 상태에서 이윤을 얻는다면 그것은 이윤이라고 할 수 없다. 자본을 까먹고 있는 것이다.

반면 주요 자원의 생산성을 지속적으로 높이고 혁신을 계속한다면 이윤을 창출하는 것이다. 지금 당장이 아니라 미래에도 해당되는 일이다. 부의 원천으로서 인간 노동에 투입되는 지식을 생각하면 우리는 경제조직의 기능에 대해서도 알게 된다.

처음으로 우리는 경제학을 인간의 교육 과정으로서 인식하고 그것을 인간 가치에 연결시키는 접근 방식을 취하게 되는데, 이러한 접근은 사업가들에게 가야 할 방향이 오른쪽인지 왼쪽인지, 그가 창출한 결과가 진짜인지 허상인지를 판단하기 위한 기준을 제공한다.

우리는 지금 부를 창출하기 위해 무엇을 알고 이해해야 하는지 가르쳐 줄 탈경제이론posteconomic theory의 문 앞에 서 있다.

당신의 조직이 생산성과 혁신이라는 두 경제적 이정표를 향해 어떻게 나아가고 있는지 평가해 보라.

지식근로자들에게는 등급이 없다

" '철학은 과학의 여왕'이라는 말이 있다.
그러나 신장결석을 제거할 때는 논리학자보다 의사가 필요하다. "

지식근로자들은 자신들을 필요로 하는 조직이 존재하기 때문에 일할 수 있다. 그런 점에서 그들은 의존적이다. 그러나 동시에 그들은 지식이라는 생산수단을 가지고 있다. 지식근로자들은 스스로를 변호사, 교사, 전도사, 의사, 정부 관리와 다를 바 없는 또 다른 전문가로 여긴다. 그들은 같은 교육을 받았고, 수입을 얻고 출세할 기회를 부여받을 조직을 필요로 하며, 조직의 투자가 없으면 일도 없다. 그러나 조직 역시 지식근로자들을 필요로 하고 있다는 사실을 알고 있다.

지식에는 우열이 없다. 한 조직 내에서 각각의 위치는 타고난 우열이 아니라 업무에 얼마나 공헌했는지에 따라 결정된다.

자신의 지식이 조직에 최대한 공헌할 수 있는 방법을 생각해 보라. 상사와 동료들에게도 방법을 물어보라.

152~181
일을 완성하는 힘

The Daily Drucker

중요한 의사결정과 1년 후의 피드백 결과를 분석하라

" 지식근로자들은 자기관리에 책임을 져야 한다. "

지식근로자들은 어떤 기업보다 오래 살아남을 것이다. 그들의 평균 근로수명은 50년 정도다. 반면 성공한 기업도 평균수명 기대치는 겨우 30년이다. 따라서 직업을 하나만 갖지 말고 그 이상을 준비해야 한다. 이는 대부분의 지식근로자가 자기관리를 해야 한다는 사실을 뜻한다. 따라서 자신이 가장 잘 기여할 수 있는 곳에 있어야 하며, 자신을 계발하는 법을 배워야 한다. 무엇을, 어떻게, 언제 할 것인지 배우면서 한편으로는 어떻게, 언제 변화해야 하는지도 배워야 한다.

자기관리의 열쇠는 다음과 같은 질문이다. "나는 누구인가?" "나의 강점은 무엇인가?" "어떻게 성취할 것인가?" "내가 추구하는 가치는 무엇인가?" "나는 어디에 속해 있는가?" 성공적인 자기관리의 중요한 단계는 피드백 분석이다. 중요한 행동과 의사결정의 결과에 대한 기대치를 기록하고, 9개월이나 1년 뒤에 그 기대치와 실제 결과를 비교하라.

당신이 지닌 강점, 소중히 여기는 가치, 일을 가장 잘할 수 있는 곳을 파악함으로써 자신을 관리하라. 그다음 주요 행동과 의사결정의 기대치를 기록하고, 9개월이나 1년 뒤에 기대치와 실제 결과를 비교해 보라.

정보를 다루는 방법

> " 그 시스템은 각 구성원들이 자기 일을 하는 데 필요한 정보를
> 확실히 얻을 수 있게 설계되었기 때문에 작동했다. "

　규모가 크지만 중간 관리층이 없는 정보 기반 조직의 가장 훌륭한 성공 사례는 인도에 있던 영국 행정부다. 영국은 18세기 중엽부터 제2차 세계대전까지 200년 동안 인도 대륙을 지배했다. 넓고 인구밀도가 높은 인도 대륙을 관리하는 영국 민정의 관리자는 채 1,000명이 되지 않았다. 영국인들 대부분은 고립된 상태로 주둔지에서 살았다. 다른 동료들은 하루나 이틀 정도 가야 하는 곳에서 살았으며, 처음 100년간은 전신이나 철도도 없었다. 각 지역 책임자는 COO(최고업무집행책임자)라고 할 수 있는 지방행정사무관에게 보고했다.

　지역의 책임자들은 매달 지방행징사무관에게 보고할 지방 자본에 대한 보고서를 작성하는 데 시간을 보냈다. 각각의 주요 임무를 검토하고, 그 업무에 관해 자신이 예상했던 내용을 자세히 기록했다. 그리고 실제로 어떤 일이 일어났는지 보고했는데, 보고한 내용과 결과에 차이가 있다면 그 이유까지 자세히 언급했다. 그러고 나서 주요 임무와 관련해 다음 달에 예상되는 일과 하려는 일, 정책 집행에 관한 질문, 장기적 기획, 위험 요소, 필요한 것 등을 기록했다. 다시 말해 모든 내용을 기록했다.

당신의 조직과 인도 영국 민정 사이의 유사점을 찾아보라.

공통의 목적과 평가 기준이 분명해야 한다

" 병원의 모든 전문의들은
환자 간호와 치료에 대한 '평가지수'를 공유한다. "

　수백 명의 연주자와 그들의 CEO인 지휘자는 모두 같은 기준이 있기 때문에 함께 연주할 수 있다. 마찬가지로 병원의 모든 전문의는 환자 치료와 간호라는 공통의 목적을 갖고 있다. 그리고 그들의 진단 기준에는 '평가지수'가 있다. 이를 통해 방사선사, 영양사, 물리치료사 등에게 할 일을 구체적으로 지시한다. 이처럼 정보 기반 조직은 분명하고 단순한 공통의 목적이 있으므로 이에 따라 특정 행동을 할 수 있다.

　정보 기반 조직의 '연주자'들은 전문가이며, 그렇기 때문에 자신의 일을 어떻게 처리하든 간섭받지 않는다. 몇몇 지휘자는 프렌치 호른 연주자에게 그가 한 음을 어떻게 연주해야 하는지 지시할 수도 있다. 하지만 호른 연주자의 실력과 연주자와의 협주에 대한 지식에 초점을 맞출 수도 있다.

　이것은 정보 기반 조직의 경영자가 갖춰야 할 관점이다. 정보 기반 사업에서는 기업, 각 부문, 전문가에 대해 기대치를 분명히 밝히고 목표를 중심으로 조직을 꾸려야 한다. 모든 구성원이 자기를 관리할 수 있도록 수행 성과와 성과 기대치를 비교하는 피드백을 체계적으로 구성해야 한다.

기업과 각 전문가에 대해 업무 수행 기대치를 분명히 나타내고, 기대치와 결과를 비교하는 공통의 기준을 조직에 제시하라.

자신의 정보에 대한 책임을 감수하라

> "정보 전문가들은 연장 제작자다.
> 그들은 의자에 못을 박으려면 어떤 연장을 사용해야 하는지 알려 줄 수 있다.
> 우리는 의자에 천을 덧 댈 것인지 덧대지 않을 것인지만 결정하면 된다."

정보 기반 조직에서는 모두가 정보에 책임져야 한다. 오케스트라의 바순 연주자는 매 음을 연주할 때마다 정보 책임information responsibility을 감수한다. 의사와 의료 활동 종사자는 병동의 보고와 정보센터의 정교한 시스템을 통해 일한다. 인도의 지방 공무원 역시 보고서를 작성할 때마다 책임을 감수한다.

이런 시스템의 열쇠는 구성원들 모두가 다음과 같은 질문을 하는 것이다. "이 조직의 누가, 어떤 정보 때문에 내게 의지하는가?" "반면, 나는 누구를 의지하는가?" 이 명단에 상사와 부하 직원이 들어 있겠지만, 가장 중요한 이름은 동료, 즉 자신과 동등한 관계에 있는 사람의 이름이다. 내과 전문의, 외과 전문의, 마취과 전문의 사이의 관계가 좋은 예다. 하지만 생화학자, 약학자, 임상 실험 감독자, 그리고 제약회사의 마케팅 전문가의 관계는 같지 않다.

제때 적절한 사람에게 올바른 정보를 제공함으로써 정보에 대한 책임을 져야 한다. 당신이 어떤 정보에 의존하고, 누구에게 얻는지, 반대로 누가 당신에게 정보를 얻는지 적어 보자.

> "극소수의 중간 관리자만이 들어갈 수 있다는 단순한 이유만으로도 경영에 입성한다는 것은 특별한 일이다."

정보 기반 조직의 전문가를 위한 기회는 오케스트라나 병원에서 일하는 사람, 인도의 공무원보다 더 많이 주어져야 한다. 하지만 이 조직들처럼, 전문가들은 전문 분야에서 승진할 기회가 제한되어 있다. 경영 참여는 극소수의 중간 관리자만 할 수 있다는 단순한 이유만으로도 좌절된다.

하지만 전문직과 관리직 동료들에게 중요하고 의미 있는 기회는 오직 승진뿐이다. 사실상 대부분의 사업에서 보상은 경영 조직의 직급에 편향되어 있기 때문에 이런 생각은 더욱 뚜렷해진다. 이 문제를 풀 방법은 쉽지 않다. 거대 로펌, 컨설팅 회사에서 약간의 도움을 얻을 수 있을지도 모른다. 하지만 근본적으로는 사업의 가치 및 보상 구조가 철저히 바뀔 때만 효과가 있을 것이다.

승진에 제한이 있거나 조직 외부에 문제가 있다는 현실을 반영해 조직의 보상 구조를 어떻게 바꿀 수 있을까?

정보 기반 조직은 책임을 기반으로 한다

> " 전통적인 조직은 명령의 권위에 의존하고,
> 정보 기반 조직은 책임에 의존한다. "

한 회사가 최신 정보기술을 중심으로 조직을 세울 때 "누가 어떤 정보를, 언제, 어디에서 필요로 하는가?"를 질문해야 한다. 그래야 일보다 보고에 더 힘쓰는 관리자의 자세나 직책을 버릴 수 있다.

정보 기반 조직은 1차 관리자부터 최고경영진까지에 이르기까지 자기 훈련과 상향식 책임감upward responsibility을 요구한다. 전통적인 조직은 명령의 권위에 의존하고, 정보 기반 조직은 책임에 의존한다. 그 흐름은 순환적으로 밑에서 아래로, 그 뒤 다시 아래로 향한다. 따라서 정보 기반 조직은 각 개인과 부서가 목표와 우선순위, 관계, 의사소통에 대한 책임을 질 때 제대로 기능하며, 빠른 결정과 신속한 대응이 가능하다. 이런 장점은 이해, 가치 공유, 무엇보다 상호 존중이 밑바탕이 되어야 얻을 수 있다.

만약 모든 선수가 자신의 점수를 알아야 한다면, 공통 언어와 통일된 핵심이 있어야 한다.

☑

당신의 조직은 금융 문제 조정이나 이해 등을 함께하고, 가치를 공유하며 서로를 존중하는가? 목표, 관계, 의사소통을 비롯해 당신과 당신의 부서에 요구되는 책임을 기꺼이 감수하라.

" 모든 조직의 가장 큰 자원 낭비는
실패한 진급 체계에서 비롯했다. "

10년 또는 15년 동안 유능했던 사람이 갑자기 무능력해지는 이유는 무엇일까? 내가 본 바에 따르면, 그들은 자기에게 배정된 업무를 훌륭히 해냈고 그 덕분에 승진까지 할 수 있었다. 다만 승진한 뒤 맡은 업무에서도 계속 기존의 방식을 고수했다. 다시 말해, 그들은 실제로 무능력해진 것이 아니라 새로운 업무에 걸맞지 않은 방식으로 일을 한 것이다.

새로운 자리에 필요한 것은 뛰어난 지식이나 능력이 아니다. 오직 그 직책에서 요구되는 일, 새로운 도전과 과제, 즉 임무에 결정적인 요소에 집중하면 된다.

지난 과제에서 성공했다고 해서 똑같은 방식으로 새로운 과제를 하지 말라. 새로운 일을 맡으면 "과제를 효과적으로 수행하기 위해 새롭게 해야 할 일은 무엇인가?"라고 자신에게 물어보라.

인생을 결정짓는 한 가지 질문

" 당신은 무엇으로 기억되길 바라는가?"

열세 살 때 종교 수업 시간이었다. 선생님은 우리 한 사람 한 사람에게 용기를 북돋우며 이런 물음을 던졌다. "너희는 무엇으로 기억되길 바라니?" 물론 아무도 그 질문에 대답하지 못했다. 그러자 선생님은 빙그레 웃으며 말씀하셨다. "너희가 이 질문에 대답하지 못할 줄 알았단다. 하지만 쉰 살이 되어서도 답하지 못한다면 그건 너희가 삶을 낭비했다는 뜻이란다." 나는 늘 그 질문을 생각한다. 이것은 타인의 눈으로 자신을 바라보고, 자신을 발전하게 하는 질문이다.

당신은 무엇으로 기억되길 바라는가? 생각하고 또 생각하라.

" 중요한 것은 높은 자리가 아닌 책임감이다. "

　당신을 계발할 책임은 상사가 아니라 당신 자신에게 있다. 자기계발에서 무엇보다 중요한 과제는 발전을 위해 고군분투하는 것이다. 이는 단지 실력이 업무 성과의 질적 차이를 만들기 때문만은 아니다. 그보다는 일하는 사람의 차이를 만들기 때문이다. 당신이 자기계발을 하며 일을 하고, 흥미와 도전을 스스로 만들어 내며, 익숙한 업무를 계속 다채롭게 해야만 그 업무가 당신에게 동기를 부여할 수 있다. 자기계발에 이르는 가장 효과적인 길은 예상하지 못한 성공을 찾아 그것을 향해 전진하는 것이다.

　성공하기 위해서는 당신 자신이 항상 책임감을 가져야 한다. 거기에서부터 모든 일이 시작된다. 중요한 것은 높은 자리에 있는 것이 아니라 책임감을 갖는 일이다. 이를 위해 '내가 이 일을 잘 해낼 수 있도록 성장해야 한다'라고 생각할 수 있는 직업을 신중하게 골라야 한다. 책임에 초점을 맞춰야 자신을 더 넓은 시야로 바라볼 수 있다.

유능해지기 위해 노력하라.

잘하는 일을 할 것인가, 가치 있는 일을 할 것인가

" 나는 공동묘지에서까지 부자인 사람은 보지 못했다. "

개인의 강점과 그가 일하는 방식 사이에는 갈등이 거의 일어나지 않는다. 둘은 상호 보완적이다. 하지만 때때로 개인의 가치와 능력 사이에는 갈등이 일어난다. 한 사람이 잘하는 것, 그것도 아주 잘하는 일이 그의 가치 체계와는 맞지 않을 수도 있다. 그가 삶을, 그것도 상당한 기간을 바칠 만한 그 무엇, 세상에 공헌하는 그 무엇이 아직 나타나지 않을 수도 있다.

나 역시 오래전에 잘할 수 있는 것과 내게 가치 있는 것 중 한쪽을 선택해야 했다. 1930년 중반에 나는 런던에서 유능하고 젊은 투자가로 활약했다. 내 능력에 걸맞은 일이었지만 자신이 자산 관리자로서 그 무엇에도 공헌하지 못한다는 사실을 이해했다. 내가 추구하는 가치가 '사람'이었음을 깨달았던 것이다. 나는 공동묘지에서까지 부자인 사람은 보지 못했다. 내게는 돈도, 다른 직업에 대한 희망도, 전망도 없었지만 일을 그만두었고 그것은 옳은 선택이었다. 가치란 다시 말해 궁극적인 시금석이 되어야 한다.

당신이 잘하는 일과 당신에게 가치 있는 일은 일치하는가?

" 나는 한 개체로서 어디에 속해 있는가. "

당신이 발전하려면 올바른 조직에서, 올바른 일을 수행해야 한다. "나는 한 개체로서 어디에 속해 있는가" 당신이 최선을 다하기 위해 필요한 작업 환경이 무엇인지를 알려주는 기본적인 질문이다. 큰 조직인가, 아니면 작은 조직인가, 사람들과 함께 일하는가, 아니면 혼자서 일하는가, 불확실한 상황에서 일하는가, 마감일에 쫓겨 압박감을 느끼며 일하는가.

심사숙고 끝에 나온 대답이 "아니다"라면, 그다음에는 이유를 물어야 한다. 조직의 가치를 받아들일 수 없기 때문이거나 조직이 타락했기 때문이라면 당신은 분명 피해를 입을 것이다. 당신의 가치와 양립할 수 없는 역할을 하고 있는 자신을 발견하게 되면 스스로를 냉소적으로 보거나 경멸할 수 있기 때문이다. 출세에 눈이 멀어 경력만을 중시하는 타락한 상사를 위해 일하는 자신을 발견할 수도 있다. 어쩌면 당신이 존경하는 상사가 부하 직원을 지지하고, 육성하고, 승진시킨다는 중대한 의무를 게을리하고 있을지도 모른다. 조직이 당신에게 적합하지 않거나 뿌리부터 썩었거나 실적을 인정받지 못하는 곳이라면 그만두는 편이 현명하다.

자신이 지금 적합한 조직에 있는지 살펴라. 만일 그렇다면 그 이유는 무엇이며, 반대로 아니라면 그 이유는 무엇인가. 적합하지 않다면 당신은 직장을 그만둘 수 있는가?

현장에서 적용할 수 없는 경영 교육은 시간 낭비다

" 몇 년간의 경영 경험이 없는
사람을 위한 경영 수업은 시간 낭비다. "

내가 알기를 원하고, 또 지금까지 수년간 실제로 실시해 온 교육은 다음과 같다.

- 이미 성공한 사람들만을 위한 경영 교육. 몇 년 동안 경영을 경험해 보지 않은 사람이 경영 수업을 듣는 것은 시간 낭비라고 믿는다.
- 사적인 그룹, 공적인 그룹, 비영리기관이 함께하는 경영 교육
- 재학 중인 학생들에게 실제 조직의 작업을 과제로 진행하는 계획적이고 체계적인 교육
- 정부와 사회, 역사 그리고 정치적 프로세스가 더욱 강조된 교육
- 현장 경험이 있는 교수들이 실무 과제를 알 수 있도록 풍부한 사례로 진행하는 교육
- 실질적 도전 분야지만 측정되지 않는 영역을 강조하는 교육

현재 직책과 열망하는 직책에서 적용할 수 있는 경영 개발 수업을 들어라. 수업에서 배운 개념을 업무에 바로 적용하라.

단기 결과와 장기 성과의 균형을 맞춰라

" 단기 결과와 장기 성과는 양립하기는 하지만,
서로 다르며 균형을 이루어야 한다. "

신설 법인 기업은 단기 수익과 연기금 수혜자의 장기이자 사이의 균형을 맞춰야 한다. 단기 수익을 최대화하면 연기금 주주들의 이익이 위태로워질 것이다. 주주 주권을 가능케 했던 사업 수익의 절대적인 우위를 주장하는 것은 법인 기업의 사회적 기능이 중요하다는 점을 강조하는 것이다. 1960년 또는 1970년부터 주주 주권을 들고 나온 새로운 주주들은 전통적 개념의 자본주의자가 아니다. 그들은 자신의 퇴직과 연금을 통해 회사의 주식을 소유한 피고용자다.

2000년까지 미국의 연기금과 상호기금은 미국 내 대다수의 대기업 주식을 소유하게 되었다. 이것은 연기금 수혜자들이 단기 보상을 요구할 수 있도록 힘을 실어 주었다. 그러나 퇴직 후의 안정적인 수입을 요구했던 사람들의 마음은 투자를 함으로써 미래의 가치를 올리는 쪽으로 움직였다. 그러므로 법인 기업은 그들의 단기 영업 실적과 퇴직자 연금수당의 원천인 장기 성과에 모두 주의를 기울여야만 한다. 단기 결과와 장기 성과는 양립하기는 하지만 서로 다르며 균형을 이루어야 한다.

연금 수혜자들의 이익을 만족시키기 위해 단기 성과와 더 강력한 장기 성과를 창출할 수 있도록 회사를 경영하라.

지식근로자의 지식을 존중하라

> " 우리는 지식근로자를 영입하고 유지하는 데
> 뇌물은 더 이상 효과가 없다는 것을 알고 있다. "

지식근로자 영입과 유지는 인재 경영에서 가장 중요한 과제다. 그들은 더 이상 돈에 현혹되지 않는다. 10~15년 전만 해도 미국 기업들은 지식근로자를 영입하고 붙잡아 두기 위해 상여금과 스톡옵션을 사용했다. 그러나 수익이 낮아질 때마다 상여금이 줄거나 주가가 떨어져 실패로 끝났다. 물론 지식근로자들은 자신의 임금에 만족해야 한다. 임금에 만족하지 못하면 근로 의욕이 떨어지기 때문이다. 하지만 인센티브는 다른 문제다.

지식근로자들은 스스로 회사를 그만둘 수 있다. 이직할 수 있으며 동시에 자신에 대한 확신도 가지고 있다. 이는 곧 비영리기관에서 자원봉사자를 관리하듯 지식근로자를 관리해야 한다는 사실을 의미한다. 지식근로자들은 회사의 시도, 나아가려는 방향 등을 알고 싶어 한다. 또한 개인적 성취와 책임에 관심을 갖는다. 이는 자신에게 어울리는 업무를 해야 한다는 사실을 뜻한다. 그들은 지속적으로 배우고 자신이 가지고 있는 지식에 적합한 대우를 바란다. 자신의 분야에서 결정권을 갖기를 원하는 것이다.

회사가 무엇을 관리하는지, 어떤 방향으로 가려고 하는지 알려주고, 전문가들을 자원봉사자와 같이 관리하라. 그들을 적합한 임무에 배치하고 교육에 관한 특혜를 주어라. 그들의 전문적 기술을 존중하라. 그 분야에서 주체적으로 결정을 내릴 수 있도록 허락하라.

" 연기금 규제와 부정 이득에 대한 보호는
여전히 해결해야 할 과제로 남아 있다. "

연기금 배당금은 선진국의 45세 이상 인구에게 가장 큰 단일 자산이다. 19세기의 평범한 사람들에게는 자신이 갑작스럽게 죽을 때 가족을 지켜줄 생명보험이 무엇보다 절실했다. 반면 19세기보다 수명이 두 배가량 늘어난 오늘날에 필요한 것은 노후 보장이다. 다시 말해 19세기의 생명보험이 죽음에 관한 보험이었다면 연기금은 노후를 위한 보험이다. 이는 계속 남아 일을 하고 싶어 하는 노령 인구의 수가 많은 사회에서는 필수다.

연기금 규제와 부당 이득에 대한 보호는 정책 담당자와 입법자들에게 다가오는 수십 년 동안에도 여전히 해결해야 할 과제로 남아 있을 것이다. 아마 그 도전은 끔찍한 일들이 지난 뒤에야 해결될 것이다.

당신의 연기금과 현재 문제되는 제도 규제의 맹점은 무엇이라 생각하는가?

자본시장의 결정권자는 누구인가

" 자본시장의 결정권자는 미래에 투자하는 사람에게서
'신중한 투자자의 원칙'을 따르는 사람에게로 옮겨 가고 있다. "

자본시장의 결정권은 사실상 기업가에서 피신탁인으로, 미래에 투자하는 사람에서 과거의 성과에 투자하는, 즉 '신중한 투자자의 원칙prudent man rule'을 따르는 사람으로 옮겨 가고 있다. 여기에는 새로운 사업, 젊은 사업, 소규모 사업, 성장 사업에 대한 갈망과 위험성이 깔려 있다. 하지만 이는 새로운 사업이 신기술을 기반으로 하거나 사회경제적 변화의 요구가 사업 기회로 바뀔 때처럼 특별히 급박할 때만 일어나는 현상이다.

그것은 새로운 도전과는 반대되는 개념으로, 낡고 이미 존재하는 것에 투자하는 일과 전혀 다른 기술과 원칙이 필요하며 여기에 투자하는 사람은 실제로 위험을 최소화하려고 노력한다. 그는 이미 만들어진 경향과 시장에서 증명된 기술과 경영 성과에 투자한다. 반면 모험적 투자자들은 10을 투자하면 7은 쓸모가 없어지고 거의 손실될 거라는 가정하에 행동한다. 새로운 투자가 실패할지 성공할지 가려낼 방법은 없다. 기업가적 기술은 '선별 투자'에 있지 않다. 그것은 실패할 방향으로 나아가기 때문에 피해야 할 것이 무엇인지, 처음에는 차질을 빚었지만 가능성이 있기 때문에 온 힘을 다해 밀어 주고 지원해야 할 것이 무엇인지를 아는 것이다.

당신의 연기금 일부를 과거에 성공을 거둔 피신탁인에게 배당하는 것을 고려해 보라.

" 연기금 사회주의하에서 자본형성은 사치다. "

　우리는 연금비용이 증가함으로써 예금액이 줄어드는 일을 자본형성capital formation을 늘림으로써 해결할 수 있을 거라고 생각해 보지 못했을 것이다. 은퇴한 노령 인구가 증가하면 그들의 소비는 고용노동자들의 (쌓아 두고 쓰지 못하는) '가짜 저축'으로 상쇄할 수밖에 없다.

　한 가지 명백한 것은 연기금 사회주의(pension-fund socialism, 연기금 규모가 커지고 보유 주식 지분도 늘면서 기업에 대한 정부 영향력이 커지는 것)하에서, 또한 부양받아야 할 은퇴 노년층이 많은 사회에서 자본형성은 사치라는 사실이다. 하지만 분명히 말할 수 있는 것은, 필수품에 대한 소비 의지가 다음 해의 국내 경제 정책의 중심 문제가 되고 미국 연기금 사회주의의 경제적 실현 가능성을 테스트하는 시금석이 되는 것보다 차라리 자본형성이 낫다는 점이다.

어떻게 자본형성을 늘릴 수 있을까?

경영 감사에 관하여

> " 지배 주주의 연기금 상승은
> 경제사에서 가장 놀라운 변화다. "

미국에서 가장 큰 연기금조차 지분이 너무 잘게 쪼개져 있어 통제하기가 쉽지 않다. 연기금은 사업체가 아니기 때문에 상세한 상업적·사업적 정보를 알 방법이 없다. 연금기금기관U.S. pension fund은 사업에 초점을 맞추지 않으며, 그럴 수도 없다. 그들은 자산관리자다. 하지만 그들이 공동으로 소유한 기업의 사업에 관해서는 상세하게 분석해야 한다. 또한 조직 구조상 책임 있는 경영이 담보되어야 한다.

나는 공식적이고 정기적인 경영 감사 제도를 발달시킬 수 있을지, 독립된 전문 회계회사의 금융 감사가 제대로 자리 잡을 수 있을지 의문을 가졌다. 경영 감사는 매년 실행될 필요는 없기 때문에 대개 3년에 한 번이면 족하다. 미리 결정된 기준에 따라 마케팅과 혁신, 생산성, 인재 개발, 공동체 관계 등의 경영 성과에 대해 적절한 방법으로 체계적으로 평가해야 한다.

당신의 조직에서 가장 큰 수혜를 받을 수 있는 연기금이 무엇인가? 조직에 관한 정보를 얻기 위해 어떤 시스템을 갖고 있는가?

" 인플레이션은 연금으로 생활하는
정년 퇴직자에게 가장 큰 위협이다. "

　세계 대공황 이후 실업은 풍토병과 함께 현대사회와 경제의 가장 위험한 질병으로 자리 잡았다. 연기금 사회주의에서 인플레이션은 실업과 풍토병만큼이나 위협적이다. 특히 인플레이션은 연금으로 생활하는 정년 퇴직자에게 가장 큰 위협이다. 퇴직금으로 소비 생활을 하는 쉰 살 이상의 근로자들에게도 마찬가지다.

　이 두 집단은 성인 인구의 거의 대다수를 차지하고 있다. 연기금 사회주의의 결과인 이 두 집단은 예전보다 인플레이션 예방에 더욱 큰 관심을 가지고 있다. 이들은 문제의식을 공유하면서 미국의 정치 시스템과 유력 정치집단에 중요한 영향을 미치는 이익단체다.

　실업은 더 이상 공포의 대상이 아니다. 그렇다면 이제 연기금에 대해 선거권을 가진 이들에게 공포의 대상은 은퇴한 사람들과 나이 든 노동자일 것이다.

☑

당신은 실업보다 인플레이션이 더 큰 문제라는 데 동의하는가?

규제가 요구될 때

" 적절한 규제가 이뤄지도록 하는 것은 경영자의 일이다. "

비즈니스 기회를 만들 때 해가 되는 사업의 영향은 제거해야 한다. 하지만 여러모로 어려운 일이다. 영향을 자주 제거하는 것은 그만큼 많은 비용이 든다는 뜻이다. 대중이 책임지는 '외부효과externality'는 이제 비즈니스의 비용이 되었다. 그렇기 때문에 산업에 종사하는 모두가 같은 규칙을 받아들이지 않는 이상 경쟁에 의한 손실이 일어난다. 이는 많은 경우에는 공공 조치를 통해 해결할 수 있다.

비용의 상승 없이 문제가 제거되지 못할 때마다 미리 생각하고, 최소 비용으로 문제를 효율적으로 규제해야 한다. 경영자의 임무는 올바른 규제를 만드는 것이다. 그러나 지금껏 이런 책임을 멀리해 왔다.

당신의 산업에서 어떤 해로운 비즈니스 영향을 비즈니스 기회 또는 효과적 규제로 변화시킬 수 있는가?

" 악마는 게으른 손을 위한 일거리를 찾는다
(아무 할 일이 없는 사람들은 범죄를 저지를 가능성이 크다)."

우리는 일이 부담이자 필요이고, 저주인 동시에 축복임을 알고 있다. 실업은 경제적 박탈과 자존감 잠식으로 심각한 심리적 불안을 야기한다. 일은 자아의 연장이며 성취다. 그것은 개인이 자기 자신에 대해 정의를 내리고 자신의 가치와 인간성을 측정하는 방법이기도 하다.

실업 때문에 자존감이 깎이지 않도록 하자. 할 수 있는 일은 얼마든지 있다는 점을 자신에게 상기시켜라.

> "나는 평생 음악인으로서 완벽을 추구했다.
> 늘 나를 잊고 살았다. 물론 다시 노력해야 할 의무가 있다."

"나는 평생 음악인으로서 완벽을 추구했다. 나는 늘 나를 잊고 살았다. 내게는 물론 다시 한 번 노력할 의무가 있다." 베르디Verdi의 이 말은 나에게 잊히지 않는 감명을 주었다. 그는 열여덟 살에 이미 음악가로 한창 활동했다. 나는 그 나이에 내 자신이 성공한 면방직 수출업자가 될 수 없다는 사실을 깨달았을 뿐 무엇이 될지는 알지 못했다. 열여덟 살 때 나는 애송이였고, 그 또래 아이들이 다 그렇듯이 세상을 몰랐다.

내가 무엇을 잘하고, 어디에 속해야 하는지를 깨달은 것은 그로부터 15년이 지난 30대 초반이었다. 하지만 내 삶이야 어떻든 나는 베르디의 말을 내 지표로 삼았다. 성숙한 나이가 되어도 포기하지 않고 계속 앞으로 나아가겠다고 결심했다. 나는 지금까지 계속 완벽을 추구했으며, 틀림없이 늘 나를 넘을 것이다.

항상 스스로를 뛰어넘어 업무에서 완벽함을 추구하라.

" 경영자들은 자치공동체와 책임감 있는 근로자들을
자신들의 특권을 '침범'하는 것으로 여기고 거부하는 경향이 있다. "

나는 경영과 산업 목표 분석에서 자치공동체와 책임감 있는 노동자에 관한 생각이 가장 중요하고 독창적이라고 판단한다. 자치공동체는 주요 업무 성과, 작업 일정과 휴가 일정 관리, 야근, 산업 안전과 근로자 이익과 같은 개별 업무 구조에 대한 종업원 개개인, 작업팀, 종업원 집단의 경영 책임을 가정한다.

하지만 경영자들은 이런 생각이 자신들의 특권을 침해한다고 간주하고 거부하는 경향이 있다. 노동조합 역시 노골적인 적대감에 차 있다. 그들은 자치공동체와 달리 명백하게 적으로 간주하고 싸울 수 있는 사장이 필요했기 때문이다. 하지만 제2차 세계대전 당시 성과를 냈던 것들은 현대 사회의 비약적인 발전이라고 말하는 것, 예를 들어 스웨덴 자동차 회사의 조립 라인을 교체하려는 공공적인 시도 등을 훨씬 뛰어넘는다. 즉 스웨덴 조립 라인보다 미국 산업 표준 라인이 성공적이다. IBM에서 공장 작업팀이 일상적으로 가진 책임감은 말할 필요도 없다.

직원들이 책임을 떠맡을 수 있는 준비가 됐다는 확신이 들면 책임을 위임하라.

비영리적 사회 단체가 중요하다

" 사회적 영역만이 우리가 지금 원하는,
시민을 위한 공동사회를 만들 수 있다. "

    도시의 문명화는 모든 나라에서 더욱 중요해질 것이다. 미국, 영국, 일본 같은 선진국에서 더욱 그러할 것이다. 하지만 정부도, 사업체도 세계의 주요 도시들이 원하는 공동사회를 제공하지는 못한다. 공동사회는 비정부·비경제·비영리기관의 과제다. 사회적 영역만이 우리가 지금 원하는, 시민을 위한, 특히나 선진국 사회를 지배할 고학력 지식근로자를 위한 공동사회를 만들 수 있다. 교회의 전문 단체, 노숙자를 돌보는 조직은 물론 헬스클럽까지 우리가 필요로 하는 다양한 공동체는 비영리적 조직만이 제공해 줄 수 있기 때문이다.

    즉 실질적인 공동체, 실질적인 시민권 요구를 만족시킬 수 있는 것은 비영리 목적의 단체뿐이다. 20세기 선진국에서는 정부와 비즈니스가 폭발적으로 성장했다. 21세기에는 새로운 지배적 사회 환경, 도시의 공동체 건설로 비영리 목적의 사회적 부문이 폭발적으로 성장해야 한다.

당신이 좋아하는 비영리기관이 도시에 새로운 공동체를 만들 수 있는지 성찰해 보라.

" 현대 기업의 가장 중요한 업무는 정의와 존엄,
기회의 평등과 사회적 지위와 기능의 통합을 찾아내는 것이다. "

자유방임주의 경제학과 시장경제의 소산인 현대 기업은 사회 속 개인의 신분과 역할을 보지 못하는 맹점을 가지고 있다. 시장경제는 대부분의 실패를 고려하지 않음으로써 지탱된다. 즉 성공하지 못하는 많은 경우를 고려하지 않는 것을 볼 때 이는 칼뱅주의의 소산이다.

영국의 철학자 허버트 스펜서Herbert Spencer에 따르면, 이 믿음은 흔히 신학적 용어보다 다윈의 '적자생존'으로 표현된다. 그렇다고 해서 시장 사회의 철학이 실패한 사람을 신에게 거부당한 사람이라고 여긴다는 사실을 바꾸지는 않는다. 만약 우리가 경제적으로 성공하지 못한 것이 항상 그 사람의 잘못이고, 경제적 실패는 인간성으로서, 그리고 시민으로서 무가치하다는 사실을 보여 주는 지표라고 믿는다면, 우리는 경제적으로 실패한 사람에게 사회적 지위와 기능을 부여하지 않게 되고 만다.

당신과 같이 일하는 모든 이의 존엄성을 존중하라.

" 자신이 하는 일을 좋아하는 사람들이 있다. "

자신이 하는 일을 좋아하는 사람들이 있다. 나는 그들이 자신이 하는 일 전부를 좋아한다고 말하는 것이 아니다. 그것은 조금 다른 문제다. 누구나 일상적으로 하는 일이 있다. 예를 들어, 유명한 피아니스트는 매일 세 시간씩 연습한다. 아무도 그가 연습을 좋아한다고 하지는 않을 것이다. 해야만 하는 것이다. 재미가 없을지라도 마흔 살 이후에도 실력을 향상하려면 즐겨야 한다. 나는 몇 년 전 한 피아니스트에게서 다음과 같은 훌륭한 말을 들었다. "나는 내 손가락이 움직이는 한 연습을 합니다." 단조로운 일상이지만 그 사람은 그 일을 즐긴다.

내가 본 사람 중 일을 즐기는 다른 사람들도 마찬가지였다. 그들은 '이 일을 해야만 한다. 그리고 나는 이 일을 좋아하니 즐기자'라는 자세로 일상에 임한다. 이런 차이는 평범한 사람과 특별한 사람의 차이가 아니다. 조직 전체가 성장하고 그다음에는 프로세스를 변화시키는 이른바 '학습하는 조직'과 모두가 일을 잘 처리하지만 다섯 시에 퇴근하는 조직의 차이다.

손가락이 움직이는 한 연습하라.

> " 조직의 목적과 관리의 기초는
> 인간의 힘을 생산적으로 만드는 것이다. "

비즈니스 조직에서 시작해 조직이 사회와 경제, 공동체, 그리고 개인을 위해 일하도록 하는 것이 경영의 목적이다. 이를 위해 경영자들은 자기 분야의 규율을 알아야 하며, 관리에 대해서도 알아야 한다.

'경영자의 첫 번째 목적은 조직이 세워진 목적을 위해 조직을 관리하는 것이다. 이런 면에서 가장 중요한 과제는 경제적 성과다. 하지만 동시에 업무의 생산성과 고용 문제, 사회와 개인의 삶의 질을 위해 성과를 내야 하는 과제에 직면할 것이다.

또한 경영진은 리더로서 합법성을 지녀야 한다. 공동체에서 '옳다'라고 받아들여야 한다. 경영진은 도덕적 기반 위에 자신의 권력을 세워야 한다. 그것을 표현하는 도덕 원칙은 단 하나다 바로 조직의 목적과 경영 권력의 기초는 인간의 힘을 생산적으로 만드는 것이라는 사실이다. 조직은 개인으로서, 또 공동체 구성원으로서 한 사람이 기여와 성취를 발견하는 수단이다.

책임이 있는 사람에게서 강점을 끌어내기 위해 당신의 권위를 이용하라.

경제 성장만이 전부가 아니다

" 경제적 확대와 성장은 목표가 아니다.
사회적 목적으로만 존재한다. "

자본주의의 잠재적인 경제적 미래에 대해 고려해 보면, 헨리 포드는 현대 자본주의의 위대한 거장이었으며 그의 생각은 정확했다. 반면 자본주의 전문 무덤을 파는 자들(비평가)은 틀렸다. 하지만 포드는 비평가들만큼이나 경제적 확대와 성장 자체가 자본주의의 목표가 아니라는 사실을 잊었다. 이러한 것들은 사회적 목적의 수단으로 의미가 있다. 목적을 달성할 수 있다는 보장이 있을 때는 아주 바람직하지만, 허황된 약속으로 판명되면 그 수단들은 매우 의심스러워질 것이다.

사회 질서와 교리로서 자본주의는 경제적 진보에 대한 믿음의 표현이다. 즉 자유평등 사회에서 개인의 자유와 평등이라는 가치가 나아갈 수 있다는 믿음이다. 자본주의 이전에는 개인의 자유와 평등은 사적 이윤을 추구하는 동기로 사회를 파괴하거나 중립적인 가치 정도로 간주됐다. 그에 따라 의도적으로 개인의 경제적 활동을 제한하고, 사회적 제약이 되는 활동과 그 피해를 최소화하는 데 사회적 요구가 맞춰져 있었다.

경제적 성과 추구는 사람들을 발전시키기 위한 것임을 분명히 하라.

> " 관료주의는 손이 닿지 않는 곳에서
> 비영리기관이 성공하는 일을 인정하지 못한다. "

"누가 지식사회의 사회적 과제를 처리할 것인가?"라는 질문에 대한 진정한 해답은 정부도, 고용 조직도 아니다. 바로 새로운 사회 영역이다. 정부는 사회문제 해결에 무능력함을 증명했다. 정부의 실패로 인해 쓰는 비용보다 비영리기관의 성과 창출을 위해 쓰는 비용이 훨씬 적다.

우리는 연방 세금을 비영리기관을 장려하는 데 쓰지 않고 오히려 비영리기관에 하는 기부의 세금 혜택을 삭감해 왔다. 이러한 움직임은 '세금 낭비를 막는 방편'이라고 알려졌지만, 그 이면의 진짜 동기는 비영리기관에 대한 관료주의의 적개심이다. 이것은 과거 공산주의 국가의 관료 조직이 시장과 개인 기업에 보인 적개심과 크게 다르지 않다. 비영리기관의 성공은 관료주의의 힘을 떨어뜨리고 그 이데올로기를 부정한다. 관료주의는 손이 닿지 않는 곳에서 비영리기관이 성공하는 일을 인정할 수 없다. 따라서 사회문제를 해결할 수 있는 제일선으로 비영리기관을 세우는 공공 정책이 필요하다.

사회적 문제에 관해 논쟁하는 비영리기관의 노력을 지지하라.

비영리기관의 효과적인 경영

" 경영은 사업체보다 비영리기관에 훨씬 더 필요하다. "

 1900년대 초반에 플로리다에서는 가난한 흑인이나 라틴아메리카계 젊은이들에게 실형이 선고되었다. 그리고 1년에 2만 5,000명 정도가 구세군의 보호로 가석방되었다. 연구에 따르면, 이들이 감옥에 갔다면 대부분 상습범이 됐을 것이라고 한다. 하지만 구세군은 많은 자원봉사자를 동원해 직업 훈련을 진행했고, 그들의 80퍼센트를 사회로 복귀시켰다. 이 프로그램에 든 비용은 사람들을 감옥에 수용하는 비용보다 훨씬 적었다.

 이 프로그램과 다수의 비영리기관이 제공한 헌신의 기반은 경영의 위임이다. 40년 전, 비영리기관 관계자들에게 경영이란 말은 비속한 언어였다. 비영리기관은 상업주의의 폐단에서 자유롭다는 자신감이 있었기 때문이다. 하지만 현재 경영은 사업체보다 비영리기관에 훨씬 더 필요하다. 최종 결산 결과를 내는 훈련이 부족하기 때문이다. 물론 비영리기관들도 좋은 일에 헌신한다. 하지만 그들은 좋은 의도가 책임감과 행동, 조직적 성과와 리더십을 대신할 수 없다는 것을 깨달았다. 이들은 경영진이 필요하며, 결국 조직의 사명에서 다시 출발한다.

비영리기관에 효과적인 경영이 필요하다는 사실을 인정하라. 조직과 리더십, 책임감, 실행, 성과에 대한 높은 기준을 수용하라.

182~212

실패는
위기가 아닌 기회다

" 성공한 기업가의 특징은 직관보다는 명확하고 단순하고
통찰력 있는 비즈니스 원칙을 가지고 있다는 것이다. "

비즈니스 이론은 세 부분으로 나뉜다. 첫째, 사회·사회구조·시장·고객·기술 등 조직 환경에 관한 가정이다. 이는 조직이 지불해야 할 비용을 정의한다. 둘째, 조직의 구체적인 사명에 대한 가정이다. 사명에 대한 가정은 조직에서 의미 있는 성과가 무엇인지를 정의하는 것, 즉 경제와 사회 안에서 어떻게 변화를 만들지를 정의하는 것이다. 셋째, 조직의 사명을 달성하는 데 필요한 핵심 역량에 대한 가정이다. 다시 말해 조직이 리더십을 유지하기 위해 어느 분야에서 다른 경쟁자보다 뛰어나야 하는지를 정의하는 것이다.

메디치와 잉글랜드 은행의 설립자에서부터 IBM의 토머스 왓슨Tomas Watson에 이르기까지 우리가 익히 알고 있는 위대한 사업가들은 확고한 아이디어와 행동과 결단을 이끈 명확한 비즈니스 이론을 가지고 있었다. 즉 성공한 기업가의 특징은 직관보다는 명확하고 단순하고 통찰력 있는 비즈니스 원칙을 가지고 있다는 것이다. 그 원칙하에 창업자들이 떠난 뒤에도 이 기업들은 오랫동안 존속하고 발전할 수 있는 길을 걷는다.

과거에 아주 번성하던 회사가 정체되고 통제 불능의 위기에 봉착했다면, 이 회사의 비즈니스 이론에는 어떤 문제가 있는가?

> " 환경과 사명, 핵심 역량에 대한 가정은 현실에 부합해야 한다. "

환경과 사명, 핵심 역량에 대한 가정은 현실에 부합해야 한다. 1920년대 초에 영국 맨체스터 출신의 무일푼이던 젊은이들, 사이먼 마크스Simon Marks와 그의 세 처남은 평범하고 저렴한 서민용 잡화점이 사회 변화를 가져올 요인이 될 것이라고 판단했다. 제1차 세계대전이 국가 계층 구조를 근본적으로 흔들어 놓은 때였다. 당시에는 품질 좋고 맵시 있는 데다 그다지 비싸지 않은 란제리, 블라우스, 양말 같은 상품을 구매하는 새로운 구매 세력이 생겨났다. 이런 제품이 마크스앤드스펜서Marks & Spencer가 처음으로 성공한 상품 카테고리였다. 다음으로 새로운 브랜드와 핵심 역량을 체계적으로 개발하기 시작했다. 그때까지만 해도 상인들의 핵심 역량이란 상품을 잘 구매하는 능력이었다. 마크스앤드스펜서는 고객을 잘 아는 사람은 제조업자가 아니라 상인이라는 결론을 내렸다. 그러므로 제조업자가 아닌 상인이 제품을 디자인하고 개발해야 하며, 그 디자인과 설계도와 원가에 맞춰 제품을 제조할 생산자를 찾아야 한다는 결론을 내렸다. 상인에 대한 새로운 정의는 자신들을 하청업자가 아닌 제조업자라고 생각하던 전통적 공급자들이 받아들이는 데까지 5~8년이 걸렸다.

마크스앤드스펜서는 환경, 사명, 핵심 역량에 대해 어떠한 새로운 가정을 세웠는가?

" 세 가지 영역에 대한 가정은 서로 부합해야 한다. "

환경, 사명, 핵심 역량에 대한 가정은 서로 부합해야 한다. 마크스앤드스펜서는 제1차 세계대전이라는 새로운 환경 덕분에 좋은 품질의 맵시 있고 그다지 비싸지 않은 란제리, 블라우스, 양말 같은 상품의 새로운 구매자가 대량으로 나타났다는 사실을 인식했다. 20세기 중엽까지 수많은 잡화점 체인을 만들었던 네 사람은 자신들이 이룬 상당한 부를 누리는 데 만족했을지도 모른다. 하지만 이들은 사업의 사명을 다시 검토하기로 했다. 마크스앤드스펜서가 정한 사업 영역은 소매업이 아니었다. 그것은 사회 혁명이었다. 그들은 자신의 사명을 성공적인 유통업체에서 특수 제품을 취급하는 경영자로 변경했다. 마지막으로 그들은 적절한 제조업자를 찾아 나섰다. 마침내 찾아낸 제조업자들은 신규 사업을 시작하는 그들이 새로운 환경과 사명을 만드는 데 필요한 핵심 역량을 개발할 수 있도록 도움을 주었다.

당신 회사의 사명은 환경과 잘 부합하는가? 회사가 가지고 있는 핵심 역량은 사명에 적합한가?

" 비즈니스 이론은 원칙이다. "

비즈니스 이론은 조직 전반에 널리 알려지고, 제대로 이해되어야 한다. 이는 창업 초기에는 쉬운 일이다. 그러나 조직이 성장하면 차츰 이 이론을 당연하게 여기고, 결국 의식조차 못한다. 결과적으로 조직은 점차 허술해지고, 안일하게 일을 처리한다. 무엇이 옳은지 생각하기보다는 좀 더 쉬운 방법을 택하고, 생각과 질문을 멈춘다. 또한 답은 기억하지만 질문은 잊어버린다. 비즈니스의 이론은 원칙이며, 문화가 원칙을 대체할 수 없는데도 문화가 원칙이 되기도 한다.

비즈니스 이론은 지속적으로 실험되어야 한다. 그것은 석판 위에 새겨진 글자처럼 고정된 것이 아니라 지속적으로 변화하는 사회, 시장, 고객, 기술에 관한 가설이다. 따라서 비즈니스 이론을 세운다는 것은 자신을 바꿀 능력을 가진다는 사실을 의미한다. 물론 어떤 이론은 너무 강력해서 오랫동안 지속되기도 한다. 하지만 궁극적으로 모든 이론은 진부해지고 쓸모없어진다. 이는 GM이나 AT&T, IBM에서도 예외가 아니었다. 또한 모든 일을 신속히 해결하기로 유명한 일본의 게이레쓰(系列, 기업집단)도 마찬가지다.

기업의 비즈니스 이론을 전달하고, 체계적으로 모니터하고 테스트할 포럼을 구축하라.

> " 퇴행성 질환은 꾸물거리면 치료할 수 없다.
> 단호하고 신속한 행동만이 치료를 가능하게 한다."

사실 기업의 비즈니스 이론을 성공적으로 바꾼 최고경영자도 몇 사람 있다. 한 최고경영자는 획기적인 약품을 연구해 특허를 내고 머크Merck를 세계에서 가장 성공한 제약업체로 올려놓았다. 그러고 나서는 기업의 전략을 일반 의약품과 비처방 의약품을 대량 판매하는 방향으로 바꾸었다. 그는 이러한 일들을 회사를 운영하는 동안에 훌륭히 수행했다.

진부한 비즈니스 이론에 생기를 불어넣는 일은 뛰어난 직원들에게만 맡길 수 없다. 경영자들은 목표 달성과 빠른 성장을 위해서는 비즈니스 이론을 진지하게 재고할 필요가 있다는 점을 잘 알고 있다. 예상치 않은 실패를 직원들의 무능력이나 사고 때문으로 보지 않고, 시스템 오류의 징후로 취급한다. 예기치 않은 성공을 거둘 때는 자신의 공이 아니 스스로 세운 가정에 대한 도전으로 판단한다. 진부한 이론을 퇴행성 질환으로 인식한다. 그들은 외과의사의 오랜 경험으로 입증된 원칙을 잘 알고 있으며 이를 의사결정의 황금률로 받아들인다. 이는 퇴행성 질환은 꾸물거리면 치료할 수 없으며 단호하고 신속한 행동만이 치료를 가능하게 한다는 것이다.

당신의 비즈니스 이론이 진부하다고 생각하는가? 만약 그렇다면 꾸물거리지 말라. 당신의 가정을 분석·재고하고 새로운 이론을 개발하기 위해 확고히 행동하라.

" 우리만이 가진 지식은 무엇인가. "

어느 기업이 갖고 있는 고유한 지식을 효과적으로 정의하는 일은 언뜻 단순해 보인다. 하지만 지식을 잘 분석하기 위해서는 연습과 규칙이 필요하다. 최초의 분석은 다음과 같이 당혹스러울 정도로 일반적일 수도 있다. "우리가 하는 사업은 커뮤니케이션, 수송 또는 에너지 분야다." 이처럼 일반적인 용어는 마케팅 회의를 위한 좋은 의제가 될 수는 있지만 뭔가를 실행하기 위한 운영적 의미로 바꿀 수는 없다. 하지만 분석을 반복하다 보면 사업에 필요한 지식을 정의하려는 시도가 쉬워지고, 대가도 충분히 돌아온다. "우리만이 가진 고유한 지식은 무엇인가?"와 같은 몇 가지 질문은 경영진이 자신을 객관적이고, 엄격하고, 생산적으로 보게끔 만든다. 많은 지식 영역에서 모두 뛰어나기는 불가능하지만, 한 가지 이상의 영역에서 출중할 수는 있다. 성공하는 기업은 어느 한 분야에서만큼은 탁월한 능력을 보유하고 있어야 하며, 적어도 상당한 영역에서 훌륭한 능력을 가지고 있어야 한다. 그러나 시장에서 경제적 보상을 얻을 정도의 진정한 지식을 가지려면 뛰어나게 잘할 수 있는 몇 가지 분야에 집중해야 한다.

조직이 뛰어나게 잘할 수 있는 몇 가지 일에만 집중하라.

" 가치를 더하지 않는 활동들을 없애는 일은
고객들에게 아무런 손해를 입히지 않는다. "

활동 기준 원가 계산Activity-based costing은 고객 가치를 창출하기 위해 필요한 여러 가지의 절차들을 모아 분석의 기반을 제공한다. 기업은 활동 기준 원가 계산을 시작으로 고객 가치를 창출하는 활동과 그렇지 못한 활동을 구분할 수 있으며, 이를 통해 고객 가치를 창출하지 못하는 활동은 없앨 수 있다.

가치 분석에서 발견되는 일련의 가치 창출 활동은 가치 창출의 기초 과정을 분석하는 출발점이다. 프로세스 분석은 제품이나 서비스 기능을 개선하는 한편 비용을 절감하고 품질을 유지하거나 향상하면서 프로세스를 재설계하고자 한다.

자동차회사에서 프로세스 분석은 각 기능별로 사전에 계획된 원가 목표를 달성하기 위해 부품이나 하부 기능을 디자인하거나 재디자인하는 일을 포함한다. 예를 들어 자동차의 기본적인 기능은 수송이다. 이차적 기능에는 안락함, 연비 효율, 안전 등이 포함된다. 이러한 각 기능과 그에 따른 하부 기능은 고객에게 가치를 창출하는 부품이나 서비스를 요구한다. 각각은 자동차의 원가와 품질에 기여한다.

그리하여 가치사슬활동value-chain activities을 수행할 사람들로 팀을 구성한다. 이 팀은 종종 공급자나 고객이 되기도 한다. 이 팀의 과제는 제품이나 서비스의 역할을 확인하고, 원가 목표를 달성하는 동시에 가치와 품질을 위해 각 역할에 공급되는 부품이나 서비스를 분석하는 것이다.

가치를 창출하지 않는 활동들을 제거하라. 가치를 창출하는 활동들의 기초 과정을 분석하고, 필요하다면 프로세스를 재디자인해 고객 가치를 향상하라.

> " 핵심 역량은 고객 가치를 생산자의 독특한 능력과 융합한다. "

리더십은 타인이 전혀 할 수 없는 것, 또는 미숙하게라도 처리하기 어렵다고 생각하는 일을 해낼 수 있는 능력에 기반한다. 또한 시장이나 고객 가치를 생산자나 공급자의 특별한 능력과 잘 융합하는 핵심 역량에 기반한다.

몇 가지 예를 들면, 전자부품을 소형화할 수 있는 일본인들의 능력은 라커 칠을 한 조그만 상자에 풍경화를 그려 온 300년의 예술적 전통에 기반을 두고 있으며, 성공적으로 기업을 인수하는 GM의 능력은 80년간의 경험에서 비롯된 것이다.

기업이 이미 보유하고 있는 핵심 역량과 리더십 위치를 확보하고 유지하기 위해 필요한 핵심 역량을 어떻게 알 수 있을까? 그리고 보유하고 있는 핵심 역량이 향상되고 있는지 아니면 약화되고 있는지를 어떻게 찾아낼 수 있을까? 또는 올바른 핵심 역량을 아직도 보유하고 있는지, 기존의 핵심 역량에 어떤 변화가 필요한지 어떻게 알 수 있을까?

이를 알기 위한 첫 번째 단계는 자사와 경쟁사의 업적을 잘 살펴보는 것이다. 특히 예상치 못하게 성공한 분야와 잘해야만 하는데 기대 이하로 실적이 부진한 영역을 면밀히 살펴보아야 한다. 성공은 시장이 무엇에 가치를 두고 있으며, 얼마를 기꺼이 지불할지를 보여 준다. 또한 기업이 주도적으로 우위를 차지할 분야를 나타낸다.

   어느 기업이 성공을 거두지 못하는 것은 시장이 변화하고 있거나 회사의 역량이 약화되고 있다는 징후다.

당신의 조직이 보유하고 있는 핵심 역량을 확인해 보라. 그 역량들이 향상되는지 아니면 점차 약화되는지를 판단하라.

" 모든 조직에는 반드시 필요한
핵심 역량이 있는데 바로 혁신이다. "

조직의 핵심 역량은 일종의 개성으로 기업마다 다르다. 그런데 기업뿐 아니라 모든 조직에 공통적으로 필요한 핵심 역량이 있다. 바로 혁신이다. 조직은 혁신적인 업적을 기록하고 평가하는 방법을 가지고 있어야 한다. 몇몇 최고 제약업체를 비롯해 이를 실행하고 있는 조직들은 회사의 업적에서 출발하지 않는다. 주어진 기간 동안 전 분야에서 혁신을 면밀하게 기록함으로써 출발한다. "무엇이 진정으로 성공적이었는가?" "그중에서 우리의 것은 얼마나 되었는가?" "성과는 목표와 상응하는가?" "시장의 방향과 일치하는가?" "우리의 시장 입지와 잘 맞는가?" "우리가 연구한 분야 지출과는 어떤 관계가 있는가?" "우리의 성공적인 혁신은 탁월한 성장과 기회의 영역에 있는가?" "정말 중요한 혁신 기회를 얼마나 놓쳤는가? 그렇다면 이유는 무엇인가?" "기회를 보지 못했거나 무시했기 때문인가 아니면 실수로 망쳤기 때문인가?" "우리는 혁신을 상품으로 잘 전환하고 있는가?"

이 중 상당 부분은 명백히 측정이 아닌 평가다. 평가는 질문에 대한 답변이라기보다 오히려 질문을 불러오지만 대체로 적절한 질문을 제기한다.

☑

일하고 있는 분야에서 이루어지는 혁신을 면밀하게 기록하라. 주기적으로 조직의 혁신 성과를 평가하라.

성공을 활용하라

" 변화의 선두주자는 문제점은 제거하고 기회는 만들어야 한다. "

성공적으로 변화하기 위한 가장 좋은 방법은 자신이 성공을 거두고 그 위에 변화를 쌓아 가는 것이다. 물론 문제점은 결코 무시해서는 안 되며, 심각한 문제들은 잘 관리해야 한다. 그러나 기업이 변화의 선두주자가 되기 위해서는 기회에 집중해야 한다. 즉 문제점은 제거하고 기회는 만들어야 한다. 이를 위해서는 사소한 듯하지만 근본적인 절차상의 변화가 필요하다. 즉 월간 보고서에 문제점을 기술하는 페이지에 앞서 첫 페이지를 추가해야 한다. 매출, 소득, 수익, 판매량 등 어떤 부문이든 예상보다 더 나은 성과를 달성한 분야에 초점을 맞춘 페이지다.

전통적으로 문제 영역에서 보냈던 시간만큼 이 새로운 페이지에 많은 시간을 할애해야 한다. 변화의 선도자가 되는 데 성공한 기업들은 직원들에게 기회를 줘야 한다. 방법은 한 페이지에는 기회들을 나열하고 다른 페이지에는 조직에서 훌륭한 업적을 이룬 유능한 직원들의 명단을 적는 것이다. 그다음은 최고의 기회에 가장 유능하게 가장 훌륭한 업적을 이룬 직원들을 배정하는 것이다.

매월 매출이나 소득, 수익, 판매량 등 무엇이든 예상보다 나은 성과를 기록한 분야를 포함한 기회들을 나열한 페이지를 준비하라.

" 어느 영역에서나 지속적으로 개선하면 궁극적으로 사업을 바꾼다. "

변화의 선두주자를 위한 다음 방책은 조직화된 개선이다. 대내외적으로 어떤 일을 하던 기업의 제품 및 서비스 생산 프로세스, 마케팅, 서비스, 기술, 직원 교육 및 훈련, 정보의 활용 등은 체계적이고 지속적으로 개선되어야 한다. 어느 영역에서나 지속적으로 개선하면 궁극적으로 사업을 바꾼다.

그러나 지속적인 개선을 할 때는 큰 결단이 필요하다. 특정 영역에서 성과란 무엇인가? 성과를 개선하기 위해서는 현재 성과가 무엇인지 명확하게 정의 내려야 한다. 예를 들어, 한 시중은행은 지점의 성과를 높이기 위해 좀 더 새롭고 고급적인 금융 상품을 내놓아야 한다고 결정을 내렸다. 그러나 정작 새로운 상품을 출시하자 급속히 고객이 줄었다. 이 은행은 그제야 지점의 성과는 고객들이 일상적인 업무를 볼 때 줄을 서서 대기하지 않게 하는 데서 비롯했음을 깨달았다. 따라서 해결안은 단순반복적이고 일상적인 업무를 처리하는 출납원을 늘리는 것이었다. 이는 실제로 새로운 기술이나 시간이 더 필요한 사안이 아니었다. 새로운 금융 상품은 별도 창구로 옮겨 이를 소개하는 커다란 안내판을 설치하고, 다른 직원들을 배정했다. 이 조치가 시행된 뒤 기존과 신규 서비스 모두 상황이 좋아졌다.

지속적인 개선에 우선순위를 두어라.

> " 성공적인 기업은 '행운의 여신이 그들에게 키스해 주며'
> 근사한 아이디어를 줄 때까지 기다리는 대신 묵묵히 자기 일을 한다. "

체계적인 혁신이란 일곱 가지 혁신적 기회의 원천을 점검하는 것을 뜻한다. 먼저, 네 가지 원천은 기업 내부에 있으며 일반 산업, 공공서비스 산업, 제조업, 서비스 산업 관계 없이 모든 분야에 적용된다. 첫째, 예기치 않은 일, 즉 예상하지 못했던 성공이나 실패, 외부 사건이다. 둘째, 불일치, 즉 원하는 현실이나 그렇게 되어야만 하는 현실과 실제 현실 간의 차이다. 셋째, 프로세스의 필요성에 기반을 둔 혁신이다. 넷째, 모든 사람이 눈치채지 못하는 산업 구조나 시장 구조의 변화다. 그다음 세 가지 원천은 기업이나 산업 외부에 있다. 다섯째, 인구통계, 즉 인구 변화다. 여섯째, 인식과 분위기, 의미의 변화다. 일곱째, 과학적 측면과 비과학적인 측면 모든 부문에서의 새로운 지식이다. 이러한 혁신적 기회의 일곱 가지 원천은 영역 간 경계가 불명확하며 많은 부분 서로 중복된다. 같은 건물의 다른 면에 있는 일곱 개의 창문으로 비유될 수 있다. 창 밖을 보면 양쪽 가장자리에 있는 다른 창문에서도 볼 수 있는 풍경의 일부가 있다. 그러나 각 창문의 중앙에서 보면 창 밖의 풍경은 명백히 다른 모습이다.

☑

혁신의 기회인 일곱 개의 창문, 즉 예상치 못한 일, 불일치, 프로세스의 필요성, 산업 및 시장 구조의 변화, 인구 변화, 인식·분위기·의미의 변화, 그리고 새로운 지식을 살펴라.

"뜻밖의 성공을 자신의 최고의 기회로
인식하는 데는 노력이 필요하다."

예기치 못한 일이 주는 충격은 우리가 품고 있는 관념이나 가정, 확신을 새롭게 깨어나게 한다. 따라서 풍부한 핵심의 원천임은 틀림없다. 위험이 상대적으로 적거나 덜 힘든 일을 추구하는 영역에는 혁신의 기회가 없다. 예상치 못한 성공에 대해서 간과하는 경향이 있는데, 더 나쁜 일은 경영진이 이를 적극적으로 무시한다는 점이다. 경영진이 예상치 못한 성공을 받아들이기 어려운 까닭은 오랫동안 지속된 일들은 '정상적'이며, 또 '영원히' 계속되어야 한다고 믿는 경향이 있기 때문이다.

1970년경, 미국의 주요 철강회사에서 소규모 제철소를 거부한 일이 좋은 예다. 경영진은 제강업이 급격히 노후화되고 있으며, 현대화 작업에 수십억 달러에 달하는 대규모 투자가 필요하다는 사실을 알고 있었다. 해결안은 새로운 형태인 소규모 제철소였다. 이 회사는 아주 우연히 소규모 제철소를 인수하게 되었다. 곧바로 회사는 빠른 속도로 성장하며 현금을 확보했고, 이익을 창출하기 시작했다. 일부 젊은 직원들은 이용 가능한 자금을 투자해 소규모 제철소를 추가로 인수하거나 새로 지어야 한다고 제안했다. 그러나 최고경영진은 완강하게 거부하며 다음과 같이 주장했다.

"우리에게는 통합된 철강 제조 프로세스만 있으면 된다. 다른 방법은 모두 우리를 기만하는 일이며, 일시적인 유행이고 불건전하며 오래 지속되지도 않을 것이다."

그러나 30여 년이 지난 뒤에도 미국 철강 산업계에서 여전히 건강하게 성장하고 번창하는 분야는 소규모 제철소뿐이었다.

예상치 못한 성공을 무시하거나 거부하지 말라. 이를 확인하고, 받아들이고, 이로부터 학습하라.

실패는 기회의 전조일 수 있다

" 실패는 항상 혁신적 기회의 전조로 간주되어야 한다. "

예상치 못한 실패를 겪으면 주위를 둘러보고, 타인의 말을 들어야 한다. 경쟁자의 예상치 못한 성공이나 실패도 중요하다. 실패는 항상 혁신적 기회의 전조로 진지하게 받아들여야 한다. 분석에서 끝나면 안 되고, 외부로 나가 조사해야 한다. 물론 많은 실패가 설계나 실행 단계의 실수일 수도 있고, 탐욕의 결과일 수도 있다. 우둔함, 시류 영합 또는 무능력의 소치인 경우도 많다. 하지만 철저히 계획하고, 설계하고, 성실하게 실행했는데도 실패했다면 근본적인 변화가 필요하다는 증거이자 기회가 주어졌음을 뜻한다. 예상치 못한 실패는 우리에게 고객의 가치와 인식이 근본적으로 변화하고 있음을 알려준다. 제품이나 서비스, 디자인, 시장 전략 등에 기초한 가정은 시대에 뒤처지기 쉽다. 고객이 가치관을 바꿀 수도 있다. 그들이 같은 물건을 구입한다고 해도 실제로는 매우 다른 가치를 구매하는 것일 수도 있다. 예를 들어 에드셀Edsel 기종의 실패 이후 포드는 자동차 산업에서 고객을 소득으로 구분하는 일은 큰 의미가 없다는 사실을 알았으며, 고객의 라이프스타일로 구분하는 일이 더 합당하다는 결론을 내렸다.

회사나 경쟁사의 예상치 못했지만 중대한 실패 사례를 확인하라. 그리고 실패의 원인을 살펴보고 그 교훈을 현재의 사업에 응용해 보라.

불일치에서 기회를 찾아라

> "불일치는 근본적인 '결함'의 증거다."

현재 상황과 경영진이 바라는 모습 사이에는 차이가 있기 마련이다. 대체로 업계, 시장, 과정 안에서의 불일치인데, 내부에 있거나 가까이 있는 사람들은 그 차이를 명확하게 볼 수 있다. 다만 내부자들은 알아차리긴 해도 바꾸려 들지 않는다. '여기서는 항상 이렇게 해 왔어'라고 생각한다. 하지만 변화를 이끄는 리더들은 불일치를 조직의 기회로 활용한다.

예를 들어 자동차를 구매할 때 판매자와 구매자의 손에 있는 불평등한 정보를 살펴보자. 자동차를 구매할 때 고객 대부분이 싫어하는 몇 가지 사항이 있다. 가격에 대한 말다툼, 고객을 현혹하는 광고, 판매원이 관리자와 고객 사이를 오가는 동안 고객이 대리점에서 보내야 하는 시간 등이 그것이다. 반면 많은 온라인 판매상은 보증, 자금, 보험 정보를 포함해 모든 종류의 자동차 정보를 완전하고 정확하게 제공한다. 고객은 이를 통해 중고차나 신차를 한번에 구매할 수 있다. 이런 판매상이야말로 고객을 위한 공평한 거래장을 제공한다.

프로세스나 시장 내에서 회사에 기회가 될 수 있는 불일치가 있는가?

프로세스 필요성은 혁신의 어머니다

" 필요는 발명의 어머니다. "

"필요는 발명의 어머니다Necessity is the mother of invention"라는 속담과 혁신을 연관해서 볼 수 있다. 즉 필요가 혁신의 원천이라는 것인데, 나는 이것을 '프로세스 필요성Process need'이라고 정의한다. 조직에 있는 사람은 모두 프로세스 필요성을 알고 있지만 어떤 조치를 취하는 경우는 거의 없다. 그러나 혁신이 나타나면 분명한 것으로 받아들여지고 이내 표준화된다.

프로세스의 혁신은 해야 할 일들로부터 시작해 다음과 같은 다섯 가지 기본 특징이 있다. 독립적인 프로세스, 약하거나 잘못된 연결 고리, 목표에 대한 명확한 정의, 해결책을 명확히 밝힌 설명서, 그리고 더 나은 방법이 있을 수 있다는 광범위한 인식이 그것이다.

잔디 보호 제품을 제조하는 미국의 선도 기업인 스코트Scott를 예로 들어 보자. 이 회사는 적절한 양의 잔디 보호 화학약품을 잔디에 고르게 잘 살포할 수 있도록 도와주는 스프레더 장치로 업계에서 선도적인 위치를 확보했다. 소비자들은 기존 기계로는 약품을 고루 살포할 수 없어서 많은 불만이 있었지만, 현재 시장에는 매우 많은 스프레더 부착 제품이 나와 있다.

당신의 조직에서 잘못된 연결 고리를 가진 프로세스를 정의해 보라. 프로세스와 프로세스의 목표, 잘못된 연결 고리에 대한 인식 수준, 구체적인 해결 방안에 대해 기술하라.

시장 및 산업의 구조 변화를 놓치지 말라

" 산업과 시장 구조는 매우 취약하다.
조그만 흠집 하나에도 종종 빠르게 무너진다. "

산업 및 시장 구조는 매우 견고해 보여서 산업에 종사하는 사람들은 그것이 자연 섭리의 일부인 양 생각하기 쉽다. 즉 이미 운명이 정해져 영원히 지속될 것이라고 여긴다는 것이다. 하지만 산업 및 시장 구조의 변화는 주요한 혁신을 만들 기회다. 산업 구조는 산업 내에 종사하는 모든 사람에게 기업가정신을 요구한다. 모두에게 "우리의 사업은 무엇인가?"라는 질문을 다시 던지도록 한다. 이 질문에 대해 각기 다르고 신선한 대답을 해야 한다. 수년 동안 성공 가도를 달리며 새롭게 도전하지 않는 대형 생산자나 공급자는 거만해지기 쉽다. 이들은 사업에 진입하는 사람들을 아마추어로 생각하며 하찮게 보고, 처음에는 신경 쓰지 않는다. 그러다 그들이 점점 커져서 자신의 사업 영역을 잠식하기 시작하면 신규 진입자들에 대응할 방안을 마련하기가 쉽지 않다는 사실을 뒤늦게 깨닫는다.

예를 들어 미국 우체국은 UPS와 페덱스에 상당한 시장점유율을 내주면서도 아무런 조치를 하지 않았다. 또한 시간을 다투는 문서나 소포 등 긴급 배달 시장의 급격한 성장도 우체국을 그처럼 약하게 만들고 말았다.

"우리의 사업은 무엇인가?"라는 질문을 결코 멈추지 말라.

통계의 변화를 읽어라

" 인구통계 변화는 매우 생산적이고
신뢰할 수 있는 혁신의 기회다. "

　모든 외부 변화 가운데 가장 분명히 보이는 것은 인구통계학적(인구, 규모, 연령 구조, 구성, 고용, 교육 및 소득 수준) 변화다. 변화들은 모호하지 않으며, 예측 가능한 결과를 보여 준다. 이 인구통계는 무엇을, 누가, 얼마나 구매할 것인지에 큰 영향을 미친다. 인구통계 추이는 예측이 어렵지만, 영향을 주기까지 오랜 선행기간이 있다. 또한 선행기간은 예측할 수 있다. 특히 중요한 것은 연령 분포와 인구 비중의 가치 변화를 보여 주는 연령분포도다. 인구 비중은 주어진 기간에 가장 빨리 늘어난 연령 집단을 의미한다.

　1960년대 미국에서는 가장 빨리 늘어난 집단이 10대로 이동했다. 그 결과 전형적인 행동이라고 간주됐던 것이 변했다. 물론 10대는 제 또래의 행동을 여전히 계속했다. 그러나 이는 10대들의 행동방식보다 오히려 사회적 행동에 대한 본질적 가치관이 바뀐 것으로 보였다. 통계란 출발점일 뿐이다. 진정으로 현장에 나가서 보고 듣기를 원하는 사람들에게 인구통계의 변화는 혁신을 만들 기회로서 매우 생산적이며 신뢰할 수 있다.

제품 및 서비스 시장에 영향을 주는 인구통계 인자는 무엇인가? 향후 5~10년에 걸쳐 이 인자들이 어떤 영향을 미칠지, 어떤 기회들을 만들지 예상해 보라.

인식의 변화가 새로운 시장을 만든다

> " 컵 속의 물이 '반은 찼다'가 아닌 '반은 비었다'라고
> 인식을 바꾼다면, 많은 혁신의 기회를 찾을 수 있다. "

수학적으로 보면 '컵 속의 물이 반은 찼다'와 '컵 속의 물이 반은 비었다' 사이에는 차이가 없다. 그러나 두 문장의 의미는 전혀 다르며, 그에 따른 결과도 다르다. 만일 컵 속의 물이 '반은 찼다'가 아니라 '반은 비었다'라는 쪽으로 일반적 인식을 바꾼다면 많은 혁신의 기회를 찾을 수 있다.

예상치 못한 성공이나 실패는 소비자의 인식과 가치가 바뀌고 있음을 보여 주는 징후다. 인식의 변화가 있다고 해서 사실 그 자체가 달라지는 것은 아니지만 의미는 바뀐다. 예를 들어 미국인의 건강염려증은 건강 통계를 대하는 반응을 넘어 건강 숭배와 같은 미국인의 가치관 변화를 드러낸다. 40여 년 전에는 국민들의 건강이 조금만 개선되었어도 대단한 진전으로 인식했지만, 지금은 극적인 개선도 주목받기가 어렵다. 이런 인식의 변화는 곧 건강 잡지, 대체의학, 피트니스센터, 건강 관련 상품과 서비스와 연관된 거대한 시장을 만들었다.

업계에 영향을 미치는 주요한 인식 변화를 정의해 보고 그 변화를 활용하라.

" 혁신과 기업가정신의 이론과 실천에서
멋진 아이디어에 의한 혁신은 부록에 속한다. "

새로운 지식은 성공적인 혁신을 하는 데 있어 가장 신뢰할 만하거나 예측이 쉬운 요인이 아니다. 과학에 기반한 혁신의 가시성, 매력, 중요성에도 불구하고 새로운 지식은 실제로는 신뢰도와 예측성이 매우 낮다. 지식에 기반을 둔 혁신은 어떤 혁신보다도 긴 선행기간을 필요로 한다. 먼저 새로운 지식이 나타나면 이 지식을 기술에 응용하는 데 오랜 시간이 필요하다. 그리고 새로운 기술이 시장에서 판매되는 제품, 프로세스, 서비스로 전환되는 데 또 한 번 오랜 시간이 걸린다.

혁신을 도입하면 시장에서 열광적인 반응이 생기고 많은 경쟁자들이 등장한다. 이는 혁신을 하려면 처음부터 제대로 잘해야 한다는 사실을 의미한다. 혁신에 두 번의 기회는 없다. 아주 성공적인 혁신가일지라도 그들의 생각보다 훨씬 많은 경쟁자를 맞닥뜨려야 할 것이다. 따라서 그들 앞에 놓인 험한 날씨를 극복할 준비를 하고 있어야 한다.

예를 들어, 개인용 컴퓨터는 애플Apple이 발명했지만 창의적인 모방으로 시장 지배력을 손에 넣은 기업은 IBM이었다. 당시 애플은 시장 지배자의 입지 유지에 실패했고, 그 결과 틈새시장에서 활동할 수밖에 없었다. 미래 예측에 실패했고, 회사가 직면할 경쟁에 적절히 대응하지 못한 결과다. 혁신과 기업가정신의 이론과 실천에서 아이디어에 의한 혁신은 부록과 같다. 그러나 그것은 적절한 인정과 보상을 받아야 한다. 사회가 요구하는 품질, 즉 진취성, 야망, 독창성을 상징하기 때문이다.

당신과 당신이 속한 조직은 발명가인가 아니면 모방자인가? 만약 전자라면 성공적인 발명이 불러올 경쟁을 사전에 예측하고 그 경쟁에 대응할 계획을 세워야 한다는 점을 기억하라.

> " 공공서비스기관에서의 혁신은
> 대부분 외부 세력이나 대변혁에 의해 강요된 것이다. "

정부기관, 노동조합, 교회, 학교, 병원, 지역사회, 자선 단체, 전문가 협회나 무역 협회 등의 기관은 일반 기업만큼, 어쩌면 그 이상으로 기업가적이거나 혁신적이어야 한다.

오늘날의 사회, 기술, 경제의 급속한 변화는 이들에게 커다란 위협인 동시에 기회다. 그러나 공공서비스기관은 가장 관료적인 기업보다도 혁신을 더 어려워하는 듯하다. 기존의 서비스기관은 문제가 훨씬 더 심각하다. 확신하건대, 모든 서비스기관들은 몸집을 더 키우고 싶어 한다. 이익에 대한 검증 없이 크기만을 서비스기관의 성공을 가늠하는 범주로 여겨 성장을 제일 목표로 삼고 있다. 그러나 그 이상으로 해야 할 일이 많다.

하지만 서비스 기관에서 항상 해 오던 일을 중단하고 새로운 일을 한다는 것은 그들에게는 동의하기 싫은 일이며, 참기 어려운 고통이다. 대부분의 공공서비스기관에서 혁신은 외부 세력이나 대변혁에 의해 강요된 것이다. 예를 들어 19세기 중엽, 미국의 근대식 대학은 전통 대학이 죽어 가고 더 이상 학생들의 관심을 끌 수 없는 시기에 나타났다.

항상 해 오던 방식으로만 일을 수행하는 비영리기관의 관료주의를 깨뜨려라. 당신의 조직에 타격을 주는 급격한 사회적·기술적·경제적 변화에 대처할 새로운 일을 시도하라.

"우리들은 이루고자 하는 목표를 달성했다."

첫째, 공공서비스기관은 자신의 사명이 무엇인지 정확히 정의해야 한다. 그리고 다음과 같은 질문을 통해 사명을 확인할 수 있다. "무엇을 달성하고자 하는가?" "목표는 왜 있어야 하는가?" 이들은 프로그램이나 프로젝트보다 목표에 집중해야 한다. 프로그램이나 프로젝트는 성과를 달성하기 위한 수단에 불과하다. 따라서 항상 임시적이며, 실제로도 일시적인 것으로 간주되어야 한다.

둘째, 공공서비스기관은 목표를 사실적으로 기술해야 한다.

예를 들어, "우리는 기아를 몰아내야 한다"라는 거창한 말 대신 "우리가 해야 할 일은 배고픔을 줄이는 것이다"라고 표현해야 한다. 이는 달성 가능한 현실적인 목표를 의미하며, 결과적으로 "우리가 할 일을 완료했다"라고 말할 수 있어야 한다. 더불어 대부분의 목표는 '최대한'이라는 말 대신 '최선'이라는 말로 표현할 수 있고, 또 그렇게 표현해야 한다. 그리하여 "우리는 그간의 노력을 통해 원하는 목표를 이뤘다"라고 말할 수 있다.

셋째, 목표 달성에 실패했다면 목표를 잘못 설정했거나 적어도 목표를 잘못 정의한 것이라는 사실을 인식해야 한다.

수차례의 노력에도 목표를 달성하지 못했다면 목표가 잘못 설정되지 않았나 하고 의심해야 한다. 목표 달성에 실패했을 때 목표 자체의 타당성에 의문을 가져야 하는데, 대부분의 공공서비스기관은 이와 정반대로 생각한다.

당신이 속한 비영리기관의 사명을 규정해 보자. 그 사명은 달성할 수 있는 것인가, 아니면 그저 자유로운 희망의 표현인가? 후자의 경우라면 현실적이고 정말 달성할 수 있는 목표를 기술해 보라.

" 시장 지배적 위치에 있으면 어떤 종류의
혁신 시도에도 내부에서 엄청난 저항이 터져 나온다. "

시장에서의 입지는 마케팅 목표를 설정할 때 중요한 기초가 된다. 일반적인 접근 방식은 다음과 같다. "우리는 리더가 되기를 원한다.""매출이 상승하는 한 시장점유율에는 관심이 없다." 그럴듯하지만 이는 잘못됐다. 만약 회사의 시장점유율이 떨어진다면, 다시 말해 회사의 매출이 늘어나는 속도보다 훨씬 빨리 시장이 확대된다면 결국 회사의 매출은 늘어나기 어렵다. 시장점유율이 낮은 회사는 시장에서 한계에 부딪치고 만다.

반면 독점금지법이 없을 때 시장에서 최대 점유율 이상을 추구하는 경우가 있는데 이 또한 현명하지 않다. 시장에서 지배적 위치에 있는 리더는 안주하는 경향이 있다. 외부의 저항에 대처하기보다 자만심에 빠진다. 또한 어떤 혁신을 시도해도 내부에서 엄청난 저항이 터져 나온다. 따라서 변화에 대한 적응이 어렵다. 목표로 삼는 시장에서의 입지는 최대가 아닌 최적이어야 한다. 이를 위해 고객, 제품 및 서비스, 시장 부분, 유통 경로에 대한 신중한 분석이 필요하다. 시장 전략과 위험에 대한 결단도 중요하다.

☑

고객, 제품 및 서비스, 시장 분할, 유통 경로를 면밀히 분석해 최적의 시장점유율을 명확히 규정하라. 단순히 시장을 지배한다거나 시장점유율을 올리겠다는 방식에서 벗어나 최적의 시장점유율을 기반으로 전략을 세워라.

높은 이윤 폭에 대한 숭배는 죄악이다

" 높은 이윤 폭은 경쟁자에게 우산을 씌워 준다. "

높은 이윤 폭에 대한 숭배는 왜 사업에 타격을 줄까? 이는 경쟁자에게 우산을 씌워 주는 보호막일 뿐 아니라 위험이 없는 경쟁을 불러일으켜 사실상 경쟁자가 시장을 접수하는 결과를 가져온다.

예를 들어 제록스Xerox가 복사기를 발명했는데, 비즈니스의 역사를 되돌아보아도 제록스의 복사기보다 성공적인 제품은 거의 없다. 하지만 제록스는 이윤 폭을 쫓기 시작했고 기계에 점점 더 많은 장치를 달았다. 이 새로운 장치들은 이윤 폭을 늘렸지만 기계 값을 높이는 요인이 되기도 했다. 무엇보다 새로운 기계장치들이 기계에 대한 서비스를 더욱더 어렵게 만들었다. 대다수의 사용자들은 이와 같은 추가적인 사양을 원하지 않았다.

일본 회사인 캐논Canon은 제록스 기계의 원형과 크게 다르지 않은 복제품을 개발했다. 모델은 단순하고, 가격은 저렴했으며 서비스하기도 매우 쉬웠다. 결국 1년도 되지 않는 짧은 시간에 미국 시장을 손에 넣었다.

당신의 조직은 높은 이윤 폭만을 쫓는 죄악을 범하고 있지 않은가?

" 상상하건대, 헨리 포드는
'우리가 모델 T 자동차를 그처럼 낮은 가격에 팔 수 있는 이유는
단지 아주 매력적인 이윤을 낼 수 있기 때문이다'라고 말했을 것이다. "

경쟁이 과열된 21세기에 마케팅에 관한 결정적 교훈은 돈으로 유인한 고객은 의미가 없다는 것이다. 현대자동차 엑셀Excel의 붕괴는 마케팅 실패의 단적인 사례다. 엑셀은 차량 자체에 문제가 없었으나 차량 가격을 대단히 낮게 책정했다. 그 결과 프로모션, 서비스, 대리점 또는 차량 자체의 성능 개선에 재투자할 이유가 없었다. 두 번째 교훈은 시장을 어떻게 정의할 것인가이다. 팩시밀리가 미국 시장을 정복한 사례 등을 통해 무엇이 마케팅의 성공이었고, 큰 실수였는지를 배울 수 있다. 일본인들은 "이 기계의 시장은 무엇인가?"라고 묻는 대신 "이 기계가 제공하는 서비스 영역의 시장은 무엇인가?"라고 물었다. 이들은 페덱스와 같은 배달 서비스업의 성장을 보면서 팩시밀리 시장이 자리 잡고 있음을 바로 알아챘다. 그다음 교훈은, 마케팅은 자사 제품을 구매하는 고객뿐 아니라 시장의 모든 고객을 대상으로 시작한다는 것이다. 마지막 교훈은 새로운 목가적 교회의 성공에서 볼 수 있는데, 이들은 인구통계 변화를 마케팅 기회로 활용했다.

네 가지 마케팅 교훈을 사업에 응용해 보라. 고객을 돈으로 사려고 하지 말라. "이 제품이 제공하는 서비스 영역에서의 시장은 무엇인가?"라고 물어보라. 시장 내에 있는 모든 고객을 고려하라. 인구통계학적 변화를 활용하라.

" 소비자 중심주의Consumerism는 '마케팅의 수치'다. "

마케팅과 마케팅 접근법에 대한 강조에도 불구하고 아직도 많은 기업에서는 마케팅을 현실이 아닌 수사학적으로 받아들이는 경향이 있다. '소비자 중심주의'가 이를 증명한다. 소비자 중심주의는 고객의 니즈, 현실, 고객 가치에서 출발하도록 요구한다. 기업은 고객에게 공헌한 대가로 돌아오는 보상을 기반으로 해야 한다. 그런데 마케팅이 강조된 지 몇 년이 지났는데도 수사학적인 소비자 중심주의가 인기를 끈다는 것은 마케팅 활동이 잘 이뤄지고 있지 않다는 사실을 증명한다.

소비자 중심주의는 '마케팅의 수치'다. 판매와 마케팅은 동의어나 상호 보완이 아닌 상반되는 것이다. 판매는 항상 필요하다고 볼 수 있으나 마케팅의 목표는 판매를 불필요하게 만드는 것이다. 마케팅의 목표는 소비자들을 잘 이해하여 제품이나 서비스가 그들에게 부합하도록 함으로써 스스로 팔리도록 만드는 것이다. 이상적으로 말하면 마케팅은 소비자가 물건을 구매할 준비를 하게 만드는 것이다. 우리는 이런 이상과 너무 멀리 떨어진지도 모른다. 그러나 소비자 중심주의는 기업 경영의 좌우명이 점차 판매에서 마케팅으로 바뀌어야 한다는 사실을 보여 주는 명확한 징후다.

당신 회사의 제품과 서비스는 고객의 요구에 부응하는가? 아니라면, 마케팅 때문인가?

" 소비자들은 제조업자들이 이익을 내는지에 대해서는 관심이 없다. "

미국이나 유럽계 회사는 대부분 제품 가격을 결정할 때 원가에 이윤 폭을 더한다. 그리하여 제품이나 서비스를 출시한 뒤 곧바로 가격을 내려야 하고, 엄청난 비용을 들여 제품을 재디자인해야 하고, 손실을 감수해야 하고, 때로는 가격을 잘못 책정했다는 이유로 좋은 제품과 서비스를 포기해야만 한다. 그러면서 그들은 주장한다. "비용을 만회하고 이익을 내야 해!" 가장 이상적인 방법은 '시장에서 이 제품에 얼마를 지불할 용의가 있는가?'라는 기준에 근거해 가격을 정하는 것이다. 즉 가격에서 출발해 그에 맞는 제품을 설계하는 방법이다. 가격에서 시작해 비용을 줄이는 순서로 출시하면 처음에는 할 일이 더 많다. 그러나 결과적으로 잘못된 출발로 비용을 높이는 바람에 수년간 손실을 보는 편보다는 훨씬 일이 적다.

미국에서 만들어진 가격 기준 원가 산정은 100여 년이 넘는 역사를 가지고 있다. GE는 이 방법 덕분에 20세기 초반부터 전력발전소 부문에서 세계적인 리더십을 가질 수 있었다. GE는 고객인 전력회사들이 지불할 수 있는 가격으로 터빈과 변압기를 설계했고, 고객들은 기꺼이 구매했다.

☑

회사의 가격 책정 방법을 조사해 보라. 현실적 관점에서 가격을 책정하고 그에 따라 적절한 이윤을 내는 원가 구조를 달성하도록 도움이 될 팀을 구성하라.

" 원가 관리에서 1온스를 예방하는 건
1파운드의 치료보다 낫다."

우리는 5파운드를 보태지 않는 것보다 이미 넘치는 5파운드를 빼기가 훨씬 어렵다는 사실을 안다. "1온스를 예방하는 활동이 1파운드의 치료보다 낫다"라는 말이 원가 관리만큼 어울리는 영역은 없다. 원가가 수익보다 더 빨리 상승하지 않고, 반대로 경기가 나빠지거나 수익이 나지 않을 때도 원가가 수익과 비슷한 속도로 떨어지도록 항상 주시할 필요가 있다.

세계 최대의 제약 회사에서 이 규칙을 따른 예를 살펴보자. 이 회사는 1965~1995년의 인플레이션을 감안해도 거의 여덟 배나 성장했다. 30년 동안 수익 증가 대비 일정한 원가 상승률을 유지했는데, 수익이 10퍼센트 성장할 때 원가는 최대 6퍼센트 상승을 유지했다. 5~6년간의 노력으로 경기가 안 좋아지면서 수익이 떨어지면 동일한 비율로 원가를 내리는 방법을 배웠다. 이 회사가 이런 방식을 내재화하는 데는 몇 년의 시간이 걸렸지만 결국 안정을 찾았다.

☑

경상수익 증가에 대비해 일정한 비율의 경상비용만 증가하도록 유지하라. 경상수익이 감소하면 경상비용도 일정한 비율로 감소되도록 하라.

> " 만약 우리가 성공을 거두었다면
> 이 새로운 회사에서 얼마나 많은 비즈니스를 기대할 수 있을까?
> 그리고 사전 투자는 어느 정도가 합당할까?"

비즈니스를 키우려면 사전에 자금을 투자해야 한다. 이 자금은 미래 수익을 위한 투자로, 오랫동안 회수되지 않을 것이다. 그렇다면 원가 관리를 위해 사전 투자 자금을 어떻게 관리해야 할까? 첫째, 별도로 예산을 마련해야 한다. 나는 이를 '기회예산'이라 부른다. 둘째, 우리가 미래 또는 주어진 기간 내에 사전 투자를 통해 어떤 성과를 기대하는지 생각해야 한다.

내가 알고 있는 최고의 예는 시티은행Citibank이 1970년대와 80년대를 거치며 세계 유일의 성공한 초국적기업이 된 경우다. 시티그룹은 새로운 지점에 얼마만큼 사전 투자를 해야 하는지 심사숙고했다. 새로운 지역에서 최소한 얼마나 수익을 올릴 수 있고, 실제로 얼마를 벌어야 하는지 고민했다. 그리고 질문했다. "만약 우리가 성공적으로 시장의 리더가 된다면 새로운 국가에서 어느 정도 규모의 사업을 기대할 수 있을까? 선투자 금액이 잠재적 성과의 일정 비율 이상을 넘어서는 안 된다면 선투자금은 어느 정도여야 하는가?" 시티그룹은 자체 경험으로 손익분기점에 다다르기까지, 즉 이익을 내기 시작할 때까지 시간이 얼마나 걸릴지 알고 있었다.

개발 프로젝트에 대한 예산을 별도로 세워라. 예상되는 성과 추정치를 설정하라. 성과를 모니터하고 그에 따른 기대치를 조정하라.

비용 삭감을 위해 과감히 중단하라

> " 만일 우리가 현재 하는 일을
> 한꺼번에 중단한다면 지붕은 무너질까?"

    기업이 비용 상승에 아무리 잘 대비해도 비용을 줄이는 일은 계속해야 한다. 사업이란 사람과 같아서 아무리 주의 깊게 운동하고, 음식을 조절하고, 낭비를 피해도 가끔 병에 걸린다. 기업도 항상 비용 삭감이 필요하다. 경영진은 보통 이렇게 묻는다. "어떻게 하면 좀 더 이 사업을 효율적으로 운영할 수 있을까?" 그런데 이것은 잘못된 질문이다. 오히려 그들은 이렇게 질문해야 한다. "만일 우리가 지금 하는 일을 한꺼번에 모두 중단한다면 지붕이 무너질까?" 그 답이 "아마 그렇지 않을 것이다"라면, 그 활동은 그만둬야 한다. 우리는 놀라울 정도로 하고 있는 많은 일들에 대해 아쉽게 생각하지 않는다. 그러나 실제로 비용 삭감에 성공한 기업들은 스스로 비용 삭감의 필요성을 느낄 때까지 기다리지 않는다. 그들은 비용 삭감을 통상적인 운용 체계 안에 세운다. 체계적으로 포기 절차를 만들어 둔다. 그렇지 않으면 비용 삭감 활동은 극심한 정치적 저항에 빠질 것이다.

모든 제품, 프로세스 및 서비스를 점검할 수 있는 체계적인 프로세스를 수립하라. 고객의 가치에 더 이상 기여하지 않는 것들은 포기하라.

" 비용 관리란 삭감이 아닌 예방의 문제다. "

정말 중요한 것은 방법이 아니다. 어떤 활동의 비용 효율성은 그것이 구성되는 방식에 달려 있음을 깨닫는 것이다. 이는 비용 관리란 삭감이 아닌 예방의 문제라는 전제를 수긍하는지에 달려 있다. 비용은 결코 줄어들지 않는다. 따라서 비용 예방은 끝이 없는 과업이다.

조직이 얼마나 체계적이든 비용의 효율성은 반복해서 검토해야 한다. 조직이 얼마나 조심스럽게 비용을 통제했든 살아남기 위해서는 수년에 한 번씩 조직의 활동과 프로세스를 점검해야 한다.

이 프로세스는 전 조직원이 비용 관리를 채택하고 수용하도록 한다. 조직은 이 과정을 위협이 아닌 기회로 보아야 한다. 만약 비용 관리가 비용 삭감으로 보인다면, 조직원들은 자기 자리에 대한 위협으로 판단하고 거부할 것이다. 반면 비용 관리를 예방으로 보고 실천한다면 조직원은 기회로 인식하거나 적어도 좀 더 나은 보장된 직업을 위해 지지할 것이다.

2~3년마다 당신 조직의 모든 활동과 프로세스를 점검해 보라.

213~243

비즈니스 잠재력을
찾는 법

The Daily Drucker

단순함이 명확함을 만든다

" 제화공이여,
당신이 가장 잘할 수 있는 일을 하라. "

예로부터 전해져 오래된 문구는 시간이 지나도 들어맞는 조언이다. 비즈니스에서는 다양성이 적을수록 관리가 쉬우며 단순함이 명확함을 만든다. 사람들이 자신의 일을 이해할 수 있고, 전체 업무가 어떤 결과로 나타나는지를 볼 수 있다. 노력은 한곳에 집중되고 기대치는 간단히 정의되며 성과는 쉽게 평가·측정할 수 있다. 비즈니스가 덜 복잡할수록 일이 잘못될 가능성이 줄어든다. 반면 비즈니스가 복잡하면 무엇이 잘못됐는지 알아내 개선하거나 바로잡는 조치를 취하기가 어렵다.

복잡성은 의사소통에서도 문제를 낳는다. 비즈니스가 복잡할수록 경영 계층은 두터워진다. 양식과 절차, 회의가 많아지며 의사결정은 늦어진다.

다양성을 조화롭게 통합하는 두 가지 방법이 있다. 하나는 회사의 사업을 기술, 제품, 생산라인, 활동이 조화를 이루는 공동 시장 내에 자리매김하는 것이고, 다른 하나는 이 모든 것을 공통의 기술로 모으는 것이다. 그렇게 되면 비즈니스는 고도의 다양성을 유지하면서도 근본적인 통일성을 갖춘다.

당신의 비즈니스를 점검해 보라. 집중되어 있는가, 아니면 확산되어 있는가? 만약 확산되어 있다면 시장이나 기술을 활용해 다양성 속에서 통합을 이룰 계획을 개발하라.

> " 사업 규모가 적절하지 않다는 것은
> 생존과 발전을 위한 틈새시장을 가지고 있지 않다는 뜻이다. "

사업 규모가 적절하지 않으면 기업이 허약해지고 자원을 낭비하게 된다. 이는 흔한 질병과도 같다. 대부분 치료할 수 있지만, 쉽지 않다. 증상은 분명하며 항상 같다. 비즈니스에서 적절하지 않은 규모란 하나 또는 몇 개의 영역, 활동, 기능, 노력이 균형을 이루지 못하고 한 분야가 비대해지는 것이다. 그리하여 노력과 비용을 많이 쓰니 경제적 성과를 내기 어렵다.

유서 깊은 자동차 회사인 아메리칸모터스American Motors를 보자. 이 회사는 매출을 올리기 위해 새로운 대리점을 모집하는 계획을 적극적으로 발표했다. 회사가 스스로 살아남을 규모로 매출을 올리려면 많은 노력이 필요했다. 회사는 감당하기 힘들 만큼 많은 비용을 사업에 부어야 했다.

문제를 극복할 가장 합리적인 전략은 사업의 성격을 바꾸는 것이다. 사업 규모가 적절하지 않다는 것은 생존과 발전을 위한 틈새시장이 없다는 뜻이다. 아메리칸모터스와 폭스바겐Volkswagen을 비교하면, 차별성이 부족해 적절치 않은 규모로 존재하는 사례와 특정 틈새시장을 차지함으로써 적절한 규모로 남은 사례의 차이점이 드러난다.

당신의 비즈니스를 분석하라. 현재 비즈니스 분야에서 경쟁하기에 규모가 너무 작다면 효과적으로 경쟁할 수 있는 수익성 있는 틈새시장을 개발하라.

> " 판매량만 증가하고 전체 생산성은 그대로인 성장은
> 비만의 증거로, 땀 흘려 빼야 한다. "

경영자는 기업에게 필요한 최소한의 성장에 대해 잘 생각해 보아야 한다. 기업이 사실상 강점, 활력, 실행 능력을 잃지 않는 선에서 최소한의 성장이란 무엇인가? 기업은 스스로 성장할 수 있는 시장 입지가 필요하다. 그렇지 않으면 한계점에 부딪치고, 사실상 적절하지 않은 규모가 된다. 만약 시장이 국내에서 세계를 상대로 확대된다면 회사는 생존을 위해 시장과 함께 성장해야 한다. 이럴 때는 매우 가파른 성장을 해야 한다.

비즈니스에서는 잘못된 성장과 올바른 성장, 즉 근육과 비만, 암을 구분할 필요가 있다. 규칙은 간단하다. 단기간에 기업 자원의 총생산성이 전체적으로 증가한다면 건전한 성장이다. 반면 판매량만 증가하고 전체 생산성은 높아지지 않는 성장은 비만의 증거로, 땀 흘려 빼야 한다.

마지막으로, 판매량 증가가 생산성 감소로 이어진다면 근본적인 수술로 비만 상태를 제거해야 한다.

회사가 시장에서 입지를 유지하기 위한 최소한의 성장률을 결정하라.

> " 모든 새로운 프로젝트는 유아와 같아
> 육아실에서 보호되어야 한다. "

새로운 사업, 제품, 서비스를 개발하려는 혁신적 노력은 혁신적 업무와 관련된 임원에게 직접 보고해야 한다. 이런 안건은 일상적인 운영 업무를 책임지는 관리자에게 보고해서는 안 되지만 불행히도 자주 이런 실수를 저지른다.

새로운 프로젝트는 유아처럼 미숙하며 당분간은 그 상태로 남을 것이다. 따라서 이들은 육아실에서 보호되어야 한다. 어른, 다시 말해 기존 사업이나 제품을 담당하는 임원은 신생 프로젝트를 위해 시간을 내기도 어렵지만, 그것을 이해하기도 어렵기 때문이다. 신생 프로젝트에 이러한 접근법을 취하는 대표적인 기업으로 프록터앤드갬블P&G, 존슨앤드존슨Johnson & Johnson, 3M을 들 수 있다. 이 세 회사는 세부적인 실천 방식은 다르지만 본질적으로 정책은 동일하다. 새로운 사업을 시작하는 초기부터 별도의 비즈니스로 만들어 이를 관리할 책임자를 따로 배치한다.

미숙한 비즈니스는 육아실에서 키워라. '어른'과 '유아'를 분리하라.

경쟁사들이 시장에 진입 못하도록 하는 법

" 상품과 프로세스 또는 서비스를 진부하게 만드는 것만이
경쟁사들이 동일한 방식으로 접근하지 못하도록 막는 길이다. "

혁신적인 조직은 과거를 보호하기 위해 시간이나 자원을 들이지 않는다. 체계적으로 과거를 포기하면 자원을 자유롭게 활용할 수 있는데, 특히 가장 희소한 자원인 인재들이 새로운 영역을 위해 자유롭게 일할 수 있다.

당신의 상품과 프로세스 또는 서비스를 진부하게 만드는 것만이 경쟁사들이 동일한 방식으로 접근하지 못하도록 막는 길이다. 이를 오랜 기간 동안 이해하고 받아들인 회사가 듀폰Dupont이다. 1938년 나일론이 출시됐을 때 듀폰은 나일론과 경쟁할 새로운 합성섬유를 발명하기 위해 즉시 화학자를 투입했다. 그리고 잠재적 경쟁자들이 듀폰의 특허권을 넘보기에는 시장의 매력이 덜하도록 나일론의 가격을 내렸다. 덕분에 듀폰은 세계적인 합성섬유 제조업자로 남을 수 있었고, 듀폰의 나일론은 아직도 시장에서 이익을 내고 있다.

경쟁사들이 따라하기 전에 당신의 제품들을 스스로 갈아치워라.

> "특정한 질병을 겨냥해 개발된 처방약이 종종 전혀 다른 질병의 치료약으로 바뀌기도 한다."

새로운 벤처 사업이 의도하지 않았던 시장에서 성공을 거두는 경우가 종종 있다. 전혀 생각하지 않았던 고객들이 제품과 서비스를 구매하고, 제품이 설계 당시의 목적 이외의 용도로 사용된다. 그런데 만약 새로운 벤처 사업이 예상치 못한 시장의 이점을 이용하지 않고, 시장 중심적이기만 하고 주도적으로 행동하지 않는다면 경쟁자가 성공할 기회만 만들어 줄 것이다.

따라서 새로운 벤처 사업은 자사의 제품과 서비스가 시장에서 전혀 생각하지 못했던 고객과 만날 수도 있고, 설계 당시 전혀 생각하지 않은 용도로 사용될 수도 있으며, 의외의 고객이 구매할 수도 있다는 가정에서 출발해야 한다. 만약 새로운 벤처 사업이 초기부터 이런 가정을 하지 않는다면 경쟁자를 위한 시장을 만들어 내는 데서 그칠 것이다.

혁신을 시도할 때는 미리 생각한 아이디어를 보지 말고 시장의 반응을 보라. 특히 벤처 사업에서는 당신이 좋아하는 아이디어에 너무 집착하면 안 된다.

과학은 기술적 혁신을 위한 수단이다

> " 경영은 점차
> 사회적 혁신의 대리인이 된다. "

연구소의 역사는 1905년으로 거슬러 올라간다. 이 연구소는 초창기 '연구 관리자'였던 독일계 미국인 물리학자 스타인메츠Charles Proteus Steinmetz가 스케넥터디에 있는 GE에서 건설했다. 그는 처음부터 두 가지 분명한 목적을 가지고 있었다. 하나는 기술 발명을 위해 과학과 과학적 업적을 정리하는 것이었다. 다른 하나는 새로운 사회 현상을 일으키는 대기업에 혁신을 불어넣어 지속적으로 자기발전할 수 있는 체계를 구축하는 것이었다.

스타인메츠 연구소는 과학과 기술의 관계를 근본적으로 재정의했다. 프로젝트의 목적이 정해지면, 스타인메츠는 기술적 성과를 달성하는 데 필요한 새로운 과학 이론을 확인했다. 그다음에는 새로운 지식을 얻기 위한 연구를 체계화했다. 스타인메츠는 이론물리학자였으나 그가 이룬 공헌은 대부분 새로운 제품 라인을 설계하고 개발하기 위한 프로젝트에서 만들어진 연구 결과였다. 분수 마력 전동기fractional horsepower motor가 좋은 예다. 전통적으로 지혜라고 신봉되었고, 아직도 넓게 받들어지는 기술은 '응용과학'이다. 스타인메츠 연구소에서 과학은 기술을 주도한 것, 즉 기술적 목표를 위한 수단이었다.

스타인메츠의 예를 따라 시장을 주도할 연구를 하라.

기술 주도적 과학에 대한 논쟁

> " 스타인메츠의 기술 주도적 과학은
> 많은 순수 과학자에게는 증오의 대상이다. "

　스타인메츠의 혁신은 '벽 없는 연구소'를 주도했다. 이 연구소는 미국의 대단히 큰 규모의 과학·기술 프로그램들에 중요한 기여를 했다. 루스벨트Franklin D. Roosevelt 대통령의 법률 파트너였던 오코너Basil O'Connor가 구상하고 경영한 소아마비 환자 구호 모금 운동은 그 첫 번째 예다. 이 운동은 1930년대 초에 척수성 소아마비 문제를 다루었다. 프로젝트는 25년 이상 계속되었고 여섯 개 분야에서 일하는 수많은 과학자를 전국 열두 개 지역에서 단계적으로 불러모았다. 과학자들은 자신의 프로젝트를 진행하면서 통일된 전략과 지시 아래 일했다. 이는 레이더RADAR 연구소, 링컨 연구소, 원자력에너지를 위한 맨해튼 프로젝트 등 제2차 세계대전 프로젝트의 본보기가 되었다. 스푸트니크Sputnik호 발사 이후 미국이 사람을 달에 보내기로 결심했을 때, 미국항공우주국도 '벽 없는 연구소'를 설립했다. 스타인메츠의 기술 주도적 과학은 논쟁의 여지가 많다. 그러나 1984~1985년에 에이즈가 갑자기 중요한 의학 문제로 대두되었을 때처럼 새로운 과학적 문제가 발생할 때마다 우리가 손을 내밀 수 있는 곳은 이런 조직이다.

테러리즘은 문명 세계가 직면한 주요 사회문제다. 이 문제를 맨해튼 프로젝트와 같은 형태의 연구개발 프로젝트로 바꿀 수 있을까?

필요한 기술은 다른 분야에서 나온다

> " 기술은 산업 간을 종횡으로 교차하면서
> 믿을 수 없을 만큼 빠르게 움직인다. "

주요 기업의 연구소가 줄어드는 이유는 무엇일까? 기업 소속 연구소는 19세기의 가장 성공적인 발명품이었다. 그러나 지금은 연구 책임자들과 첨단 산업가들 가운데 그런 연구소가 쓸모없어졌다고 믿는 사람이 많다. 왜 그럴까? 기술이 산업을 종횡으로 교차하며 믿을 수 없을 만큼 빠르게 이동함으로써 특정 산업만의 기술은 거의 사라졌다. 어떤 산업에서 필요한 지식이 점차 완전히 다른 기술에서 나온다. 이는 때때로 해당 산업에 있는 사람들에게도 매우 생소한 것이며, 결과적으로 과거의 큰 연구소들은 점차 쓸모없어졌다.

미국의 대형 전화회사의 연구소인 벨 연구소는 수십 년 동안 전화 산업에서 모든 혁신의 주요 원천이었다. 그러나 업계 내의 어느 누구도 유리섬유 케이블을 연구하지 않았고, 심지어 들어본 적도 없었다. 유리섬유 케이블은 유리 제조회사인 코닝이 개발했는데, 이 제품은 전 세계의 통신혁명을 이끌었다.

다른 산업에서 발달한 기술 가운데 현재 당신에게 도움이 될 것을 유심히 살펴보라.

" 비즈니스는 고객을 교화해 돈을 버는 것이 아니라
고객을 만족시켜 돈을 버는 것이다. "

　무엇보다 새로운 벤처 사업을 운영하는 사람들은 영업 직원들과 함께 시장을 둘러보고 고객을 만나 그들의 이야기를 들으며 시간을 보내야 한다. 새로운 벤처기업은 제조업자가 아니라 고객이 제품이나 서비스를 정의한다는 사실을 유념해야 하며, 이를 위한 체계적인 절차를 세워야 한다. 또한 제품과 서비스가 고객의 효용성과 가치에 기여하는지를 끊임없이 고민하고 연구해야 한다. 벤처기업에게 가장 큰 위험은 제품과 서비스가 무엇이고, 어떠해야 하는지, 또는 어떻게 구매되고 사용되는지를 고객보다 더 잘 안다고 생각하는 것이다.

　벤처 사업에서는 예상치 못한 성공을 자사의 전문성에 대한 모욕이 아닌 기회로 보는 자발성이 필요하다. 그리고 마케팅의 기본 원칙을 받아들여야 한다. 비즈니스는 고객을 교화하여 돈을 버는 것이 아니라 고객을 만족시켜 돈을 버는 일이다. 시장에 대한 집중력 부족은 벤처기업의 가장 심각한 질병이며, 벤처기업은 물론 현존하는 기업들의 성장을 영원히 방해할 수 있는 요소다.

새로운 벤처 사업에서는 예상치 못한 성공을 문제가 아닌 기회로 보라.

" 새로운 벤처 사업이 성공할수록
재정적 상황을 보는 통찰력의 부족으로 더욱 위험해진다. "

재정에 관한 적절한 집중 능력과 올바른 재정 정책의 부재는 새로운 벤처기업, 특히 급속도로 성장하는 벤처기업이 다음 단계로 나아가는 데 가장 위협적인 존재다. 새로운 벤처기업이 제품과 서비스를 성공적으로 출시해 빠르게 성장하고 있다고 가정해 보자. 이 회사는 급속히 늘어나는 이익을 보고하면서 장밋빛 예측을 발표한다. 특히 이들이 첨단 기술 분야나 현재 유행 중인 분야에 있다면 주식시장에서는 이 회사의 매출이 향후 5년 안에 10억 달러에 달할 것이라는 식의 예측이 난무한다.

그러나 1년 반쯤 지나면 이 회사는 무너진다. 적자로 돌아서고, 275명의 근로자 중 180명을 해고하고, 사장을 해고하고, 어쩌면 큰 회사에 싼값에 매각될 수도 있다. 늘 이유는 같다. 현금 부족, 확장에 필요한 능력 부족, 비용과 재고 및 회수해야 할 어음 관리의 혼란에 뒤따르는 조절 실패 등이다. 세 가지 재정적 역경은 동시에 온다. 혹은 어느 하나만으로도, 존폐까지는 아니어도, 신생 벤처기업의 상황을 위태롭게 할 수 있다. 이러한 재정적 위기가 닥치면, 굉장한 고통을 감수해야만 이를 치료할 수 있다.

새로운 벤처 사업을 위한 견실한 재정 계획과 관리 방안을 개발하라. 회계와 재정을 담당하는 사람들을 그저 단순한 경리 사원으로 보지 말라.

> " 오랫동안 내려오는 은행원들의 경험칙이 있다.
> 이 법칙에 따르면 청구된 금액은 60일 전에 지급해야 하며
> 자신이 받을 돈은 60일 뒤에나 들어온다. "

벤처 사업을 시작하는 기업가들은 좀처럼 돈을 쓰려 하지 않지만, 반대로 탐욕스러운 경향이 있다. 그들은 이익에 초점을 두지만 새로운 사업에서는 잘못된 태도다. 이익은 처음이 아닌 마지막에 따져야 한다. 단 현금유동성, 자본 통제는 일찍부터 하지 않으면 수익률은 헛것이 되고 만다. 처음 12개월에서 18개월 정도까지는 괜찮을지 몰라도 그 후에는 증발한다. 이는 새로운 벤처 사업이 성장하려면 재정 자원을 추가로 공급해 줘야 한다는 사실을 뜻한다. 사업이 건강하고 빠르게 성장할수록 더 많은 재정 자원이 필요하기 때문이다. 따라서 새로운 벤처 사업에는 현금유동성 분석과 예측 및 현금 관리가 필수다. 지난 몇 년 동안 미국에서 새로운 벤처 사업들이 기존 벤처보다 훨씬 높은 경영 성과를 내는 것은 벤처 기업가들이 재무 관리가 절실하다는 점을 배웠기 때문이다. 현금 관리는 최악의 경우를 대비해 믿을 만한 현금유동성을 예측할 수 있다면 비교적 쉬운 편이다. 그러나 예측이 지나치게 보수적이라면 최악에는 일시적인 현금 초과 현상을 겪는다.

새로운 벤처 사업에서 최악의 경우를 대비한 현금유동성에 관한 예측 시나리오를 만들어라. 받을 어음과 재고 수준을 면밀히 살펴라.

능력이 검증된 사람에게 주요 활동을 맡겨라

> "주요 활동은 책이 아닌
> 특정 기업을 분석한 결과로부터 나온다."

새로운 벤처 사업의 경제 지표가 향후 3~5년 이내에 두 배 성장할 것이라고 나타난다면 창업자는 회사에 경영관리팀을 구성해야 할 의무가 있다. 무엇보다 주요 경영진과 함께 그들이 사업상 해야 할 주요 활동에 대해 충분히 생각해야 한다. 먼저 사업이 생존하고 성공하기 위해 어떤 영역을 자신들만의 무대로 삼을지 목록으로 작성해야 한다.

다음 단계는 창업자부터 시작해 모든 직원들이 자신이 잘하는 활동과 핵심 동료들이 잘하는 활동이 무엇인지를 물어보는 것이다. 그다음으로 어떤 핵심 활동을 개인의 강점에 가장 부합하는 주요 임무로 배정해야 하는지 질문해야 한다. 그리고 나면 팀을 구성하는 일을 시작할 수 있다. 그러나 이때 핵심 활동은 업무 수행 능력이 증명된 사람에게 맡겨야 하다.

기업 안이나 바깥에서 성공한 벤처 사업을 조사해 보라. 그 벤처 사업의 혁신가는 핵심 활동을 정의하고 능력이 검증된 사람들을 그 활동에 배정하는 데 성공했는가?

" 기회란 당신이 찾는 곳에 있는 것이지,
당신을 찾는 곳에 있지 않다. "

행운, 기회, 재앙이 인간의 모든 노력에 영향을 미치듯 비즈니스에도 영향을 준다. 하지만 비즈니스는 결코 행운만으로 만들어지지 않는다. 오직 체계적으로 잠재력을 찾아 개발할 때만 번영과 발전이 온다. 아무리 성공적으로 체계화된 비즈니스도 현재의 도전과 기회만을 위해 체계화됐다면 좋은 성과를 거두지 못할 것이다. 비즈니스의 잠재력은 늘 현실보다 크다.

반면 위험과 약점은 비즈니스의 잠재력을 어디에서 찾아야 할지 가르쳐 준다. 문제를 기회로 바꾸면 놀라운 결과를 가져올 수 있다. 기회에는 회사의 경험, 과거의 성공과 실패가 반영되어 있다. 때로는 임원들의 태도가 변화의 성공을 좌우하기도 한다. 비즈니스의 숨겨진 잠재력을 찾는 세 가지 질문이 있다.

- ◆ 비즈니스를 취약하게 하는 제약과 약점은 무엇인가?
- ◆ 비즈니스의 불균형은 무엇인가?
- ◆ 무엇을 두려워하고, 무엇을 비즈니스에 대한 위협으로 보는가? 그것을 어떻게 기회로 활용할 수 있을까?

당신의 회사에 대해 위의 질문들을 해 보라. 그 결과를 분석하고 성과를 위해 전진하라.

> " 비즈니스의 잠재력을 발견하고
> 실현하는 것은 심리학적으로 어려운 일이다. "

비즈니스의 잠재력을 발견하고 실현하는 것은 심리학적으로 어려운 일이다. 이는 기존의 낡은 습관을 버린다는 뜻이기 때문에 항상 내부의 반대에 직면한다. 또한 숙련된 직원들이 가장 자랑스럽게 여기는 일을 포기하는 것이기도 하다. 위협과 싸우고, 불균형을 관리하고, 무엇보다 원래 갖고 있는 약점에도 불구하고 프로세스를 효과적으로 정비하는 과정에는 대단한 노력이 필요하다.

따라서 회사의 취약점과 한계에서 잠재적 기회를 찾는 일은 가장 뛰어난 사람들의 직책과 자존심, 권한을 향한 직접적인 공격으로 여겨질 수 있고, 이들에게 원망을 살 가능성이 높다. 이런 이유로 혁신은 종종 해당 산업의 리더가 아니라 외부 인력에 의해 실현된다. 객관적으로나 심리학적으로나 어려운 일이지만, 경영진은 그것을 중요하게 받아들이고 강조해야 한다.

회사의 취약점을 기회로 바꾸어라.

" 혁신은 매력적이지만, 현실적인 문제는
이상없는 신제품과 서비스의 놀라운 치사율이다. "

가장 답답한 조직에서도 활용할 수 있는 훌륭한 아이디어가 있다. 다만 현실적으로 보았을 때 아무 이상없는 신제품과 서비스의 실패 확률이 충격적으로 높다는 문제가 있다. 그러나 과거의 유아 사망률처럼 이제는 많은 돈을 들이지 않아도 상당히 빠른 속도로 줄일 수 있다. 새로운 제품이나 서비스가 실패하는 이유는 대부분 '기업가적 전략entrepreneurial strategies'을 무시하기 때문이다. 올바른 기업가적 전략은 성공 가능성이 높다.

최고경영자가 리더로서 권위를 갖기 위해서는 다음과 같은 네 가지 구체적인 기업가적 전략이 필요하다. 첫째, 최고의 선두주자가 되어야 한다. 둘째, 허점을 노려야 한다. 셋째, 전문적인 틈새시장을 찾아 점유해야 한다. 마지막으로 제품과 시장, 산업의 경제적 특성을 바꿔야 한다. 이 네 가지 전략은 서로 모순되지 않는다. 기업가는 종종 하나의 전략에 앞의 두세 개의 전략을 결합한다. 각 전략에는 전제 조건이 있다. 특정한 혁신에 적합하지만 다른 혁신들과는 맞지 않는다는 것이다. 각 전략은 구체적인 기업가적 행동을 요구한다. 마지막으로, 각 전략에는 고유의 한계가 있으며 그에 따른 위험을 수반한다.

성공을 위한 위의 네 가지 전략을 염두에 두고 혁신적 아이디어를 체계적으로 개발하라.

최고의 선두주자가 된다는 것

" 최고의 선두주자가 되어라. "

'최고의 선두주자First with the most'라는 말은 남북전쟁 당시 기병대의 승리를 표현하기 위해 남부 연합군의 장군이 사용한 표현이다. 비즈니스에서는 혁신가가 리더의 위치를 차지할 기회를 찾는 전략을 의미한다. 잠재적으로 가장 높은 보상을 가져다줄 기업가적 전략이지만 그만큼 위험 부담이 매우 크다. 실수가 용납되지 않으며, 두 번의 기회란 없다. 그 결과는 시장과 산업 내에서 리더의 위치를 확보하거나 전혀 얻지 못하거나 둘 중 하나다. 기업가는 처음부터 바르게 일을 처리하지 않으면 실패한다. 전략을 가지고 처음에 성공을 거둔 개혁가들도 여러 번 실패한다. 하지만 최고의 선두주자 전략이 성공하면, 엄청난 보상을 얻는다. 3M, 프록터앤드갬블, 인텔Intel, 마이크로소프트Microsoft처럼 거대한 회사들이 성공을 거두고 시장에서 우위를 차지한 것도 바로 이 전략 덕분이다.

이 전략의 위험은 첫 성공을 거둔 뒤 두 번째 기업가적 전략인 '허점 공격'에 당할 수 있다는 것이다. 예를 들어, 애플을 창업한 두 젊은 엔지니어는 경제적 후원도, 비즈니스 경험도 없이 처음부터 산업을 만들고 이를 지배하겠다는 목표로 출발했다. 그러나 그들은 IBM에 허를 찔렸다.

새로운 제품과 프로세스 또는 서비스를 개발할 때는 측면을 방어해야 한다.

허점을 공격하라

" 창조적 모방으로 선두주자의 '허점을 공격하여' 포위하라. "

혁신가는 주요 신제품이나 서비스를 창조하지 않는다. 대신 다른 사람이 만든 물건을 가져와 발전시킨다. 모방이지만 창조적인 모방이다. 고객의 요구와 필요를 더 만족시키기 위해 제품이나 서비스를 재가공하기 때문이다. 혁신가가 일단 고객이 원하는 것을 만드는 데 성공하면 시장을 선도하고 지배할 수 있다.

1970년대에 IBM이 PC 시장에서 선도 제조업체가 된 것이 완벽한 예다. 애플은 PC를 발명해 제품을 출시하자 바로 선풍을 불러일으켰다. 이때 IBM은 애플의 허점을 찌를 작업에 착수했다. 그들은 "애플의 단점은 무엇인가?"라는 질문을 던졌다. 그리고 18개월 만에 애플에 부족한 분야인 소프트웨어를 보완한 새로운 PC를 시장에 내놓았다. 그것은 고객들이 원하는 기능을 모두 갖추었다. 다음 해에 IBM은 전 세계 PC 시장의 선두주자가 되었고, 10년 넘게 그 자리를 지켰다. 반면 애플은 시장 밖으로 밀려났으며, 거의 파산 지경에 이르렀다. 그 후 1990년대 후반에야 애플은 틈새시장의 훌륭한 선두주자로 귀환했다.

경쟁자가 성공한 혁신 제품을 찾아 개선해 보라. 그것을 이용해 경쟁자의 허점을 노려라.

> " 기업가의 유도 기술은
> 시장을 선도하는 리더들이 자신의 강점으로 여기는 부분을
> 치명적인 약점으로 바꿔 그들을 패퇴시키는 것이다. "

　일본의 유도 달인은 상대가 긍지를 가지고 있는 강점을 찾는다. 상대가 그 강점들을 바탕으로 전략을 세운다고 가정한다. 그리고 그로 인한 허점, 즉 상대가 강점에만 의존함으로써 무방비하게 드러나는 허점을 찾아낸다. 그것을 상대방에게 치명적인 약점으로 바꿔 경쟁자를 패퇴시킨다.

　비즈니스도 마찬가지로 각자 고정된 행동 경향이 있다. 기업가도 시장을 선도하는 리더의 강점에서 상대적 약점을 찾아 그들을 패퇴시킨다. 예를 들어, 일본 회사들은 미국의 복사기, 공작기계, 전자제품, 자동차, 팩시밀리 시장에서 차례로 선두주자가 되었다. 전략은 늘 같았다. 미국인들은 높은 수익성을 자신들의 강점으로 보았다. 따라서 그들은 고수익 시장에 중점을 두고 대중 시장의 공급과 서비스에는 신경을 쓰지 않았다. 일본인들은 이 점을 노려 최소한의 제품 사양으로 값싼 제품을 만들어 냈고, 이를 통해 시장에 진입했다. 미국인들은 일본 기업과 싸우려고도 하지 않았다. 하지만 일본 기업은 대중 시장을 지배하여 고수익 시장에 진입할 수 있는 유동자금을 마련했고, 결국 대중 시장과 고수익 시장을 모두 지배하게 되었다.

민첩하게 경쟁자의 강점을 파악하라. 경쟁자가 무시하고 있는 시장에서 기회를 찾아라.

" 성공적인 혁신가들은 소비자의 지불 능력에 맞춰 가격을 매긴다. "

또 다른 기업가적인 전략에 따라, 혁신가는 창의적인 제품과 서비스를 제시해야 한다. 이 전략 자체가 혁신이다. 혁신적 전략은 기존 제품과 서비스의 효용성, 가치, 경제적 특성을 새로운 무언가로 바꾸는 것이다. 다만 그것에는 새로운 경제적 가치와 고객은 있으나 새로운 제품이나 서비스는 없다. 제품이나 서비스의 경제적 특성을 가장 성공적으로 바꾸는 방법은 가격 변동일 때가 많다. 더 이상 흥정할 수 없다면 결국 생산자는 최소한 같은 수준의 돈을 받는다. 그러나 이때 고객의 현실을 반영해야 한다.

예를 들어, 인터넷은 정보 네트워크로 설계되었다. 대부분의 서비스 제공자들은 인터넷에 접속하는 횟수, 시간에 따라 요금을 받았다. 그러나 야후를 비롯한 몇몇 회사들은 고객들이 무료로 접속할 수 있게 했다. 대신 고객이 인터넷에 접속해 보는 광고의 광고주에게 돈을 받았다. 야후는 "누가 고객인가?"라는 질문을 다시 했고, 잠재적인 고객에게 접근하길 원하는 기업들이 자신의 고객이라는 결론을 내렸다. 이러한 방식은 업계 특성을 바꾸고 인터넷 비즈니스를 새로운 차원으로 끌어올렸다.

고객들이 실제 무엇을 구매하는지 살펴라. 그들의 요구에 더 잘 부응하는 방향으로 봉사하라. 그리고 향상된 경제적 성과를 창출하라.

생태학적 틈새 전략 : 톨게이트 전략

" 만약 혁신가들이 성공을 거둔다면,
이들은 거의 침투 불가능한 입지를 구축할 것이다. "

기업가적 전략 중 하나인 생태학적 틈새 전략은 혁신가를 작은 틈새시장에서 사실상 독점적 지위에 올려놓는다. 생태학적 틈새 전략의 첫 번째는 톨게이트 전략(고속도로의 통행료처럼 반드시 구입해야 하는 제품을 취급하는 전략)이다. 이 전략에 따라 혁신가들은 커다란 프로세스 안에서 꼭 필요한 제품이나 서비스를 만든다. 이 경우 제품 사용 비용은 상관이 없다. 틈새시장이 매우 제한적이어서 선점한 회사는 경쟁사의 진입을 막을 수 있다.

일례로, 알콘Alcon은 1950년대 후반 대형 제약회사의 영업사원이 설립했다. 그는 백내장 수술에서 발생하는 주요 문제점을 잘 알고 있었다. 그때까지는 백내장 수술은 시력 손상 위험이 있었고, 출혈 위험을 감수하면서까지 힘줄 조직 일부에 손을 대야 했다. 이는 매우 위험한 절차였다. 이 혁신가는 힘줄에 관해 연구해 출혈이나 절단 없이 힘줄을 용해할 효소를 찾아냈다. 하지만 효소의 분해를 막아 더 오래 저장할 방법이 없었다. 조사 끝에 이 혁신가는 1890년 이후 효소의 안정성을 높이고 저장 수명을 늘리는 물질이 많이 개발되었음을 발견했고, 그중 하나를 효소에 적용하는 특허를 얻었다. 그리고 18개월 만에 세계 시장을 장악했다.

톨게이트 전략으로 내부 프로세스의 문제점을 해결하라.

생태학적 틈새 전략 : 전문 기술 전략

" 만약 전문 기술이 적절히 유지된다면,
일반적으로 혁신가는 경쟁자를 잘 방어할 수 있다. "

톨게이트 전략에 이은 두 번째 생태학적 틈새 전략은 전문 기술에 대한 전략이다. 혁신가들이 차지하고 있는 틈새시장은 톨게이트 전략처럼 독특하지만 좀 더 크다. 예를 들어, 우리는 미국의 거대 자동차회사들의 이름은 댈 수 있다. 그러나 브레이크패드, 전기회로, 전조등 같은 차량 부품을 제조하는 회사의 이름을 알고 있는 사람은 그리 많지 않다. 이처럼 대부분 잘 알려지지 않은 회사들이 생태학적 틈새시장에서 전문 기술의 입지를 확보하고 있다. 새로운 산업과 시장에서 이러한 입지를 확보하려면 초기에 매우 높은 수준의 기술을 개발해야 한다. 일단 시장이 성장하기 시작하면 혁신가들은 잠재적 경쟁자에 비해 현저히 빨리 출발하여 이미 산업에서 표준 공급자가 되어 있다.

가장 좋은 예로 21세기 미국을 선도한 혁신가 찰스 케터링Charles Kettering을 들 수 있다. 케터링은 수익성이 매우 높은 틈새 비즈니스를 모든 혁신의 목표로 삼았다. 그가 첫 번째 전문 기술 틈새시장을 만들기로 한 것은 세계에서 가장 수익성이 있는 혁신이라고 할 수 있다. 바로 자동시동장치였다. 예전에는 자동차가 출발하려면 손으로 크랭크를 돌려 시동을 걸었다. 이는 매우 힘들 뿐 아니라 위험하기까지 했다. 자연히 자동차 산업의 가장 급속한 성장기인 15년 동안 모든 자동차 생산업체는 케터링의 자동시동장치를 구매하지 않을 수 없었다. 이 장치의 장착으로 자동차 가격은 1~2퍼센트 정도 올라갔을 뿐이다. 그러나 케터링의 이윤 폭은 500퍼센트 이상이었다.

기존의 운영 방법을 발전시킬 수 있는 전문 기술을 제공해 급속히 성장하는 분야를 개척하라.

생태학적 틈새 전략 : 전문 시장 전략

" 전문 시장 전략으로 혁신가는 작지만 수익성 있는
새로운 시장을 만들어야 한다. "

마지막 틈새 전략은 전문 시장을 만드는 것이다. 이 시장은 수익성을 얻을 만큼 커야 하지만 잠재적 경쟁자들이 진입을 시도하기에는 보람이 없을 만큼 작아야 한다.

예를 들어, 1919년부터 제2차 세계대전까지, 그리고 그 후 20여 년 동안 가장 수익성이 높은 금융상품은 틈새시장의 전문 상품인 아메리칸 익스프레스American Express의 여행자수표였다.

여행하는 데 현금보다는 여행자수표가 훨씬 안전했으며, 또 어디에서나 사용할 수 있었다. 유럽의 거의 모든 호텔에서 여행자수표를 받았고, 은행들은 이 수표를 현금으로 교환하는 대가로 소액의 수수료를 받았다. 수수료는 시장에서 여행자수표를 팔려는 요구를 키울 만큼 크지 않아 아메리칸 익스프레스를 지켜 주었고, 그 덕분에 은행들이 경쟁 서비스를 시작할 마음을 먹지 않았다.

한편 아메리칸 익스프레스는 여행자수표를 통해 많은 돈을 벌었다. 수표 소지자들이 이를 현금으로 바꾸기 전에 몇 달, 또는 몇 년 동안 수표 자체를 소지하고 있어서 이 기간에 무이자 유동자금을 사용할 수 있었기 때문이다.

금융 산업 종사자들은 모두 여행자수표가 얼마나 수익성이 높은지 잘 알고 있었다. 그러나 시장 자체가 너무 작아 주요 은행은 이 시장에 억지로 진출해 봐야 별 의미가 없다는 사실도 알고 있었다.

톨게이트 전략, 전문 기술 전략, 전문 시장 전략, 세 가지 생태학적 틈새 혁신 전략 사례를 당신의 회사에서 찾아 기술하라. 세 가지 전략 중 하나 이상을 활용해 보라.

틈새 전략의 위험성

" 틈새 전략은 지속되는 한
가장 수익성이 높은 기업가적 전략이다. "

모든 틈새 전략의 공통점은 전략이 영원히 지속되지는 않는다는 것이다. 또한 틈새시장의 위험성 중 하나는 기술의 변화로 경쟁자에게 허를 찔릴 수 있다는 점이다.

이런 일이 알콘에서 일어났다. 백내장 수술 분야에서 세계적으로 독점적 지위를 누린 지 15년만에 체코슬로바키아의 한 회사에서 새로운 백내장 수술 기술을 발명했다. 이 기술은 렌즈를 삽입함으로써 안구의 힘줄을 용해하지 않고 유지한 채 수술할 수 있는 방식이었다. 이 기술로 알콘의 용해제는 역사 속에 사라지고 말았다.

틈새시장이 주요한 대형 시장이 되는 경우도 하나의 위협이다. 여행자수표 시장에서 이런 일이 벌어졌다. 제2차 세계대전 이전까지는 미국인들의 유럽 여행은 굉장히 드물었다. 하지만 현재 미국과 유럽 사이를 횡단하는 제트기가 이틀 동안 수송하는 인원이 제2차 세계대전 이전 1년간 모든 증기선을 통해 운반한 승객의 수보다 많다. 그리고 이제 많은 여행객이 여행자수표 대신 신용카드를 사용한다.

또한 제1차 세계대전 중의 미국에서, 제2차 세계대전 이후의 유럽과 일본에서 자동차 시장이 대형 시장이 되었을 때 비용 절감에 대한 강력한 압박이 생겼다. 이는 전문 기술에 의존한 틈새시장 공급자가 이익을 올릴 기회가 사라졌음을 의미한다. 공급자들은 아직 자동차 시장 내에 있지만 자동차 회사들은 이들에게 경비를 절감하라는 압박을 엄청나게 가했다. 결국 공급자들은 굴복하는 것 말고는 달리 선택할 길이 없었다.

회사의 제품, 프로세스, 서비스 중에서 진부해질 위험이 있는 것을 평가해 보라. 제품과 서비스에 대한 불가피한 위협을 상쇄하기 위해 체계적인 혁신 프로그램을 유지하고 관리하라.

에이블사의 연구 전략

" 에이블Able사의 목표는 주요 분야에서
초기에 리더십을 얻어 시장지배력을 확보하며,
그럼으로써 이 리더십의 우위를 계속 유지하는 것이다. "

에이블사, 베이커Baker사, 찰리Charlie사는 세계에서 가장 성공한 제약회사다. 에이블사와 베이커사는 규모가 큰 회사이며, 찰리사는 중간 규모지만 매우 빠르게 성장하고 있다. 이 회사들은 수익 대비 연구투자비가 거의 비슷했다. 그러나 유사성은 끝났다. 연구에 대해 그들은 각자 매우 다른 접근 방식을 취하기 시작했다.

에이블사는 한 분야를 엄선해 상당한 액수의 연구비를 한꺼번에 투입한다. 이 회사는 순수연구를 하는 대학에서 진정으로 획기적인 발견이라고 가리키면 이 분야를 선정한다. 그런 다음 상업용 제품을 출시하기 훨씬 전부터 그 분야의 최고 인재를 채용해 배치한다. 그 밖의 분야에는 연구비를 전혀 지출하지 않아 문제가 없다. 회사는 초기 단계부터 보상이 뒤따르는 규모가 큰 분야의 입지를 차지한다. 위험이 큰 만큼 보상 또한 매우 크다.

에이블사는 '기업가적 전략(228)'과 '혁신의 기회인 일곱 개의 창문(193)'을 추구하고 있다.

> " 베이커사의 목표는 각 영역에서
> 우수한 소수의 약품을 만드는 것이다.
> 그리고 의료 영역에 발전을 가져다주는 것이다. "

베이커사의 전략은 전혀 다르다. 이 회사의 연구소는 제약업계에서 가장 유명한데, 굉장히 다양한 분야를 연구한다. 하지만 기초적·과학적·이론적 작업이 끝나기 전에는 어떤 분야에도 진입하지 않는다. 모든 작업이 끝나면 제품 출시에 착수하는데, 자체 연구소에서 나온 10여 개의 제품 가운데 단 두세 개의 제품만 시장에 출시한다. 일련의 연구를 통해 약품의 효능이 입증되면 제품 영역은 물론 거의 모든 영역을 주의 깊게 조사한다. 그들의 기준은 다음과 같다. 첫째, 신제품이 의학적인 면에서 우수해 새로운 표준이 될 수 있는가? 둘째, 이 제품이 매우 큰 영역이지만 전문 분야에 한정되기보다는 건강관리와 의약 전반에 중대한 영향을 미칠 수 있는가? 셋째, 신제품이 경쟁사 제품에 뒤지지 않고 오랫동안 표준으로 남을 수 있는가? 어느 하나라도 '아니다'라는 답이 나오면, 베이커사는 출시하지 않고 신약 자체를 라이선스로 넘기거나 팔아 버린다. 이 경우 두 가지 면에서 대단한 이득이 된다. 회사가 직접 제조·판매하여 얻을 수 있는 수익과 거의 비슷한 라이선스 소득을 올릴 수 있다. 또한 회사의 모든 제품이 의약계에서 선두주자로 자리매김할 수 있다.

베이커사의 전략과 대비하여 당신 회사의 혁신 전략을 테스트해 보라.

찰리사의 연구 전략

" 찰리사는 연구하지 않는다.
대신 아주 간단한 개발로 작지만 중요한 영역에서
거의 독점적인 지위를 가져다줄 수 있는 분야를 찾는다. "

 찰리사는 연구하지 않는다. 단지 개발할 뿐이다. 이 회사는 에이블사나 베이커사가 매력적이라고 생각하는 어떤 제품과도 경쟁하지 않을 것이다. 이 회사는 기존 제품의 효과가 별로 좋지 못하다고 평가받고 있는 내과 및 외과 처치 영역을 주시한다. 이런 영역에서는 아주 간단한 변화만으로도 의사의 성과를 크게 끌어올릴 수 있다. 찰리사는 이처럼 규모가 작아서 우수한 제품으로 시장에 진입하면 다른 사업자가 진입하거나 경쟁할 동기를 갖지 못하는 영역을 발굴한다.
 실제로 찰리사의 첫 제품은 40여 년 동안 잘 알려진 단순한 효소였다. 출혈 없이도 백내장 수술을 가능케 해서 안과의사가 매우 편하게 수술할 수 있게 해 주는 제품이다. 이 회사가 해야 할 일은 효소의 저장 수명을 늘리는 방안을 찾는 것뿐이었다.
 그다음 제품은 탯줄 성분이 있으며 감염을 예방하고 회복 속도를 높이는 간단히 바르는 연고였다. 이 제품은 전 세계 모든 산부인과의 표준이 되었다. 그 후 독성용해제의 대체품을 출시했는데, 이는 감염 예방을 위해 신생아를 씻길 때 쓰이는 약품이다. 그런데 이 제품은 근본적으로 개발한 것이라기보다 기존 제품을 합친 결과물이었다.
 찰리사가 진출한 각 분야는 전 세계 시장 규모가 대략 2,000만 달러 정도의 규모로 매우 제한적이었다. 따라서 정말 우수한 제품을 공급하면 오직 하나의 회사만이 최소한의 경쟁으로, 사실상 가격에 대한 압박 없이 거의 독점할 수 있었다.

찰리사의 전략과 대비하여 당신 회사의 혁신 전략을 분석해 보라.

> "'그들은 그 후 오래오래 행복하게 살았다'라고
> 끝을 맺는 이야기는 단지 동화일 뿐이다."

성공을 이루면 동시에 성공을 가져온 행동은 쓸모없어진다. 성공은 항상 새로운 현실을 만든다. 무엇보다도 성공은 항상 그 자체의 문제점과 아울러 또 다른 문제점을 만들어 낸다. 성공한 회사의 경영자가 "우리의 비즈니스는 무엇인가?"라는 질문을 던지기는 쉽지 않다. 회사에 있는 모든 사람들이 그 질문에 대한 해답은 너무나 명백하므로 논의 자체가 별 의미가 없다고 생각한다. 성공에 대해 논쟁하거나 평지풍파를 일으키는 행위는 결코 칭찬받을 일이 아니다.

그러나 회사가 성공을 거두고 있을 때 "우리의 비즈니스는 무엇인가?"라는 질문을 던지지 않는 경영자는 독선적이고, 게으르고, 오만한 사람이다. 오래지 않아 성공은 실패로 바뀔 것이다.

1920년대에 미국에서 가장 성공을 거둔 산업은 무연탄 광산과 철도였다. 이 분야의 종사자들은 신이 자신들에게 변하지 않는 독점권을 영원히 내려 주었다고 믿었다. 사업의 결과 자체가 너무나도 분명했기 때문에 고민할 필요도 없으며, 흘러가는 대로 두어도 잘될 것이라고 믿었다. 하지만 경영진이 그렇게 성공을 당연하게 여기지 않았다면 리더 자리에 있던 두 산업의 위치가 추락하지도, 무연탄 산업이 영영 잊히지도 않았을 것이다.

경영진은 회사가 목적을 달성했을 때 항상 진지하게 "우리의 비즈니스는 무엇인가?"라는 질문을 던져야 한다. 이는 자기 훈련과 책임감을 요구한다. 그렇지 않으면 추락만이 기다리고 있다.

회사의 제품과 서비스를 선택하라. 시장점유율은 어느 정도인가? 철도에서 수송으로 영역을 넓히는 것처럼, 시장에 대한 정의를 넓혀 보라. 광역 시장에서의 점유율은 어느 정도인가?

즐거움을 창조하라

" 성과를 내는 조직은 그들이 하는 일을 즐긴다. "

조직은 중력을 가지고 있다. 항상 문제를 중심으로 무게가 쏠리고, 이를 해결하기 위해 싸워야 한다. 그러나 이른바 '성공 활용하기 exploitation'를 잘 실천하는 조직은 그리 많지 않다.

오늘날 세계에서 가장 큰 소비자-전자 엔터테인먼트 회사인 소니를 보라. 기본적으로 소니는 녹음기 사업을 운영하면서 이를 기반으로 성공을 이뤘다. 만약 당신이 이런 일들을 조직 내에 구축하고 모든 조직원에게 실천을 요구한다면 당신은 문제 중심적이기보다는 기회 중심적인 수용성을 창조하는 것이다. 그리고 무엇보다도 즐거움을 창조한다. 성과를 내는 조직은 자신이 하는 일을 즐긴다.

사람들은 내게 파트너가 될 조직을 어떻게 판단하느냐고 묻는다. 나는 일단 그 회사에 들어서면 2분 이내에 직원들이 일을 즐기고 있는지 여부를 알게 된다. 만약 일을 즐기지 않는다고 생각된다면 그 회사를 위해 일하지 않는다. 반대로 일을 즐기고 있고, 내일은 더 좋아질 것이라는 느낌이 들면 파트너가 된다.

당신이 즐기는 일을 하라.

예상치 못한 일에서 기회를 찾아라

" 성공한 사람들은 자신에게는
문제가 없다고 생각하는 문제가 있다. "

예상치 못한 일들도 모두 진지하게 받아들여야 한다. 보고 시스템이 완벽하면 오히려 기회나 뜻밖의 일을 놓치도록 만들지만, 이 문제를 해결하기도 쉽다. 50년 전 내게는 친구이자 멘토였던 이가 대기업에서 사용할 수 있는 시스템을 고안했는데, 매우 큰 성과를 냈다. 현장에서 일하는 매니저부터 모든 관리자들은 매월 '예상하지 못한 일'이라는 주제를 가지고 편지를 쓴다. 잘된 일과 잘못된 일이 아니라 반드시 예상하지 못한 일이어야 한다. 그런 뒤에 "예상하지 못한 일은 우리에게 무엇을 말해 주는가?"라는 질문으로 이 사안에 대해 살펴보는 회의를 한다. 대부분 관계가 없거나 일회성이지만 서너 개는 연관성이 있다. 이런 활동의 결과로 제약회사인 이 회사는 별반 중요하지 않은 제품 생산업체에서 세계적인 선도 기업으로 발전했다. 의사가 원래 그 질병의 치료용으로 개발되지는 않았던 약물을 투약해 놀라운 결과를 얻은 경우처럼, 임상에서 나온 뜻밖의 결과와 같다. 당신은 성공, 특히 예상치 못한 성공에 초점을 맞추고 달려 나가야 한다.

매월 예상치 못한 일을 찾아 상사에게 편지로 써 보라. 그리고 예상치 못한 성공을 찾아 추적해 보라.

> " 경영층은 변화와 연속성 사이에서
> 역동적인 균형을 유지해야 한다. "

일본의 다이아몬드 출판사에서 내 에세이를 추려《생태학적 비전The Ecological Vision》을 출간했는데, 이는 지난 50여 년에 걸쳐 쓴 것이다. 나는 책의 마지막 장에 일종의 지적 자서전 류의 글을 썼다. 이 책에서 나는 60여 년도 더 지난 초기부터의 내 일을 기록했는데, 그것은 변화와 연속성의 균형에 관계되는 일이다. 10여 년 뒤에 내가 경영에 대한 공부를 시작한 것은 이 관심에서 비롯했다. 내가 경영이란 관점에서 보건대, 특정한 사회 기관은 변화와 연속성 사이에서 역동적인 균형을 유지해야만 한다. 균형이 유지되지 않는 사회나 조직, 개인은 사라지고 만다.

변화를 이끌어 내기 위한 체계적인 혁신 프로세스를 만들어라.

244~273
자신의 시간을 경영하라

The Daily Drucker

"유능한 경영인들은 자신만의 시간으로 시작한다."

"너 자신을 알라"라는 오래된 격언은 삶이 유한한 인간으로서는 따르기가 참으로 힘든 말이다. 하지만 "자신의 시간을 알라"라는 말은 원한다면 누구든 따를 수 있다. 이는 일에 기여하며 효율성을 높이는 방법이 될 수 있다.

어떤 일이든 계획을 세우는 것에서 시작된다고 말한다. 그럴듯한 말이지만 계획은 결국 종잇조각으로 남거나 잊히는 경우가 대부분이고, 실제로 성취되는 경우는 드물다. 유능한 경영자들은 계획에서 시작하지 않고 시간에서 시작한다. 무슨 일을 어떻게 하겠다는 계획에서 출발하지 않고 '나의 시간이 실제로 어떻게 쓰이고 있는가'를 분석하는 것에서 시작한다. 이렇게 분석한 시간 사용 패턴에서 효과적이지 못한 부분을 제거한다. 마지막으로, 조절할 수 있는 시간을 되도록 하나로 만든다. 이것이 경영자가 효율성을 추구하는 기본적인 3단계 방법이다.

- 시간기록 record time → 시간관리 managing time → 시간통합 consolidating time

자신의 시간이 어떻게 기록되고, 관리되고, 통합되는지 알아보자.

버려지는 시간을 관리하라

> " 도움이 되지 않는 일이라면
> '노no'라고 말할 수 있는 법을 배워야 한다. "

경영자가 효율성을 높이기 위해 가장 먼저 할 일은 실제 시간을 어떻게 활용하는지 기록하는 것이다. 경영자 중에는 시간 기록을 직접 하는 사람이 있고, 비서가 기록하는 사람이 있다. 두 경우에서 모두 중요한 것은 계획대로 시간을 사용했는지 여부다. 성공하는 경영자들은 계획적으로 시간을 사용하고, 매달 정기적으로 스케줄을 살펴본다. 이것을 바탕으로 자신의 스케줄을 다시 생각하고 개선한다. 먼저 시간만 소모하고 아무런 결과가 나타나지 않는 것을 확인하고 과감히 제거해야 한다. 버려지는 시간을 찾아내어 그 일정에 관해 "만약 이 일을 하지 않는다면 어떤 일이 일어날까?"라고 질문해 보자. 그에 대한 답이 "아무런 일도 일어나지 않는다"라면 두말할 필요 없이 중단하라.

자신의 활동에 대해 시간 기록을 남겨라. 이 중에서 버려지는 시간을 제거하라.

" 유능한 임원은 일반적으로
사람들이 불필요한 것을 빼지 못한다는 것을 안다. "

시간 관리의 마지막 단계는 기록과 분석을 통해 정상적으로 사용할 수 있는 시간과 제어할 수 있다고 판단하는 시간을 통합하는 것이다. 효율성을 높이기 위해서는 모든 경영자는 꽤 큰 시간의 덩어리를 확보해야 한다. 특히 사람들과 일할 때 쓰는 시간이 가장 중요하며, 경영자의 업무 중 가장 핵심이다. 부하 직원 중 한 명과 계획, 방향, 성과를 논의하는 시간이 15분이면 충분하다고 생각하는 경영자는 자신을 기만하는 것이다.

시간을 통합하는 방법은 여러 가지다. 어떤 경영자는 하루 또는 그 이상의 시간을 집에서 일한다. 다른 경영자는 운영과 관련된 모든 일, 즉 회의, 검토, 문제 해결을 위한 시간을 일주일에 이틀로 잡아 둔다. 그리고 주요 이슈를 위해 계속해야 하는 일은 남은 날의 오전에 처리한다. 그러나 재량껏 쓸 수 있는 시간을 통합하는 방법은 그 시간에 접근하는 방법보다는 덜 중요하다. 효율적인 경영자는 먼저 재량껏 쓸 수 있는 온전한 자기 시간이 얼마나 되는지 먼저 추정한다. 그 후 그 시간을 침해하는 일이 생기면 자신의 기록을 세밀히 검토해 덜 생산적인 활동에 분배한 시간을 없앰으로써 자신의 시간을 확보한다.

당신의 시간을 통합하고 중요한 일을 하는 데 더 많은 시간을 확보하자.

효율적인 경영자의 다섯 가지 원칙

" 효율적인 경영자들에게는 모두 올바른 일을 끝내는 능력이 있다. "

내가 본 능력 있는 경영자들은 성격, 능력, 업무 처리 방식, 지식이나 관심사 등 실제로 인간을 구분 짓는 모든 면에서 저마다 다르다. 그러나 공통점이 있다. 필요한 업무만 실행하고 불필요한 업무를 없앤다는 것이다.

효율성을 높이기 위해서는 다섯 가지 원칙이 필요하다. 효율적인 경영자는 첫째, 자기 시간의 흐름을 잘 안다. 자신의 시간 중에서 통제할 수 있는 약간의 시간을 관리하기 위해 체계적으로 일한다. 둘째, 외부를 향한 기여에 중점을 둔다. 셋째, 자신은 물론이고 타인까지 개인의 강점을 기반으로 한다. 그들은 약점을 기반으로 하지 않는다. 넷째, 최고의 성과를 창출하는 최고의 행동에 집중한다. 스스로 우선순위에 집중하고 그것을 지속한다. 다섯째, 효과적인 결정을 한다.

능력 있는 경영자들은 이러한 '올바른 순서에 따른 올바른 단계'라는 시스템을 알고 있으며, 성급한 결정은 잘못될 수 있음을 안다. 아무리 지성과 성실함, 상상력, 지식이 뛰어나다 해도 위의 원칙을 지키지 않는 사람은 대체로 경영자로서 부족한 모습이 드러난다.

이 다섯 가지 원칙을 기억하고 실천하라. 자신의 시간의 흐름을 알아라. 외부를 향한 기여에 초점을 맞춰라. 강점을 키워라. 더 나은 성과에 집중하라. 효과적인 결정을 내려라.

> "'내가 어떻게 기여할 수 있는가?'란 질문은 책임을 주기에 자유를 준다."

대부분의 임원들은 아래를 향해 초점을 맞추는 경향이 있다. 그들은 결과보다는 노력에 치중한다. 또한 조직과 상급자가 무엇을 해 주는지에 관심을 기울인다. 무엇보다 자신이 '행사해야 하는' 권한에 신경을 쓴다. 그 결과 그들은 스스로 무능해진다. 유능한 임원은 자신이 무엇에 기여해야 하는지에 초점을 맞춘다. 자신의 업무보다 더 높은 곳에 시선을 두고 폭넓은 목표를 세운다. 그가 소속되어 있는 조직의 성과와 실적을 향상하기 위해 자신이 기여할 수 있는 것이 무엇인지 살핀다. 그들의 원동력은 책임감이다.

자신이 무엇에 기여할 것인지에 초점을 두는 태도는 유능함의 핵심이다. 이것은 업무 내용, 수준, 표준, 성과에서 드러난다. 다른 구성원, 예를 들어 상사나 동료, 부하 직원과의 관계에서도 나타난다. 회의나 보고서 등 임원으로서 업무를 추진하는 수단을 통해서도 드러난다. 기여도에 초점을 맞추는 것은 효율성을 보증하는 열쇠다. 그것은 개인적 관심, 특기, 자신의 제한된 기술, 부서 등에서 벗어나 전체적인 성과에 관심을 갖게 한다.

조직에 기여할 수 있는 부분에 지속적으로 중점을 두고 행동하라.

> " 평가, 그 뒤의 철학에는
> 너무나 많은 '가능성'이 연관되어 있다. "

유능한 임원은 대부분 성과를 평가하는 고유의 기준이 있다. 대체로 직원의 과거 실적, 현재 직책을 바탕으로 기대할 수 있는 주요 기여도, 목표 대 성과에 관한 기록이 기준이 된다. 그리고 다음과 같은 네 가지 질문을 한다.

1. 그가 어떤 일을 잘하는가?
2. 그가 일을 더 잘할 수 있게 만드는 것은 무엇인가?
3. 그는 무엇을 배워야 하는가? 또는 자신의 강점을 발휘해 성과를 낼 수 있는 것을 습득해야 하는가?
4. 내 자녀가 그 사람 밑에서 일하도록 하겠는가?

이에 대한 대답은 다음과 같은 질문으로 이어져야 한다.

a. 그렇다면, 왜 그렇게 판단하는가?
b. 그렇지 않다면, 왜 그렇게 판단하는가?

성과는 일상적 업무보다 훨씬 더 비판적인 시각으로 평가된다. 그러나

이 역시 강점에 초점을 맞춰야 한다. 약점이란 강점의 최대 발휘와 성취, 기여, 기량에 제약을 준다. 마지막 질문 "그렇지 않다면 왜 그렇게 판단하는가?(b)"는 유일하게 강점과 관계없는 사항이다. 특히 젊고 활기차고 야심 있는 부하 직원은 강력한 성향의 상사를 닮는 경향이 있다. 그렇기 때문에 어떤 조직에서 강력하지만 근본적으로 임원보다 위험하고 파괴적인 요소는 없다. 약점이 성취 능력과 강점에 제약을 줄 뿐 아니라 그 자체로서 자격 상실 요인이 되는 것은 바로 이 때문이다.

☑

성과를 평가할 때는 앞의 네 가지 질문에 충실하자.

인재 개발에서 하지 말아야 할 일

" 어느 조직이든 인재를 개발한다.
그것은 (조직을) 형성할 수도 있고 변형할 수도 있다."

어느 조직이든 인재를 개발해야 한다. 다른 선택은 없다. 조직은 사람을 성장시키거나 억누른다. 우리는 인재 개발에 대해 상당한 지식을 가지고 있으며, 적어도 해서는 안 되는 일이 무엇인지 알고 있다. 그것은 '해야 할 일'보다 설명하기가 쉬우며 인재를 개발하기 위해 지켜야 할 원칙이다. 다음을 살펴보자.

첫째, 사람의 약점에 의존하지 말라. 상대가 성인이면 예의바른 행동을 익히고, 기술과 지식을 배우라고 요구할 수 있다. 그러나 자신이 원하는 방식을 강요하기보다는 그 사람의 개성을 살릴 수 있도록 해야 한다.

둘째, 인재 개발을 근시안적으로 보지 말라. 누구나 어떤 직책을 맡으면 그에 필요한 업무 기술을 배워야 한다. 그러나 인간의 발전은 거기에서 그치지 않고 경력을 쌓아 가면서 평생 동안 진행된다. 따라서 장기적인 목표에 맞는 직책이 적절하게 부여되어야 한다.

마지막으로, 황태자를 만들어서는 안 된다. 약속을 보지 말고 성과를 보라. 직원의 가능성보다 성과에 초점을 맞출 때 더 높은 성과를 요구할 수 있다. 성과 기준을 낮추기는 쉽지만 높이기는 어렵다.

또한 경영자는 인재를 개발할 때는 강점에 초점을 맞춰야 한다. 그런 후에 엄격한 성과를 요구하고, 성과를 제대로 평가하기 위해 많은 시간과 노력을 투자해야 한다. 경영자는 직원과 마주앉아 다음과 같이 말해야 한다. "1년 전에 당신과 내가 합의한 목표는 이것입니다. 당신이 실행한 일과 성과를 보고해 주십시오."

강점을 중심으로 인재를 개발하라. 그러면 그는 강점을 기반으로 높은 성과를 낸다. 마지막으로 그들의 성과를 정기적으로 검토하라.

> " 자신과 다른 사람의 생산성을 높이기 위해 애쓰는 경영자는
> 조직의 성과와 개인의 목표를 동시에 달성할 수 있다. "

효율성을 추구하는 경영자는 사회의 객관적 요구와 회사에 필요한 성과를 동시에 만족시키기 위해 자기계발을 해야 한다. 이를 통해 개인의 성취욕도 충족할 수 있다. 다시 말해, 자기계발은 조직의 목표와 개인의 욕구가 조화를 이루게 하는 유일한 방법이다. 자신과 다른 사람의 생산성을 높이기 위해 애쓰는 경영자는 조직의 성과와 개인의 목표를 동시에 달성할 수 있다. 또한 조직에 기여하기 위해 전력을 다하면, 자신의 가치를 높이고 조직에도 좋은 결과를 가져올 수 있다.

지식근로자는 경제적 보상을 요구한다. 그와 동시에 그들은 기회와 성취감, 가치 확인을 원한다. 자신이 '효과적인' 경영에 참여하는 것만으로도 만족을 느낀다. 구성원들이 기여하길 원하는 조직의 요구와 개인이 조직을 통해 자신의 목적을 성취하려는 욕구를 동시에 만족시키려면 경영의 효율성이 절대적으로 필요하다.

당신의 강점을 파악하고, 그 강점들이 조직에 기여할 수 있는지 적용해 보라. 당신의 가치와 조직의 가치가 양립할 수 있는지 확인하라.

과거의 이력을 잊고 자신만의 방법을 찾아라

> " 안전한 사다리도 없고 업계의 외줄 사다리조차 없다.
> 상황은 마치 포도나무를 수확할 때와 같아서,
> 스스로 자신만의 방법을 터득해야 한다. "

회색 제복은 평생직장을 의미했다. 그렇다면 오늘날에는 어떤 이미지가 그것을 대신하게 되었을까? 개개인이 책임을 가지며, 특정 회사에 의존하지 않는 오늘날의 젊은이들의 실상은 어떤 색으로 표현될지 묻는 것이다. 경력 관리는 중요하다. 개인 사무실을 운영할지, '원형경기장'에서 일할지, 아니면 재택근무를 할지 알 수 없다. 즉 어떤 일을 할지 모른다. 자신을 알아야 자기계발을 하고 가치와 선택의 기준에 맞는 올바른 직장을 찾을 수 있다. 그러나 직장을 선택할 준비가 갖춰진 사람은 많지 않다.

"당신이 잘하는 일이 무엇인지, 약점이 무엇인지 알고 있습니까?"라고 물으면 제대로 대답하는 사람이 별로 없다. 간혹 자신이 어떤 전문 지식을 지니고 있다고 대답하는 사람도 있지만, 잘못된 대답이다. 이력서를 작성할 때 마치 사다리를 오르듯 승진했던 직책을 나열하기도 한다. 하지만 이제는 과거의 직무와 경력을 잊고, 한 가지 주어진 업무를 끝내고 다음 업무에 최선을 다할 방법만 생각해야 한다. 객관적 기준을 뛰어넘어 (능력 위주의) 주관적인 사고를 해야 한다.

당신의 일에 책임을 져라. 당신의 강점과 한계를 나열해 보라. 당신은 어떤 업무에 준비되어 있는가? 현재 속한 조직의 안에서든 밖에서든 업무를 맡을 준비를 해 보라.

성과를 규정하라

" 성과란 매번 황소의 눈을 맞추는 것이 아니다.
그것은 서커스 공연에서나 할 일이다. "

조직을 건강한 상태로 유지하려면 높은 성과를 요구해야 한다. 경영진이 늘 목표를 염두에 두고 집중하도록 요구하는 이유도 관리자들 스스로 높은 업무 성과 수준을 설정하도록 독려하기 위해서다. 이를 위해서는 성과를 정확하게 이해하는 일이 필수다.

성과란 매번 목표를 빈틈없이 완수하는 능력이 아니라 상당 기간에 걸쳐 다양한 임무에서 결과를 내는 일관된 능력을 말한다. 따라서 성과 기록에는 잘못 시행된 것이나 실패한 내용도 포함되어야 한다. 또한 임무를 수행한 사람의 강점과 한계점도 지적되어야 한다. 결코 실수를 저지르지 않고, 과오도 없으며, 하는 일마다 실패하지 않는 사람은 믿을 만한 사람이 아니다. 그런 이들은 사기꾼이거나 또는 확실하거나 쉬운 일만 찾아서 하는 사람일 가능성이 높다. 더 나은 일을 하기 위해 더 많은 실수를 저지르는 사람이 더 유익한 사람이다.

성과를 타율로 정의해 보자. 실수해도 괜찮은 분위기를 만들어라. 어떤 사람의 성취도는 비교적 긴 시간 동안 성과를 창출할 수 있는 일관된 능력을 기준으로 평가하라.

" 차별화를 위해서 어떤 성과를 달성해야 하는가?"

우리는 아래와 같은 질문에 대한 답을 찾아야 한다.

- 나는 무엇을 기여해야 할 것인가?
- 어디에서, 어떻게 차별화된 성과를 거둘 수 있을까?

이 의문에 대한 해답을 얻기 위해서는 여러 요소를 생각해 보아야 한다. 먼저, 달성하기 어려운 성과여야 한다. 당신의 능력을 최대한 발휘할 수 있어야 하며, 현재에 걸맞은 전문 언어를 사용하기 위해 준비 운동이 필요하다. 단, 성과 목표는 달성 가능한 범위 내에 있어야 한다. 달성할 수 없거나 또는 달성할 수 없을 것 같은 성과를 목표로 삼는 것은 '야심'을 품는 것이 아니라 어리석은 일이다. 한편 성과는 차별성을 만들어 낼 수 있어야 하며, 가시적이고 측정할 수 있으며 의미가 있어야 한다.

"내가 기여할 수 있는 것은 무엇인가?" 이 문제에 대한 답을 내리려면 세 가지 요소를 비교·검토해 보아야 한다.

먼저 "나의 역할이 요구되는 것은 무엇인가"를 질문해야 한다. 그러고 나서 "나의 강점, 업무 수행 방식, 나의 가치를 가지고 최대한 기여할 수 있는 방법은 무엇인가?"를 물어야 한다. 마지막으로, "차별화를 위해서는 어떤 성과를 달성해야 하는가?"를 질문해 보아야 한다. 이런 질문을 통해 무엇을 해야 하는지, 어디에서 시작할 것인지, 어떻게 시작할 것인지, 목표와 기한을 어떻게 설정할 것인지 등 실행에 관한 결론을 얻을 수 있다.

차별화할 수 있는 성과의 정의를 내려라. 당신의 강점을 바탕으로 최대한 조직에 기여할 방법은 무엇인가? 그것을 위해 목표를 설정하고 최종 기한을 정하라.

> " 첫 단계부터 완벽하게 실행에 옮기면
> 무능한 수준에서 보통 수준까지 옮겨 가는 것보다
> 에너지가 훨씬 덜 소모된다. "

피드백 분석으로 당신의 강점을 파악하는 방법을 배울 수 있다. 방법은 간단하다. 먼저 당신이 내린 핵심 결정과 당신이 취한 핵심 행동, 그리고 예상 결과를 매번 적는다. 9~12개월 뒤에 예상과 실제 결과를 비교한다. 이렇게 2~3년간 하다 보면 결정 및 행동과 실제 결과가 일치하거나 오히려 기대 이상의 결과가 나올 수 있다. 이것을 당신의 강점으로 만들고 나면 이 지식들을 이용해 성과를 높일 수 있다. 다음과 같은 다섯 가지 방법으로 그것을 실현할 수 있다.

첫째, 강점에 집중하라. 둘째, 강점을 더욱 개선할 수 있게 힘써라. 예를 들어 새로운 지식을 배우거나 낡은 지식을 개선해야 한다. 세 번째, 나쁜 습성을 인정하라. 가장 나쁘고 흔한 습성은 오만이다. 업무 성과가 저조한 것은 대개 자신의 전문 분야 너머의 지식을 얻으려 하지 않기 때문이다. 넷째, 나쁜 습관과 매너는 고쳐야 한다. 서로에게 미루는 습관이나 매너로는 협조나 팀워크가 어렵다. 다섯째, 당신이 해서는 안 될 일을 결정하라.

✓

피드백 분석으로 강점을 확인하라. 그런 다음 강점을 더 강화하는 데 힘써라. 강점 강화에 방해가 되는 나쁜 습관을 확인하고 제거하라. 해야 할 일을 찾아내 실행하라. 마지막으로는 해서는 안 될 일을 결정하라.

> " 당신이 소중히 여기는 가치에 위배되는 업무 수행은 이미 불순한 것이고,
> 결국에는 당신의 장점을 무너뜨리거나 파괴할 것이다. "

저마다 장점과 단점이 다르듯이, 업무를 수행하는 방식도 다르다. 어떤 사람은 읽기를 통해 배우는가 하면, 듣기를 통해 배우는 사람도 있다. 그런데 읽기를 통해 학습한 사람은 듣기를 통해 배움을 터득하기 어렵고, 반대의 경우도 마찬가지다. 학습 방식이란 어떤 사람의 업무 스타일을 형성하는 여러 요소 가운데 하나일 뿐이다. 해답을 찾아야 할 의문은 따로 있다. 다른 사람들과 함께 일할 때 업무 능률이 좋은 편인지, 만약 그렇다면 부하 직원으로서, 동료로서, 또는 상사로서 일하는 것 중 어느 쪽이 능률적인지 자문해야 한다. 또한 예측 가능하고 조직적인 업무 환경을 필요로 하는지, 압박감이 있을 때 업무가 잘되는지 등을 살펴 보아야 한다.

당신의 개인적 가치도 고려해야 한다. 그 가치가 당신의 강점과 어울리는지, 아니면 적어도 양립할 수 있는지를 살펴야 한다. 당신이 소중히 여기는 가치와 강점이 상충된다면 언제든지 가치를 선택하라. 당신의 가치에 위배되는 업무 수행은 이미 불순한 것이고, 결국 당신의 강점을 무너뜨리거나 파괴할 것이다.

당신의 업무 스타일을 생각해 보고 위 질문들에 답해 보라. 소중히 여기는 가치를 생각하고, 그것을 망칠 수 있는 강점은 사용하지 말라. 당신의 가치와 함께할 자리를 찾아라.

강점을 살렸을 때 기회가 찾아온다

" 성공적인 이력은 행운이나 계획의 산물이 아니다.
강점을 살려 기회를 잡을 수 있는 사람에 의해 만들어지는 것이다. "

자신의 강점과 업무 스타일을 파악했다면, 이제 자신에게 맞는 기회를 찾아야 한다. 강점을 이용할 수 있고, 업무 스타일에 맞으며, 가치관에 부합하는 일 말이다. 또한 올바르게 기여할 수 있는 일이기도 하다. 하지만 가장 먼저 어떻게 기여할지를 결정해야 한다.

올바른 기여가 무엇인지 알면 지식을 실행으로 옮기는 데 도움이 된다. 무엇에 기여해야 한다고 생각하는가? 다시 말해, 조직 내에서 어떻게 당신을 차별화할 수 있을까? 이 질문에 대한 답은 올바르게 기여할 드문 기회를 분석하는 데 도움이 된다. 그리고 이런 기회가 생겼을 때 당신에게 적절하고 일하는 방식과 부합할 수 있다면 받아들이는 것이 좋다. 이로 인해 당신은 특정 상황의 요건, 당신이 할 수 있는 최선의 기여, 달성할 성과에 대해 생각할 것이다. 그것은 행운이나 계획의 산물이 아니다. 자신의 강점, 업무 스타일, 가치에 부합하는 기회를 잡을 수 있는 사람에 의해 만들어지는 것이다.

당신의 강점과 업무 스타일, 가치에 부합하는 기회를 찾아보라.

서로의 강점을 파악할 때 조직의 성과로 이어진다

" 조직은 믿음에 기반하며
믿음은 대화와 이해를 바탕으로 한다. "

자신의 강점과 업무 스타일, 가치를 아는 일은 중요하며 주변 사람들의 강점과 업무 스타일, 가치를 아는 일 역시 중요하다. 각각 큰 차이가 있겠지만, 그 차이는 그리 중요한 문제가 아니다. 중요한 점은 각자가 성과를 낼 수 있는지 여부다. 각 개인이 주관에 따라 활동할 수 있어야만 집단이 지속적으로 성과를 낼 수 있다. 그러려면 다른 사람들의 강점과 업무 스타일, 가치를 바탕에 두어야 한다.

개개인은 자신의 강점과 업무 스타일, 가치를 자각할 뿐 아니라 자신이 어떤 기여를 해야 하는지, 그 후에 누가 이것에 대해 알아야 하는지도 생각해야 한다. 당신에게 의존하는 사람 또는 당신이 의존하는 사람은 당신이 어떻게 일을 하는지 알 필요가 있다. 양방향의 커뮤니케이션이 가능한 상태에서 동료들은 서로의 강점과 업무 스타일, 가치를 깊이 생각하고 정의 내리도록 편안하게 질문해야 한다.

☑

당신의 기여에 의존하는 사람, 그리고 각자 필요로 하는 특정한 기여를 나열하라. 당신이 의존하는 사람들과 당신이 그들에게 요구하는 기여를 나열하라. 양쪽 집단에게 알려주고 당신을 포함한 모두가 적절하게 기여하고 있음을 분명히 하라.

" 성공하여 출세가도를 달리고 있는 상사만큼
성공에 도움이 되는 사람은 없다. "

대부분의 사람에게는 적어도 한 사람의 상사가 있다. 지식근로자들은 점점 더 많은 상사와 일하게 되고, 더 많은 사람의 평가와 인정에 의존하고, 더 많은 상사의 지원이 필요해지는 추세에 있다.

성공적으로 상사를 경영하는 열쇠가 있다. 첫째, 상사 리스트를 작성하라. 여기에는 당신이 보고해야 할 사람, 당신과 당신의 일을 평가하는 사람, 일의 효율성을 높여 줄 사람이 모두 포함되어야 한다. 그다음에는 상사 리스트에 있는 사람들을 찾아가 질문하라. "내가, 그리고 우리 팀이 무엇을 하면 당신을 도울 수 있는가?" "우리가 방해하고 있는 것, 당신의 업무를 더 힘들게 하는 것은 무엇인가?"

상사들이 일하는 스타일에 따라 업무를 추진하도록 하는 것은 당신의 몫이다. 상사의 강점을 살리고 한계와 약점으로부터 그들을 보호해 편안함을 느끼도록 해야 한다.

상사 리스트를 만들어라. 상사 리스트에 적힌 사람들에게 위의 내용을 질문하라.

" 남은 인생을 어떻게 보낼 것인가. "

지식근로자들은 정년이 넘어서도 충분히 일을 계속할 수 있다. 하지만 그들은 정신적인 부분에서 새로운 위험에 부딪힐 수도 있다. 마음의 병Burn out은 40대 지식근로자들이 가장 흔하게 느끼는 고통이다. 매우 드물게는 스트레스의 결과이지만, 보통 일에서 느끼는 지루함 때문에 나타난다.

빠르게 성장한 회사의 최고경영자가 내게 자사의 엔지니어들이 꾸물대는 이유를 찾아 달라고 부탁한 적이 있다. 나는 매우 유능하고 성공한, 급여도 많이 받는 엔지니어 12명에게 이에 대해 물었다. 그들은 대답했다. "내 업무는 회사가 성공하는 데 중요한 역할을 했습니다. 나는 내 일을 좋아해요. 10년 넘게 이 일을 했죠. 이 일을 매우 잘하고, 또 매우 자랑스럽습니다. 하지만 이젠 자면서도 일할 수 있을 정도가 됐어요. 더 이상 새로운 도전은 없겠죠. 정말 넌더리가 납니다. 이제 아침 출근 시간이 기다려지지 않습니다." 사람들을 주기적으로 돌아가면서 업무에 배치하면 해결될 것이라고 생각하겠지만 틀린 판단이다. 이들은 최고 전문가다. 그들에게 필요한 것은 일에 대한 진실한 관심을 회복하는 것이다. 단 한 가지라도 일에 대한 흥미가 되살아난다면 일에서 다시 만족감을 찾을 것이다.

현재의 일 이외의 곳에서 목표를 세워라. 지금부터 이 목표에 따라 시작하라.

자기경영은 인류사에서 혁명적인 일이다

" 자기경영은 노동자가 조직보다 오래 살아남고
지식근로자의 이동성이 늘어난 현실에 기반한다. "

자기경영은 인류사에서 혁명적인 일이다. 그것은 개개인, 특히 지식근로자가 전례 없는 새로운 일을 하도록 한다. 각각의 지식근로자는 스스로를 최고경영자로서 생각하고 행동할 것을 요구받는다. 이는 자신이 기반하고 있는 사고방식과 행동방식을 완전히 바꾸도록 만든다.

주어진 일만 하면 되는 육체근로자에서 자기 자신을 경영해야 하는 지식근로자로 전환되는 현상은 사회 체계에 중대한 도전이 되고 있다. 기존의 모든 사회에서, 심지어 가장 개인적인 사회에서조차 다음의 두 가지 사항을 당연시했다. 첫째, 조직체는 노동자보다 더 오랫동안 살아남는 존재다. 둘째, 대부분의 사람들은 변하지 않은 채로 있을 것이다. 하지만 자기 자신을 직접 관리하는 일은 정반대의 현실에 기초한다. 미국에서 이동성Mobility은 널리 인정되는 개념이다. 그러나 미국에서조차, 조직체보다 오랜 시간 살아남는 노동자가 삶의 나머지 절반을 준비해야 하는 상황은 사실상 그 누구에게도 준비되어 있지 않은 혁명과도 같은 일이다. 퇴직 제도를 비롯해 현존하는 어떤 제도도 이런 현실에 대비하지 못했다.

성취감을 느낄 수 있는 제2의 직업을 찾아보라. 비영리기관에서의 자원봉사를 포함해 당신이 흥미를 가지고 있는 일을 나열해 보라.

> " 자신의 삶이나 일에서 심각한
> 좌절을 겪지 않고 살아갈 수 있는 사람은 없다. "

경쟁은 점점 더 치열해지는데 40대 남녀 경영자, 대학교수, 박물관 디렉터, 의사 등의 수는 계속 늘어나고 있는 추세다. 그들은 달성할 모든 것을 성취했다고 여긴다. 사실 성공한 지식근로자에게 40대는 정체기다. 만약 일이 인생의 전부라면 문제에 직면할 가능성이 더 크다. 지식근로자는 좀 더 젊을 때 경쟁 없는 삶과 공동체, 진지한 여가 생활과 취미 등을 통해 자신을 계발할 필요가 있다. 여가 시간의 취미는 일터를 넘어서 사회에 기여하고 성과를 이룰 기회이기도 하다.

어느 누구도 자신의 삶이나 일에서 좌절을 겪지 않을 것이라고 장담할 수는 없다. 승진에서 밀려난 마흔두 살의 엔지니어를 예로 들어 보자. 그는 일에서 그리 성공하지 못했다는 사실을 알고 있다. 하지만 지역 교회에서 회계 업무를 보며 기여하는 등 여가 생활에서 성공한 삶을 살고 있다. 가족과 떨어져도 마음의 평온을 찾을 수 있는 외부 커뮤니티가 있다.

☑

일을 하면서 경쟁에서 오는 압박감을 느끼지 않을 관심 분야를 개발하라. 관심 분야의 커뮤니티를 찾기 위해 노력하라.

" 봉우리가 있으면 골짜기가 있는 법이다. "

인사결정은 사람의 능력에 근거로 한 큰 도박, 그러나 적어도 합리적인 도박이다. 유능한 경영자는 강점을 생산성으로 만든다. 그는 약점을 최소화하는 방식이 아니라 강점을 최대화하는 방식으로 인재를 배치하고 발전시킨다. 봉우리가 있으면 골짜기가 있듯이, 강한 사람들은 약점도 그만큼 크다. '좋은 사람' 또는 '좋은 무엇' 같은 것은 존재하지 않는다. 문제는 '무엇에 좋은가'이다. 모든 곳에서 성과를 올릴 생각을 하기보다는 하나의 주요 분야를 찾아야 한다. 재능은 한 분야에서 드러날 뿐 모든 영역에서 재능을 타고난 사람은 없다. 그가 훌륭하게 해낼 수 있는 일인지를 살피고, 그가 정말 잘하고 싶어 하는지를 살펴야 한다.

하지만 약점 자체가 중요한 부분도 있다. 바로 인격, 성실성이다. 인격이 뛰어나다고 성취할 수 있는 건 없다. 그러나 인격이나 성실성이 갖춰져 있지 않다면 다른 모든 것도 빛을 잃는다. 오직 여기서만 약점이 곧 절대적인 실격 조건이 된다.

인사결정을 할 때, 먼저 업무에 대해 분명히 이해하는지 확인하라. 그러고 나서 새로운 업무에 필요한 부분에서 강점이 증명된 후보자를 선택하라.

위험한 일은 제거하거나 재구성하라

> " '매우 위험한 일'이란 유능한 사람을
> 둘이나 연속적으로 무너뜨리는 일이다. "

'매우 위험한 일Widow-Maker'이란 말은 19세기 뉴잉글랜드 조선소들이 연이어 치명적인 사고를 겪은 새로 건조된 우수한 배에 대해 사용한 용어다. 그 전까지 조선소들은 사고가 나면 배의 문제를 해결하는 대신 또 다른 사고를 막기 위해 배를 즉시 해체해 버렸다.

회사의 경우를 보면 유능한 사람 두 명이 연이어 실패하게 만드는 일은 '매우 위험한 일'이다. 세 번째 사람 역시 그가 아무리 유능할지라도 실패할 수 있다. 이때는 위험을 초래할 수 있는 요인을 제거하고 일을 재구성하는 수밖에 없다. 이런 일은 흔히 회사가 빠르게 성장하거나 변화할 때 생기며, 많은 조직에서 나타난다. 예를 들어, 대학교가 10년 이내에 학부 전문 기관에서 주요 연구대학으로 바뀐다면 이때 오래된 방식에 길들여진 유능한 사람은 없어질 것이다. 하지만 대학교를 완전히 재구성한다면 많은 학자가 성공적으로 충원될 수도 있다.

'매우 위험한 일'은 보통 우연한 사고의 결과다. 괴팍한 사람은 일거리를 만들면서도 그 일을 잘 해낸다. 즉 타당해 보였던 일이 직무의 결과이기보다 개성에 따른 우연한 산물이었다. 하지만 성격을 바꿀 수는 없다.

회사에 위험을 초래할 '매우 위험한 일'이 있는가? 그것을 재구성하거나 제거하라.

은퇴를 앞둔 관리자의 의사결정권을 제한하라

" 조직을 구제하는 데 도움이 안 된다면 결정을 내리지 마라. "

경영자는 60대 이상의 전문직, 관리직에 대한 방침이 있어야 한다. 기본적으로 60대 초반을 넘긴 사람들이 주요한 경영 책임에서 벗어나 있어야 한다는 점을 명시하고 단호하게 실행해야 한다. 왜냐하면 어떤 결정을 내리고 몇 년이 지난 뒤에 문제가 발생할 수도 있기 때문이다. 자신이 한 결정이 몇 년 후에 문제가 발생했을 때(대부분의 경우 그러하다) 회사에 도움을 줄 수 없다면 결정을 하지 않아야 한다. 이것은 경영자뿐 아니라 모두에게 적용되는 합리적인 법칙이다. 나이가 많은 임원들은 상사가 되기보다는 차라리 자신만의 일을 통해 성과를 내는 것이 더 낫다. 이처럼 이들은 관리자로 일하기보다 스스로를 전문화하고, 주요한 공헌에 집중하고, 조언하고, 가르치고, 표준을 설정하고, 분쟁을 해결해야 한다.

노령의 임원을 위한 은퇴 규정을 개발하라. 이 임원들은 임기가 지난 뒤에 결과가 나타날 문제에 대한 의사결정권자가 아니라는 점을 분명하게 명시하라.

> " 어떤 상황이 의미가 있을 가능성은 상황 자체보다 훨씬 더 중요한 정보다. "

우리는 기업체를 비롯한 사회조직의 엄청난 설계 관리 능력을 빠른 속도로 익히고 있다. 대량의 데이터를 고속으로 처리·분석하는 능력 등 기능적 진보가 바탕이 된 덕분이다. 이는 관리에서 어떤 의미를 지니는가? 특히 이렇게 향상된 관리 수단이 실제 경영에서 더 나은 관리 방법을 제공하려면 무엇이 필요한가? 경영자의 업무에서 제어장치controls는 목적을 향한 순수한 방법이기 때문에 목적이 곧 관리다.

만약에 우리가 사회기관에서 인간을 다룬다면 제어장치는 관리 결과를 내는 개인적 동기가 되어야 한다. 제어장치에서 생산된 정보가 행동의 기반이 되기 전에 변환이 요구된다. 한 종류의 정보를 다른 종류의 정보로 변환하는 것이다. 우리는 이것을 '지각'이라고 부른다. 그러나 사회조직에서 사회적 상황 속 발생한 사건에 대한 적합한 대응 방식을 미리 알기란 사실상 불가능하다. 그러나 수익이 줄어들고 있는 상황이 가격 인상이라는 대응을 의미하지 않으며, 매출이 줄고 있는 상황이 가격을 인하하라는 대응을 의미하지는 않는다. 이 상황 자체는 의미가 없다. 의미가 있다고 해도 의미하는 바가 확실하지 않다.

조직을 관리하기 위해 사용하는 기준을 재검토하라. 성과에서 의미가 없다면 제거하라.

관리는 객관적이지도 중립적이지도 않다

" 평가 행위는 평가된 상황과 관찰자를 모두 바꾼다. "

　기업에서 내리는 사회적 상황 판단은 객관적이지도 중립적이지도 않다. 주관적이며, 한쪽으로 치우칠 수밖에 없다. 이는 상황과 그 상황의 관찰자를 모두 변화시킨다. 사회적 상황 내의 사건들은 어떤 판단을 위해 드러났는지에 따라 가치를 지닌다. 이것이 사실인지 통제된 신호인지를 판단하는 것이 중요하다는 의미다. 기업체 등의 사회조직에서 관리란 목표를 설정하고 가치를 설정하는 일이다. 이들은 객관적이지 않다. 또한 필연적으로 도덕적인 문제가 있다. 관리는 비전을 만들어 내고, 평가된 상황과 이를 관찰하는 모두를 변화시킨다. 또한 어떤 상황에 의미와 가치를 부여한다. 이는 "어떻게 관리할 것인가"가 아니라 "관리 시스템에서 무엇을 평가할까?"가 근본적인 문제임을 의미한다.

　명심하라, 무엇을 평가하느냐에 따라 결과가 달라진다. 모든 업무 수행 기준이 당신이 속한 조직의 목적이나 가치 달성에 적합한지 확인하라. 그렇지 않으면 조직을 그릇된 방향으로 이끌어 위태롭게 할 수 있다.

> " 오늘날의 조직에 필요한 것은
> 외부에 대한 통합적 감각 기관이다. "

모든 사회 기관은 사회, 경제, 개인에 기여하기 위해 존재한다. 그 결과, 성과는 오직 '외부'에 존재한다. 여기에서 외부란 경제, 사회, 고객을 말한다. 그리고 이윤을 만들어 내는 것은 오직 고객뿐이다. 사업 내의 모든 요소는 비용만을 초래할 뿐이다.

하지만 우리는 '외부'에 관해 믿을 만한 정보는커녕 충분한 정보도 없다. 현상 내부에 있는 관리와 연관 있는 사건과 데이터를 참을성 있게 분석하는 시대. 비즈니스 내에서 개인의 작업과 업무에서는 참을성 있고 능력 있는 일의 시대, 이 시대는 기업적 업무와 관련해서는 대적할 시대가 없다.

우리는 쉽게 기록할 수 있다. 그러므로 효율성을 측정할 수 있다. 즉 노력을 측정할 수 있다. 만약에 기술 부서가 잘못된 제품을 만든다면 가장 효율적인 기술 부서를 갖춘다고 해도 그건 의미가 없다.

나는 IBM이 회사를 크게 확장하던 1950~1960년대에 운영이 얼마나 효율적이었는지는 중요하지 않다고 생각한다. 중요한 건 근본적인 기업가적 전략이 효과적이었던 것이었다.

성과와 관련해 외부는 내부보다 접근하기 어렵다. 큰 조직의 경영자의 핵심 문제는 그들이 외부를 보지 못하는 것에 있다. 그러므로 오늘날의 조직에 필요한 것은 외부에 대한 통합적 감각기관이다. 현대의 관리 메커니즘은 다른 무엇보다 여기에 기여해야 할 것이다.

환경에 관한 중대한 정보를 수집할 수 있는 체계적 방식을 개발하라. 이러한 정보에는 고객 만족, 비고객 구매 습관, 기술 개발, 경쟁 업체, 정부 정책 등이 포함되어야 한다.

평가 불가능한 성과에 주목하라

" 평가할 수 있는 것과 평가할 수 없는 것 사이의 균형은
경영이 풀어야 할 중점적이며 지속적인 문제다. "

기업 등의 기관에는 평가(객관적 측정)가 불가능한 중요한 성과가 있다. 노련한 경영자들은 이 성과에 사람들이 흥미를 갖지 않는 점이 회사나 산업체가 지닌 한계라는 사실을 알고 있다. 또한 기업의 전년도 이익계산서보다 이 성과가 더 중요한 사안이라는 사실도 알고 있다. 측정도 못하고 결과도 명확히 정의하지 못하지만 무형이 아니며, 오히려 매우 유형적이다. 단지 측정이 불가능할 뿐이다. 그리고 오랫동안 측정 가능한 결과가 나타나지 않을 것이다.

평가할 수 있는 것과 할 수 없는 것 사이의 균형은 경영이 풀어야 할 중요하고 지속적인 문제다. 측정 불가능한 것에 관한 보고서를 기반으로 잘못된 정보를 전하기도 한다. 하지만 진정으로 평가가 가능한 분야를 측정할수록 이 분야를 더 철저하게 강조하고 싶은 유혹도 커진다. 그러므로 전적으로 관리가 불가능한 사업을 제외하고는 관리가 되는 것처럼 보이는 것이 실제로는 관리가 안 되고 있을 위험도 더 커진다.

조직의 목표를 성취하는 데 중요한 변수를 모두 나열하라. 측정 가능한 것과 불가능한 것을 모두 적고, 질적으로 중요한 변수가 되는 평가 기준을 개발하라.

상벌 기준을 명확히 하라

" 사람들은 보상이나 처벌에 따라 행동한다. "

사회 기관은 기본적이며 바꾸기 힘들기 때문에 관리에 한계가 있다. 사회 기관은 사람으로 구성되어 있으며 각자 자신의 목적과 야망, 생각, 필요에 의해 만들어진다. 아무리 권위적인 기관이어도 구성원들의 욕구를 충족시켜야 하며, 그 능력에 따라 상벌에 관한 규칙, 성과급 등을 통해 개인의 능력을 발휘하게 해야 한다. 이를 표현하는 방법으로는 임금 인상처럼 수량을 기준으로 계산하는 방식이 있으며 조직의 가치는 공식적으로 조직에서 개인에게 부여하는 역할에 따라 표현된다.

여기에는 사실상 기관의 관리가 있다. 사람들은 보상과 처벌에 따라 행동한다. 그러나 목적과 역할에 적합하지 않는 관리 시스템은 끝없이 갈등을 일으키며 조직을 통제할 수 없게 만든다. 따라서 통제 조직 관리를 구상할 때 사업 자체와 인사결정에 대해 좀 더 정확하게 이해하고 평가해야 한다. 가장 우수한 컴퓨터 보드도 컴퓨터 안에 들어가면 보이지 않는 제2의 부품이 되듯이, 조직의 우량성도 상벌에 의한 가치와 금기 사항에 따라 달라질 것이다.

승진 평가를 위해 사용되는 절차를 포함해 조직의 상벌 시스템을 지정하라. 조직의 성과 기준을 평가하라. 뛰어난 성과가 보수, 승진과 벌칙에 적용되는지 확인하라.

> " 말하자면 경영자는 눈은 언덕을 향해 치켜뜨면서도
> 코는 맷돌을 계속 봐야 한다. 상당히 곡예스럽다. "

경영자에게는 두 가지 임무가 있다. 하나는 부분의 합계보다 큰 전체, 투입된 자원의 합계보다 큰 생산적 기업을 창조하는 일이다. 다른 하나는 현재와 미래를 위해 필요한 모든 결정과 행동이 균형을 이루도록 하는 것이다. 그러지 않으면 경영자는 기업을 위험에 빠트릴 수도 있다.

만약 경영자가 다음 100일을 준비하지 않으면 다음 100년은 없다. 기본적인 장기적 목표나 원칙뿐 아니라 편의적인 부분에서도 건전해야 한다. 다가올 수백 년을 대비한 관리 방법이나 장·단기의 양 측면이 조화를 이루게 할 능력이 없다면 균형이라도 맞출 수 있어야 한다. 지금 당장의 이익을 위해 감수한 먼 미래에 발생할지 모르는 손실과 미래를 위해 오늘 감수한 손실을 계산해야 한다. 스스로 가능성만큼이나 손실도 조절해야 한다. 그리고 손실이 커지기 전에 곧바로 정비해야 한다. 두 가지 차원에서 살고 행동해야 하며, 기업 전체의 성과와 그 일원인 자신의 성과에 대해 책임을 져야 한다.

조직의 총자산-생산 역량을 최대화할 수 있는 성과 측정 시스템을 개발하라. 여기에 양적·질적 측정뿐 아니라 단기·장기 측정 모두를 포함하라.

" 나는 대성당을 짓고 있다. "

세 석수장이에게 무엇을 하는지를 물었다. 첫 번째 사람은 "생계를 위해 일하고 있습니다"라고 대답했다. 두 번째 사람은 "나라를 위해 최선을 다해 일하고 있습니다"라고 대답했다. 세 번째 사람은 비전을 향한 반짝이는 눈으로 큰 뜻을 품고 "저는 대성당을 짓고 있습니다"라고 대답했다.

이들 중 진정한 경영자는 당연히 세 번째 사람이다. 첫 번째 남자는 일에서 벗어나고 싶어 하지만 어떻게든 해야만 한다는 사실을 알고 있다. 그는 정당한 일에 정당한 대가가 지불될 것이라 생각한다. 그는 현재도 경영자가 아니며 앞으로도 결코 경영자가 될 수 없을 것이다. 문제는 두 번째 사람이다. 기량은 본질적 요소다. 사실상 조직이 구성원에게 최상의 기량을 요구하지 않으면 도덕적 문제가 있는 것이다. 그러나 진정한 장인 또는 전문가는 자신이 단순히 돌을 갈고 있거나 각주를 모으는 중이면서도 무엇인가를 성취하고 있다고 믿는 위험한 경향이 있다. 기업은 조직의 구성원에게 장인정신을 북돋워야 한다. 그리고 장인정신은 늘 전체 조직의 요구와 이어져야 한다.

조직의 각 구성원이 자신의 기여로 기업의 제품과 서비스를 생산한다는 사실을 이해할 수 있는 프로세스를 개발하라.

보상이 개인은 물론 조직의 발전에도 도움이 돼야 한다

" 보상은 언제나 개인의 공로에 대한 인정과
개인 및 그룹의 안정성과 지속성 사이에서
균형을 잡으려고 노력해야만 한다. "

사람들에게는 보상이 필요하다. 하지만 보상 시스템은 잘못된 방향으로 나아가기 쉽다. 보상은 조직과 사회에서 그 사람이 얼마나 중요한지를 나타내며 그 사람의 가치는 물론, 일의 성과에 관한 판단이 수반된다. 즉 우리가 가진 공정성과 정의 이상으로 나아가고자 하는 감정적 노력이 들어 있다. 돈은 양적으로 측정할 수 있지만 보상 시스템에서의 돈은 가장 유형적일 뿐 아니라 민감하기도 한 가치, 성질을 가지고 있다. 보상에 대한 과학적 공식scientific formula을 찾기 어려운 이유도 바로 이 때문이다.

실현 가능한 최선의 보상 계획은 개인뿐 아니라 집단을 위해 보상의 갖가지 기능과 의의를 절충하는 방법이다. 최고의 계획이라고 해도 조직을 와해할 수도 있고 단결시킬 수도, 잘못된 방향으로 이끌 수도, 올바른 방향으로 이끌 수도 있다. 보상 시스템은 복잡하지 않고 단순해야 한다. 하나의 규칙을 모든 사람들에게 적용하기보다 개인의 업무에 맞게 적용해야 한다. 보상 시스템이 그릇된 행동에 대해 보상하거나 그릇된 결과를 강조하지 않도록, 사람들을 공동의 선을 위한 업무 수행과는 다른 방향으로 인도하지 않도록 감시하는 일 말고는 방법이 없다.

개인에 대해 보상하고 조직 전체의 지속성도 도울 수 있도록 보상의 균형을 맞추어라.

274~304

올바른 결정과
잘못된 결정

The Daily Drucker

" 신은 볼 수 있다. "

그리스의 위대한 조각가 페이디아스Phidias가 기원전 440년경에 만든 조각상은, 2,400년이 지난 지금까지도 아테네의 파르테논 신전 꼭대기에 안치되어 있다. 그런데 페이디아스가 조각 제작 비용을 시 회계사에게 청구했을 때 그는 지불을 거부당했다. 그들은 이렇게 말했다. "조각상들은 신전 꼭대기, 아테네의 가장 높은 언덕에 있습니다. 아무도 그것을 볼 수가 없어요. 그런데도 당신은 아무도 볼 수 없는 조각을 두고 일을 했다면서 우리에게 조각에 대해 비용을 청구하고 있네요." 페이디아스가 그 말에 반박했다. "당신은 틀렸소. 신은 볼 수 있소."

사람들은 흔히 내게 가장 훌륭한 책이 무엇이냐고 묻는다. 나는 웃으면서 "다음 책"이라고 답한다. 농담처럼 들릴지도 모르지만 이는 이탈리아의 작곡가 베르디의 말과 의미가 같다. 그는 여든 살의 나이에 최고의 걸작을 썼을 때도 "나는 알 수 없었다"라고 했다. 지금 나는 베르디가 자신의 최고 걸작인 〈팔스타프Falstaff〉를 썼을 때보다 나이가 많지만 새로운 책을 생각하며 일하고, 조금이라도 완벽에 가까워지길 희망한다.

당신의 일에서 완벽을 추구해 보라.

이 결정의 목표는 무엇인가

" 결정은 효과적이어야 하며
경계조건boundary condition을 충족시켜야 한다. "

의사결정 프로세스에는 결정을 통해 달성해야 하는 목표에 관한 명확한 설명이 있어야 한다. 결정을 통해 도달해야 하는 목표는 무엇인가? 과학계에서는 이를 '경계조건boundary condition'이라 부른다. 어떤 결정이 효과를 거두기 위해서는 해당 결정이 목적에 적합해야 한다. 경계조건이라는 것이 명확하고 간결하게 설정될수록 더욱 효과적으로 결정할 수 있으며, 목적을 달성할 가능성도 더욱 높아진다. 이와 반대로 경계조건에 대한 정의가 부족하면 표면적으로 훌륭해 보일지라도 결정은 비효율적이 되고 만다.

경계조건을 찾는 방법은 일반적으로 "문제 해결에 필요한 최소한의 사항이 무엇인가?"라는 질문에서 시작된다. 앨프리드 슬론은 1922년 GM의 경영을 맡게 되었을 때 스스로에게 "부서장들의 자주권을 제거함으로써 우리가 필요한 것을 충족시킬 수 있을까?"라고 질문해 보았다. 이 질문에 대한 답은 명백히 부정적이었다. 그가 가진 문제의 경계조건은 최고경영진의 능력과 책임감을 요구했다. 이는 중심부에서의 통제력과 화합을 요구하는 일이다. 이 경계조건은 개체들 간의 융화보다는 오히려 조직 문제에 대한 해결을 필요로 했고, 그의 해결안이 오래 지속되도록 만들었다.

오늘 결정해야 할 일을 결정하라. 목표가 무엇인지, 성취에 필요한 것을 분명히 열거하라.

" 무엇이 허용될 수 있는가보다는
무엇이 올바른가에서부터 시작해야 한다."

　

의사결정을 할 때는 누구나 마지막에는 타협을 하게 된다. 그렇기 때문에 의사결정에 있어 허용될 수 있는 것이 무엇인지보다 올바른 것이 무엇인지를 찾아야 한다. 만약 올바른 것을 모르면 올바른 타협과 잘못된 타협을 구별할 수 없을 것이고, 결국에는 올바르지 않은 약속을 하게 될 것이다. 나는 1944년, 처음 맡은 대형 컨설팅 과제였던 'GM의 경영 구조 및 경영정책 연구'에서 이에 대해 배울 수 있었다. 당시 GM의 최고경영자 앨프리드 슬론은 연구가 시작되었을 때 내게 연락을 해 그의 사무실에서 만나자고 했다. 그는 말했다. "나는 자네의 연구 대상, 작성할 내용, 구상하는 결론이 무엇인지는 이야기하지 않겠네. 다만 말해 둘 것이 하나 있는데, 자네가 생각하는 바를 인지하는 즉시 기록하게. 컨설턴트의 반응에 대해서는 걱정하지 말게. 또한 자네의 제안이 받아들여지는 데 필요할 타협안에 대해서도 개의치 말게. 자네로부터 도움받지 않더라도 어떻게 타협을 하는지 정도는 임원들도 알고 있다네. 하지만 올바른 것이 무엇인지 자네가 알려주지 않는다면 그들은 올바른 타협을 할 수 없을 걸세."

당신의 요구 사항을 완전히 만족시킬 만한 것을 읽기 전에 결정이 불러올 결과를 분명히 정의하라.

올바른 타협

" 반조각의 빵은 빵이 아예 없는 것보다는 낫다. "

올바른 타협을 위해서는 누가 옳은지에 대해 질문해야 한다. 또한 일반적으로 무엇이 허용될 수 있는가보다는 무엇이 올바른가에서부터 시작해야 한다. 결국에는 타협해야 하기 때문이다.

특정 조건이나 경계조건을 만족시키기 위해 무엇이 옳은지 모른다면 올바른 타협과 잘못된 타협을 구분할 수 없으며, 결국에는 잘못된 타협을 하게 된다. 두 가지 다른 타협이 있다. 하나는 "반 조각의 빵이라도 아예 없는 편보다는 낫다"라는 말과 상통한다. 다른 하나는 솔로몬의 재판에서처럼 "아이를 반쪽으로 가르는 것은 아이가 아예 없는 것보다 더 나쁘다"라는 깨달음에서 뚜렷하게 나타난다. 앞의 것은 경계조건을 만족시키고 있다. 빵의 목적은 음식을 제공하는 것이고 반쪽의 빵도 음식이다. 그러나 아이의 반쪽은 경계조건을 만족시키지 못한다. 반쪽의 아이는 반쪽의 삶을 갖지도, 성장하지도 않는다. 그것은 두 조각의 시체일 뿐이다.

위의 내용을 읽고 당신이 지시했던 문제에 대해 지금 생각하라. 반이라도 건질 수 있는 결정을 내리되 이상적인 해결책을 향한 올바른 방향으로 나아가야 한다. 그러고 나서 '빵이 아예 없을' 때를 대비한 타협안을 생각해 보라.

" 의사결정이란 실제 누군가의 일이 되어
시한을 정해 책임을 갖고 실행되기 전에는 희망사항에 불과하다. "

결정은 행동을 위한 의지다. 옳은 일이 일어나고 자신이 행동하고 싶을 때까지는 아무런 결정도 내리지 않는다는 뜻이다. 분명한 것은 결정을 내린 사람은 책임을 갖고 꼭 행동을 취해야 한다. 어떤 결정도 실제로 누군가의 일이 되어 시한을 정해 책임을 갖고 실행되기 전에는 단지 희망사항에 불과하다.

즉 실행을 위해 필요한 행동이 만들어지지 않는 한 결정은 효과를 거두지 못한다.

결정을 행동으로 바꾸기 위해서는 다음의 몇 가지 질문을 들여다보고 답해야 한다.

- 누가 이 결정에 관해 알아야 하는가?
- 어떤 행동을 취해야 하는가?
- 누가 할 것인가?
- 그 결정을 내려야 하는 사람들이 실제로 결정을 내릴 수 있도록 어떤 행동을 해야 하는가?

행동은 결정을 실행으로 옮길 사람들의 능력에 따라 이루어져야 한다.

사람들이 자신의 행동, 습관, 태도 등을 효과적으로 바꾸기로 하는 결정은 다른 결정보다 더욱 중요하다.

당신이 내린 결정에 관해 생각하라. 누가 이 결정에 관해 알아야 하는가? 어떤 행동을 취해야 하는가? 누가 행동을 해야 하는가? 어떤 사람들이 행동을 취할 것인지, 그리고 실제로 그들이 할 수 있는지 확인하라.

" 효과적인 의사결정권자는 반대 의견을 정리한다. "

실행에 관한 의사결정은 단순히 표결을 통해 이루어지는 것이 아니다. 이는 견해가 다른 사람들 간의 대화, 다른 판단 사이에서의 선택처럼 상충되는 시점들의 충돌을 기반으로 만들어진다.

의사결정에서 첫 번째 법칙은 반대가 없으면 결정을 내리지 않는다는 것이다. 슬론은 GM 이사회에서 한 가지 의사결정에 대해 만장일치가 나오자 이렇게 말했다. "이 사안에 대한 논의를 다음 회의 때까지로 연기하고, 우리 스스로 반대 입장을 개발할 시간을 갖도록 합시다. 이 결정이 무엇을 의미하는지 연구해 오십시오."

어떤 결정에 반대가 필요한 이유는 세 가지다. 첫째, 조직 내 최종 결정자에 대한 보호책이 될 수 있다. 이 경우 모두가 중요한 중재자로 익숙하고 자신의 의사에 따라 움직이게 된다. 둘째, 스스로 반대에 대한 대책을 제시할 수 있다. 대책 없는 반대는 절망에 빠진 도박사의 내기처럼 무모하다. 셋째, 얼마나 심사숙고했는지와 상관없이 반대 의사도 상상력을 자극하는 데 필요하다.

엄격한 의사결정을 위해 결정 프로세스에서 다양한 관점을 가진 사람들의 의견이 나오도록 이견을 세워라. "무엇이 맞는가?" 아니면 "누가 맞는가?"에 근거하여 선택하라.

> "프로세스 내의 어느 한 요소라도 배제하면
> 해당 결정은 지진에 무너지는 부실한 벽과 같다."

훌륭한 의사결정자는 자신만의 의사결정 프로세스를 가지고 있고, 명확히 정의된 자신만의 요소와 단계가 있다. 이런 프로세스를 성실하게 관찰하여 필요한 행동을 취하면 위험은 최소화되고, 성공을 일궈 내는 중요한 계기가 될 것이다. 훌륭한 의사결정자는 다음과 같은 특성이 있다.

- ◆ 언제 결정이 필요한지 알고 있다.
- ◆ 의사결정에서 가장 중요한 부분은 결정이 필요한 문제인지 확인하는 것임을 알고 있다.
- ◆ 문제를 어떻게 정의하는지 알고 있다.
- ◆ 옳은 결정이 무엇인지 알기 전까지 받아들일 수 있는 타협안에 대해서는 생각하지 않는다.
- ◆ 십중팔구 결국에는 타협점을 찾아야 한다는 사실을 알고 있다.
- ◆ 실행하고 효과가 확인될 때까지 결정을 내리지 않아야 한다는 사실을 알고 있다.

지금 직면한 곤경을 이용하라. 무엇이 문제인가? 문제를 완전하고 올바르게 진단했다고 확신할 때까지 결정을 내리기 위한 어떠한 조치도 취하지 말라.

> " 외과의사가 불필요한 수술을 하지 않듯이,
> 경영자도 불필요한 결정을 내리지 않아야 한다. "

불필요한 결정은 자원과 시간의 낭비다. 결정의 효과가 사라지는 위험한 상황까지 초래한다. 따라서 필요한 결정인지 아닌지를 구분하는 일은 매우 중요하다. 이런 의미에서 외과의사들은 의사결정의 좋은 예를 보여 준다. 지난 수십 년간 그들은 매일같이 준엄한 의사결정을 해 오고 있다. 수술은 위험에서 한시도 자유로울 수 없다. 불필요한 수술은 피해야 한다.

- **원칙 1** : 스스로 회복할 수 있거나 고통이나 위험 없이 환자를 치료할 수 있다면 지속적으로 점검한다. 함부로 칼을 대서는 안 된다. 이런 상황에서는 수술은 불필요한 결정이다.
- **원칙 2** : 만약 생명이 위태로울 정도로 상태가 심각하면 신속하고 철저하게 수술해야 한다. 이는 필연적인 결정이다.
- **원칙 3** : 질병이 퇴행성이 아니고 생명에 위협이 없더라도 스스로 회복할 수 있을지 모호할 때가 있다. 이런 경우 위험을 상대로 기회를 저울질해야 한다. 일류 의사와 일반 의사를 구별하는 건 이런 결정이다.

현재 당신이 직면한 문제점 세 가지를 나열하라. 이 문제점을 원칙 1, 2, 3 에 맞추어 분류하라. 불필요한 결정은 하지 말라.

일반적 문제 상황과 특이한 문제 상황

" 가장 흔히 하는 실수는 일반적 상황을
일련의 특이한 상황으로 취급하는 일이다. "

경영자들이 흔히 직면하는 네 가지 기본 유형의 문제는 다음과 같다.

- ♦ 조직이나 업계 전반에 걸쳐 흔히 나타나는 일반적 문제 상황
- ♦ 조직에서는 특이한 경우이나 업계 전반에서는 일반적 문제 상황
- ♦ 매우 특이한 문제 상황
- ♦ 특이해 보이지만 새로운 일반적 문제가 최초로 나타나는 문제 상황

진정으로 특이한 문제는 좀 더 포괄적인 해결책이 필요하다. 포괄적인 문제는 기본적인 법칙과 연습을 통해 해결된다. 적당한 법칙이 개발된다면 비슷한 일반적 상황의 징후를 기본적인 법칙으로 다룰 수 있다. 즉 모든 임원들은 특이한 문제 상황에 대해 구체적인 법칙을 적용해야 한다. 특이한 사건은 특정한 해결책과 방식으로 처리되어야 한다. 그러나 사실 정말 특이한 사건은 매우 드물다. 누군가 이미 그런 문제를 해결한 적이 있을 것이다. 기본적인 법칙을 적용한다면 거의 모든 일을 해결할 수 있다.

당신이 직면한 문제의 일반적인 해결책이 무엇인지 예를 들어 보라. 그 해결책은 무엇인가? 유일한 해결책이 필요한 문제를 들라. 효과적인 결정을 위해 위의 방법들을 이용하라.

문제가 잘못됐다면 답을 찾기가 어렵다

" 잘못된 문제에 대한 올바른 답은 고치기가 매우 어렵다. "

문제에 대한 정의는 효과적인 결정을 내릴 때 가장 중요한 요소다. 이 정의에 따라 결정을 내리는 사람이 불필요한 일을 하지 않을 수 있다. 문제가 올바르고 대답이 잘못됐을 경우에는 규칙을 통해 고치고 구조화할 수 있다. 그러나 문제는 잘못됐지만 답이 바를 때는 고치기가 매우 어렵다. 문제 자체를 진단하기 어렵기 때문이다.

미국 생산업체 중 어느 회사는 관리 체계에 있어 최고의 안전 기록을 자랑한다. 비록 세계에서 가장 생산성이 떨어지는 회사로 지목되기도 했지만 작업 인원 1,000명당 사고율이 동종 업계에서 가장 낮다고 발표되었다. 그런데도 노동조합은 미국 직업안전건강국OSHA과 함께 지속적으로 끔찍한 사고율을 지적했다.

이 회사가 많은 비용을 들여 낮은 사고율을 자랑하고 있음에도 노동조합의 공세는 계속되었다. 왜 그럴까?

모든 사고를 취합해 근로자 1,000명당 사고로 표시하면, 사고율이 높았던 작업장에 대해서는 알 수 없어진다. 회사가 사고를 분리해 여러 카테고리로 나누어 보고한다면, 극소수의 작업장, 즉 전체 구성 단위의 약 3퍼센트만이 평균 이상의 사고율을 보인다. 또한 사고율이 매우 높게 나타나는 작업장이 더 적어 보인다.

그러나 잘못된 문제를 고치지 않아 노동조합은 결국 사고가 발생한 작업장에 대해 불만을 제기했고, 신문과 미국 작업안전건강국 보고서에 실리게 된 것이다.

위에서 예시로 제시된 업체는 제조 사고 문제를 대중과 관련된 홍보 문제로 바꾸었다. 문제를 정의할 때 어떠한 사실을 배재해 이런 잘못된 정의에 이르게 되었을까?

문제를 어떤 원칙에 따라 정의할 것인가

" 문제의 정의가 관찰 가능한 것을 모두 설명하고
아우를 때까지 정의는 불완전하거나 틀린 것이다. "

효과적으로 의사결정을 하는 사람은 올바른 문제가 무엇인지 어떻게 결정하는가? 그들은 다음과 같이 묻는다.

- ◆ 이 문제는 모두 무엇에 관한 것인가?
- ◆ 무엇이 여기에 타당한가?
- ◆ 이 상황에서 핵심은 무엇인가?

새로운 것은 없지만, 이 질문들은 문제를 명확하게 규정함으로써 결정적인 중요성을 지닌다. 문제는 반드시 다양한 각도에서 확실히 문제시될 만한 것이 거론되는지 따져야 한다. 문제가 올바르게 정의되는지 알아보는 방법은 관찰 가능한 요소를 확인하는 것이다. 문제에 대한 정의가 관찰 가능한 것을 모두 설명하고 아우를 때까지 정의는 불완전하거나 틀리다. 그러나 문제가 바르게 정의되었다면 결정 자체도 훨씬 쉬워진다.

조직 내에서 당신 또는 다른 누군가가 틀린 문제에 대해 바른 해답을 찾아낸 경험을 서술해 보라. 문제를 해결하기 위해 무엇을 할 수 있었는가?

다른 사람들이 결정 사항을 받아들이도록 하라

" 만약 결정을 내리고 나서 설득을 시작한다면,
받아들여지지 않을 가능성이 크다. "

조직을 설득하지 못한 결정은 효과를 얻지 못하고 좋은 의도로만 남는다. 결정이 효력을 발휘하도록 설득한다는 말은 의사결정의 첫 단계에서부터 구성원이 참여한다는 것을 의미한다.

일본의 관리 체계에는 한 가지 배울 점이 있다. 의사결정 과정에 들어가면 최종 결정이 내려지기까지 조직원들에게 결정 사안들을 설득한다는 것이다. 예를 들어 외국계 회사와 합작회사를 설립하거나 미국의 잠재적 유통 업체의 주식을 일부 사들이는 결정을 할 때 영향을 받을 개개인 모두에게 자신의 업무와 일, 부서에 어떤 영향을 미칠지 목록을 적도록 한다. 경영자는 이때 의견을 내세우거나 권유하거나 다른 의견에 반대할 수 없다. 그동안 그는 문제에 대해 충분히 고민할 수는 있다. 이렇게 각 의견을 확인하고 그들이 처한 상황을 파악한 최고경영자는 하향식 의사결정을 내린다.

일본에는 참여형 경영이 많지 않지만 결정에 영향받을 사람들은 자신이 그 결정을 환영하는지 그렇지 않은지 알고 있으며 그에 대한 준비도 충분히 되어 있다. 즉 이미 설득되어 있기 때문에 설득할 필요가 없다.

☑

결정 사항을 실행에 옮기는 사람을 모두 결정에 참여시켜라. 그들의 의견을 바탕으로 누가 가장 효과적으로 결정을 실행할 수 있는지 결정하라.

결정 사항과 결과를 비교하여 분석하라

> "불쌍하게도, 이제 그는 명령하는 일만으로는
> 해결되지 않는다는 사실을 알게 될 것이다."

실제 사건에 대비하기 위해, 그리고 결정의 근간을 이루는 예측을 끊임없이 실험하기 위해 모든 결정에는 피드백이 따라야 한다. 결국 결정은 사람이 한다. 사람들은 오류를 범한다. 최선을 다한다면 그 오류의 여파는 오래가지 않을 것이다. 최선을 다해 내린 결정도 높은 확률로 틀릴 수 있다. 가장 효과적이라고 생각되는 방안도 쓸모없어지는 경우가 있다.

아이젠하워 장군이 대통령에 당선되었을 때 그의 전임자 트루먼은 이렇게 말했다. "그가 장군이었을 때는 조직이 명령 한마디로 움직였을지 모르지만, 이제 그는 커다란 사무실에 앉아 명령하는 일만으로는 해결되지 않는다는 사실을 알 것이다." 장군이 대통령보다 더 큰 권력을 가지고 있다는 얘기는 아니다. 단 군 조직은 이미 오래전부터 헛된 명령이라고 해도 명령의 실행에 대한 피드백 장치가 있었다. 그들은 오랜 경험으로, 직접 실행하고 결과를 보는 것만이 믿을 만한 피드백이라는 것을 배웠다. 대통령에게 결집된 보고 내용은 그다지 큰 도움이 되지 않는다.

밖에 나가서 사전 점검하라. 그리고 현장 피드백을 얻어라. 결정을 통해 의도한 성과를 얻었는지 확인하라.

"결정을 내릴 때의 예상과 실제 결과에서 나온 피드백은
소양이 뛰어나지 않은 임원들을 유능한 의사결정자로 만든다."

의사결정을 할 때 임원진이 지속적으로 학습하는 일보다 더 중요한 것은 없다. 이 방법은 결정한 결과를 통한 기대치를 피드백하는 것이다. 경영자는 중요한 결정을 내릴 때 언제, 무엇이 예상되는지를 적는다. 그리고 9~12개월 뒤에 첫 결정을 내릴 때의 예상과 현재 상황을 비교해 보고 그것이 일치하면 그대로 밀고 나간다. 이런 과정을 통해 경영자는 실질적인 결과와 2~5년의 예상치를 습득해 통합할 수 있다. 우리는 그 방법과 놀라운 속도를 배운다.

예를 들어 2,400년 전 그리스의 히포크라테스가 환자의 상태와 병의 진행 상태를 적어 놓았기에 내과의사들이 처방할 수 있게 되었다. 그 내용은 모든 내과의사가 한목소리로 얘기하듯이, 몇 년 안에 평범한 의사를 능숙한 임상의로 변화시킬 정도다.

☑

중요한 결정을 내릴 때는 예상하는 성과를 꼭 적어야 한다. 그리고 어떤 결과가 일어났는지 보아야 한다. 당신의 예측과 결과를 비교하라. 당신이 배운 것을 다음 결정을 내릴 때 이용하라.

> "경영자들은 결정을 하기 위한 권위는
> 충분히 있어야 하지만 상세한 지식은 적어도 된다."

비즈니스에서는 어떤 결정이든 다음과 같은 네 가지 기본적 특성을 가지고 있다.

1. 결정에는 어느 정도 미래를 내다보는 시각이 담겨 있다. 즉 얼마나 회사의 미래를 약속할 수 있는지를 판단하는 것이다.
2. 결정은 다른 기능, 영역, 비즈니스 전체에 영향을 미친다.
3. 어떤 결정이든 기본적 행동 원칙, 도덕적 가치, 사회 및 정책에 관한 신념과 같은 요소의 중요도에 의해 판단된다.
4. 결정은 유일무이한 것이 아니라면, 주기적인 결정과 예외적인 것으로 분류된다.

결정은 가능한 한 가장 낮은 계층에서, 현장에 가까이 있는 사람들이 내려야 한다. 물론 직접적인 활동, 대상을 철저하게 고려해야 한다.

첫 번째 법칙은 어느 정도 선까지 결정을 '해야 하는지'를 알려준다. 두 번째 법칙은 어느 정도 선까지 결정을 '할 수 있는지' 알려준다. 그뿐 아니라 관리자가 누구에게 결정을 공유해야 하는지 그 결정에 어떤 정보가 있어야 하는지도 말해준다.

위 두 조건을 통합해 보면 특정 활동이 어디에서 어떻게 행해져야 하는지 알 수 있다.

의사결정은 가능한 한 실제 활동과 밀접한 곳에서 이루어지게 하라. 어떤 결정을 내리는 시간이 오래 걸릴수록 다른 기능에 영향을 미칠 것이고, 연관된 질적 요인도 늘어날 것이다. 드문 결정일수록 조직 내부의 더 높은 위치에서 이루어지게 될 것이다.

" 결정적인 사회 세력이 합법적이지 않으면
어떤 사회도 사회로서 기능할 수 없다."

합법적 권력legitimate Power은 인간의 본질, 개인의 사회적 위상과 역할에 관한 기본적이고 사회적인 믿음에 기인한다. 실제로 합법적 권력은 사회 정서 안에서 정당성을 얻은 권력층에 의해 규정된다. 모든 사회에는 그러한 원리와 무관한 세력이 수없이 있다. 다시 말해, 자유로운 사회 안에도 언제나 '자유롭지 못한' 기관이 존재하고, 평등한 사회 안에도 수많은 불평등이 존재하며, 성직자 가운데도 수많은 죄인이 존재한다.

그러나 결정적 사회 권력, 즉 우리가 공권력이라 부르는 권력이 자유와 평등과 숭고함의 요구에 기초하는 한, 그리고 설계된 기관을 통해 권력을 집행되는 한, 사회는 자유롭고 평등하고 숭고한 사회로 기능할 수 있다.

사담 후세인의 몰락 이후 합법적 권력의 창출 문제에 대해 생각해 보라. 부자유한 제도들이 얼마나 존속될 것 같은가? 일단 합법적 권력이 확립된 뒤에도 어떤 불평등이 여전히 지속될 것인가?

> "종교는 교리를 포기하지 않는 한
> 어떠한 사회도 받아들일 수 없다."

《경제인의 종말》에서 도달한 결론은 교회는 결국 유럽 사회와 정치에 토대를 제공할 수 없다는 것이다. 종교는 한 개인의 절망에 대한 해답을 준다. 하지만 군중의 절망에 대한 해답을 찾아주진 못한다. 이와 같은 결론이 오늘날 여전히 두려운 것이라 생각한다. 현대인들은 아직 세상을 포기할 준비가 되어 있지 않다. 인간은 구제받을 수 없음에도 세속의 구제를 갈망한다. 교회, 특히 기독교는 사회적 복음을 전달한다. 그러나 그들은 하느님의 은총을 정책화할 수 없다. 그리고 사회과학적인 구원을 받아들이지 못한다. 종교는 교리를 포기하지 않고서는 어떤 사회도 수용할 수 없고, 심지어는 어떤 사회적 프로그램도 받아들일 수 없다. 종교는 사회 속 양심이라는 강점과 사회의 정치적·사회적 세력으로서 지닌 치명적 약점을 동시에 가지고 있다.

종교는 정치적 압박이 아닌 사회의 평론가처럼 도움이 되어야 한다. 미국의 종교는 이런 원칙과 어떻게 비교되는가?

> " 하나의 신념으로서, 그리고 하나의 사회질서로서
> 자본주의는 자유평등 사회에서 개인을 자유 및 평등으로 인도하는
> 경제적 진보에 대한 믿음의 표현이다. "

    자본주의는 사회적 행동을 지배하는 최상의 가치에 사적 이익을 배치함으로써 자유롭고 평등한 사회가 돌아올 것이라 기대했다. 하지만 자본주의가 이윤 추구를 발명한 것은 아니다. 이윤은 줄곧 개인의 원동력으로서 사회환경과 관계없이 존재해 왔다. 자본주의자의 신념은 이윤 추구를 긍정적으로 평가한다. 사회적 이상, 자유와 사회적 평등은 자연스럽게 일깨워지는 것일 뿐이다.

    그러므로 자본주의는 경제 영역에 독립성과 자율성을 부여했다. 이는 경제적 활동이 비경제적 고려의 대상이 되어서는 안 되며, 그보다 상위에 위치해야 한다는 사실을 의미한다. 모든 사회적 에너지는 경제적 성과 촉진에 집중되어야 하며, 이는 경제적 진보가 약속된 미래로 가는 길이라고 믿기 때문이다. 자본주의는 사회적 목적이 없다면 이해될 수도, 정당화될 수도 없다.

당신의 경제 활동과 당신이 속한 단체의 경제 활동이 사회적 목적에 어느 정도 기여하는지 생각해 보라.

> " 관리자들이 직원들은 해고하면서
> 정작 자신은 거대한 수익을 가져가는 행동은
> 사회적으로나 도덕적으로나 용서받을 수 없는 일이다. "

나는 자유시장을 선호한다. 실용적인 부분에서 부족함이 있지만 그렇다고 다른 방법이 있는 것은 아니다. 하지만 구조적으로 볼 때 자본주의 체제에는 심각한 문제가 있다. 우리 삶에서 경제를 향한 맹목성은 물질만능주의와 한탕주의를 야기하기 때문이다. 이는 다분히 일차원적이다.

예를 들어, 나는 경영자에게 임원과 일반 직원들의 수익 비율이 20대 1인 상황을 두고 충고한다. 그들의 분개와 도덕적 타락이 회사에 영향을 미칠 수 있기 때문이다.

오늘날, 경영자들이 직원들은 해고하면서 정작 자신은 거대한 수익을 가져가는 행동은 사회적으로나 도덕적으로나 용서받을 수 없는 일이다. 중간관리자와 고용인들이 느끼는 경멸감은 사회에 혹독한 대가를 요구할 것이다. 간단히 말해, 전체적인 의미에서 인간이 되고, 인간으로서 대우받는다는 것은 자본주의의 경제적 계산법에는 포함되지 않는다. 지극히 근시안적으로 삶의 다른 측면을 지배한다는 것은 어느 사회에서도 좋지 않다.

임원이 많은 노동자를 해고하고 수익을 횡령한 사례를 보았는가? 이 정책들이 직원들에게 모욕감을 느끼게 하고 그들의 사기를 떨어뜨린 방법을 열거해 보라.

이윤 추구의 효율성

" 이윤 추구는 능력 이상의 일을 해낼 수 있게 한다. "

이윤 추구와 관련해 유일하게 의미 있는 질문은 다음과 같다. "이윤 추구가 구동장치에 동력을 전달하는 가장 효율적인 방법인가?" 한 가지 분명한 것은 이윤 추구가 우리가 알고 있는 가운데 최고의 효율적인 방법은 아니지만 매우 효율적인 방법이라 말할 수 있다는 점이다. 그 외에 알려진 것으로는 야심만만한 사람에게 직접적인 권력과 부하 직원에 대한 통솔권을 부여하면 권력에 대한 만족감을 제공한다는 사실이다. 그러나 이윤 추구는 능력 이상의 일을 할 수 있게 한다.

일에 대한 집착은 사람에 대한 집착보다 사회적으로 덜 위험하다.

> " 정부는 더 이상 규칙을 제정하고 촉진하고
> 보증하고 지불을 대리하는 역할을 하지 않는다.
> 이제 이들은 행위자 및 관리자가 되었다. "

　국왕 중심의 중앙집권적 독재 정치하의 국가는 지난 수백 년간 복잡하게 변화해 왔다. 그리고 초우량국가로 바뀌었다. 일반 국가에서 초우량국가가 된 것은 지난 19세기부터다. 초우량국가의 시발점은 독일의 비스마르크Bismarck 수상 체제하에 복지국가가 발명된 1880년경이다. 이와 별도로 사회 주요 프로그램은 제2차 세계대전 직후 영국의 국민건강보험을 통해 정부가 보험자 또는 제공자로 역할하기 시작한 때부터 시행되었다. 병원과 정부 산하 보건 시설들을 모두 정부가 인수하면서 병원 종사자들이 모두 공무원이 되었고 정부가 직접 병원을 운영하는 양상을 띠었다. 1960년에 이르러 받아들여진 이 정책은 서구 국가들에 의해 1990년대까지 적절히 사회적 문제와 직무를 처리해 왔다.

인터넷을 이용하여 영국 국민건강보험이 제공하는 서비스 수준을 확인해 보자. 이 실례와 당신이 알고 있는 다른 실례를 기준으로 정부와 비영리 및 영리기관이 보건 서비스 제공자로서 얼마만큼의 효율성을 갖는지 의견을 내 보자.

정부의 취지

" 모든 정부는 '형식적인 정부'다. "

정부는 무능력한 관리자다. 거추장스러운 이행 방식을 고려해 볼 때 필연적으로 방해가 될 수밖에 없다. 정부는 대중으로부터 거둬들인 자금을 관리한다는 사실을 정확히 인지하고 있으며, 1원의 오차도 없어야 한다는 것도 알고 있다. 즉 필연적으로 관료주의가 될 수밖에 없다. 정부가 법을 위한 정치, 국민을 위한 정치를 해야 한다는 데는 논쟁의 여지가 없지만 정부는 형식에 얽매인다. 따라서 불가피하게 높은 비용이 생긴다.

그러나 정부의 본래 취지는 기초적인 의사결정을 하고, 결정한 일을 효과적으로 만드는 것이다. 정부는 사회의 정치적 에너지에 집중해야 한다. 이로써 사회의 논점을 각색하고 근본적인 선택을 보여 주는 것이다. 다시 말해, 정부의 취지는 통치다. 알다시피 다른 기관에서는 통치와 수행이 양립하지 않는다. 현대 정부가 직면한 문제점들은 통치와 수행이 조화를 이루지 못하는 데 있다. 비즈니스 관리에서는 통치와 수행을 분리해야 함을 알았고, 최고위 의사결정기관의 결정권자는 수행에서 독립되어야만 한다. 그러지 않으면 결정권자로서 결정을 내리지 못할 뿐 아니라 수행에 이르지도 못할 것이다. 이것을 정부에 적용한 것이 지방분권이다.

사회적인 문제를 언급하는 정부기관보다 더 나은 일을 하고 있는 비영리기관을 찾아보라.

> " 재민영화는 무기력하게 신음하는
> 정부의 힘과 실행력을 되살릴 것이다. "

정부의 지방분권은 단순히 중앙정부의 기능을 분산하여 지방의 임무 수행을 하는 연방주의의 또 다른 형태가 아니다. 효율성, 기능성, 효과성에 바탕을 둔 실질적인 역할 수행을 비정부기관인 사회 기관이 하는 시스템이다.

정부는 "사회 기관이 어떻게 활동할 것이며, 무엇을 할 수 있을 것인가?" "기관들이 목표를 달성할 수 있도록 정치, 사회적 목표를 체계적으로 구축할 수 있을까?" "정치적인 목적을 달성하는 기관들이 능력을 발휘할 기회를 정부에 어떻게 제안할 것인가?" 등을 질문하는 것에서 시작해야 한다. 재민영화는 정부를 약하게 만들지 않을 것이다. 오히려 무기력해진 정부의 힘과 실행력을 되살리려는 데 그 목적이 있다. 이제는 정부가 걸어온 길을 따라갈 수 없다. 그 길에서 얻는 건 실용성이 아니라 심화되는 관료주의뿐이다.

당신의 조직과 당신이 시작한 일을 사회제도를 발전시키는 기회로 만드는 계획안을 써 보라.

조직의 다양성을 살려라

" 정부는 각 악기의 음색이
조화를 이루도록 하는 지휘자가 되어야 한다. "

칼 마르크스가 이야기한 '국가소멸론'에 동의하는 것은 아니다. 우리에게는 활기 있고, 강하며, 활동적인 정부가 필요하다. 그러나 막연함과 무기력함 사이에서 망설이다가 고집과 방향에 얽매인 사람들이 맡고 있는 정부를 선택할 수도 있다. 주요 분야에 걸쳐 우리는 조직의 다원적 사회성 안에서 새로운 선택권을 갖는다. 조직의 다양성은 기관이 업무를 할 때 가장 좋은 요건이 된다.

정부는 정치적 목적을 구조화하고 자치기관에 힘을 줄 자율적인 설비를 제시하는 정책을 구상할 것이다. 프렌치 호른, 바이올린, 플루트 등 각 악기의 음색이 어우러지는 음악을 만드는 작곡가에게 찬사를 보내듯, 다원화사회에서 자율적이고, 자치적인 사립시설이나 특정 직무에 대해 알맞은 구상을 하는 입법자에게 찬사가 돌아가야 한다.

비정부기관의 정부 계획을 구성하고 정부 계획에 차질을 빚게 할 사회문제를 해결할 수 있는 국회의원에게 편지를 써 보도록 하자.

"환경보호는 국제 지원 활동에서 가장 생산적이다."

    초국가적인 조직이 세계 사회와 초국가적인 경제에 이바지하기 위해서는 국제사회에서 보다 강한 정부가 필요하다. 근래의 보호 정책은 생태학적인 법규가 필요하다. 바다의 오염, 대기의 온도 상승, 오존 고갈 등 인간의 생존을 위협하는 제품의 생산과 유통을 금지해야 한다. 물론 이를 두고 독립 국가에 대한 간섭이라고 비난할 수도 있다.

    그렇기 때문에 개발도상국에 고비용인 하수 처리 시설 설비 등을 선진국에서 지원하는 '환경보호지원금' 같은 방법이 필요하다. 국제 지원에 있어 환경보호는 개발을 지원하는 일보다 더 생산적이다.

환경보호를 위해 국제 지원을 하자.

조합도 시대에 맞춰 변화해야 한다

" 역동적이면서 합리적이고 효율적인
기관이 되기 위해서는 노동조합 스스로 변해야 한다. "

선진국 노동운동의 진정한 힘은 도덕성에서 시작된다. 그리고 이것은 현실 사회에서 정치적 도덕성을 갖추도록 요구받는다. 경영은 비즈니스, 정부기관, 병원 등 어떤 조직이든 상관없이 적정한 힘, 필요와 역량에 바탕을 둔 권한을 동반해야 한다. 권력은 미국 헌법에서 명시하는 것처럼 길항력Countervailing Power을 갖춰야 한다.

현대사회에서는 노동조합 같은 기관에 더욱 강한 경영 방식이 필요하다. 보다 역동적이고, 합리적이며 효율적으로 거듭나기 위해서 노동조합은 스스로 과감하게 바뀌어야 한다. 그러지 못하면 시대에 뒤떨어질 것이다.

노동조합이 비즈니스, 정부, 병원 등의 힘을 점검할 수 있는 건설적인 방법을 곰곰이 생각해 보자.

지식근로자의 정치 색깔

" 지식근로자들을 말하자면 '단일집단'이다. "

새로운 집단인 지식근로자는 어느 부류에도 속하지 않는다. 지식근로자는 농업도, 상업도 아닌 조직의 고용인이다. 그들은 노동 계급에 속하지 않으며, 계급적으로 노동을 착취당한다고도 생각하지 않는다. 공통적으로 그들은 연금기금에 뿌리를 둔 자본가인 셈이다. 대다수가 일정 수준의 상위 지위에 있으며 어딘가에 종속된 하급직원도 동시에 선임자를 두고 있다. 하지만 이들을 중산층으로 보기는 힘들다. 그들은 일종의 단일계층uniclass이며, 평균 수입보다 높은 수입을 얻을 때도 있다. 기업, 병원, 학교 등 어디에서 일하든지 그들의 사회적 지위는 변함이 없다. 일반 회사에서 회계 업무를 하던 사람이 병원으로 이직한다고 해도 그들의 사회적, 경제적 지위가 바뀌지는 않는다. 그들은 일자리를 바꿀 뿐이다. 이런 특이성으로 인해 이들은 특정한 정치적 이념이나 통합성을 갖지 않는다.

지식근로자들은 구시대와 새로운 시대 양쪽 모두에서 자본주의자들이다. 당신은 특정 정당이 새로운 자본가의 관심사에 대해 연설하는 모습을 본 적이 있는가?

회사는 정치 단체와 같다

" 중요한 요소를 떠나 후원자들을 대할 때
경영자들은 정치적으로 생각해야 한다. "

　기업이 성과를 거두면 법 안에서 경제적 상품과 서비스, 예를 들어 병원비를 지원하는 건강보험 혜택, 대학 장학금과 같은 교육 장학금 등을 능동적으로 활용해야 한다. 이때 경영자는 그 일이 옳은 일인가를 살펴서 결정해야 한다. 중요한 사업은 경영자가 최소한의 성의를 보이며 후원자를 달래 가며 현명하게 판단해야 한다. 그렇지 않을 경우 후원자들이 거부할 수 있기 때문이다. 경영자는 정치인이 될 수 없다. 자신의 만족을 위한 결정을 내려서는 안 되며 조직의 효율성만 생각해서도 안 된다. 그러나 경영자는 의사결정을 내릴 때나 접근 방식에 있어서 조정자 역할을 해야 한다. 법인은 경제적인 단체이며 동시에 정치적인 성격을 가지고 있다. 경영자는 지속적이고 실질적인 의사결정, 거부 요소, 최소한의 요구 사항을 점검해야 한다.

회사의 후원자 목록을 적어라. 다음은 당신의 계획에서 고객들의 필요와 각 후원인들이 갖는 최소한의 기대를 어떻게 최대한 활용할 것인지 나열하라.

" 브루클린 다리를 무상으로 제공하는 것보다, 판매가 더욱 빠르다. "

비영리기관은 단순히 서비스를 제공하는 것이 아니다. 그들은 최종소비자가 서비스 사용자가 아닌 기부자이기를 바란다. 이런 요소는 사람들을 변하게 만들고 있으며 기부자를 일반 공급자로 인식하게 만든다.

비영리기관은 마케팅을 중요하게 여기지 않는다. 그러나 19세기 어느 현인은 "브루클린 다리를 무상으로 제공하는 것보다 판매하는 일이 더욱 빠르다"라고 했다. 당신이 무언가를 무료로 제공한다고 하면 그 누구도 믿지 않을 것이다. 수익성 있는 서비스에 관한 마케팅이 필요하다. 물론 비영리기관의 마케팅은 판매와 다르다. 서비스를 받는 입장에서 생각해야 하며 언제, 어떻게, 누구를 대상으로 할 것인지 생각해야 한다.

구세군의 전도는 국민을 구제하는 데서 시작되었다. 이런 서비스는 어떻게 수용자의 관점에서 보아야 하는가? 구세군의 서비스를 어떻게 만들어야 하는가?

비영리기관의 자금 개발

" 기금 모금은 구걸과 함께 가고 있다. "

비영리기관에게는 자금 개발 전략이 필요하다. 비영리기관의 자금 원천은 비영리기관과 기업, 정부를 구별하는 유일한 기준일 것이다. 기업은 고객에게 상품을 판매함으로써 자금을 조달한다. 정부는 세금을 통해 조달하고 비영리기관은 기부금으로 조달한다. 즉 비영리기관의 자금은 최소 개인의 이득을 고려하지 않고 기부에 참여하는 이들을 통해 상당 부분 혹은 대부분이 형성된다.

비영리기관이 불법 자금 조성으로 고발되는 일은 심각한 문제다. 이들은 심각한 정체성의 위기에 봉착한 것이다. 그렇기 때문에 비영리기관에서 담당한 일들이 모금을 위한 부차적인 일로 전락하지 않도록 모금 전략이 필요하다. 이런 이유로 근래 비영리기관은 기금 모금fund-raise이란 용어를 기금 개발fund development로 바꾸었다. 받을 만한 가치가 있으므로 단체를 지원하는 후원자들을 만들어 내는 일은 베풂을 통해 후원자가 직접 참여할 수 있도록 개발한다는 뜻이다.

불법 자금 조성으로 고발된 비영리기관들은 심각한 정체성의 위기에 직면하고 있다. 당신은 당신의 조직에서 이러한 경우를 본 적이 있는가?

비영리기관 위원회의 효율성

"위원회의 회원 자리는 권력이 아니라 책임을 뜻한다."

비영리기관의 효율성을 위해서는 권위 있는 위원회가 필요하다. 위원회는 본연의 임무에 충실할 수 있어야 한다. 기관의 임무 수행뿐 아니라 임무에 대한 감사 역할로서 조직이 기본 임무를 수행하도록 해야 한다. 위원회는 비영리기관이 소임을 감당하도록 올바른 관리를 할 책임이 있다. 즉 위원회의 역할은 기관을 평가하는 것이다. 비영리기관의 위원회는 입구에 커다란 글씨로 "위원회의 구성원은 권력의 상징이 아니라 책임을 의미한다"라고 명시해야 한다. 구성원은 비영리기관 운영에 대한 책임뿐 아니라 위원회 그 자체에 대한 책임도 동시에 지닌다.

일반적으로 위원회의 분열이 문제시된다. 안건이 상정될 때마다 위원들은 자신의 기본 입장만 고수하여 분열을 가중시킨다. 이런 문제는 특히 비영리기관 내에서 더욱 까다롭게 제기된다. 이는 안건 자체가 가지고 있는 중요성, 혹은 성질 자체가 복잡할 수밖에 없기 때문이기도 하다. 위원회의 역할은 더욱 중요하고 또 더욱 논쟁의 여지가 생긴다. 이 같은 시점에서 회장과 상임 위원회 간부들의 팀워크가 중요해진다.

당신은 하나 이상의 비영리기관 위원회에서 근무한 적이 있는가? 위원회의 임무를 도왔는가? 아니면 그 임무에 방해가 됐는가?

305~334

업무에 적합한 조직을 찾아라

The Daily Drucker

> " 벼룩은 자기 키의 몇 배 이상을 뛸 수 있지만
> 코끼리는 그렇지 못하다. "

규모가 큰 조직은 변화하기 어렵다. 큰 조직은 민첩성보다 규모를 통해 효과를 얻는다. 큰 규모는 한 사람 또는 작은 그룹을 결합할 때보다 아주 많은 종류의 지식과 기술로 일을 할 수 있게 해 주기 때문이다. 하지만 한계 또한 있다. 조직은 무엇을 하든지 주어진 시간 안에 한정된 양의 일을 할 수 있을 뿐이다. 이는 더 나은 조직이나 효과적인 커뮤니케이션으로 해결할 수 있는 성질의 문제가 아니다. 조직의 법칙은 집중이다.

반면 현대의 조직은 반드시 변화 능력이 있어야 한다. 조직은 진정으로 혁신이라는 변화를 시작할 수 있어야 한다. 희소하고 값비싼 자원을 생산성이 높고 성과를 내는, 그래서 조직에 공헌할 수 있는 기회로 만들 수 있어야 한다. 즉 귀한 자원을 함부로 소모해서는 안 된다.

당신의 큰 조직이 하는 소규모 일은 무엇인가? 정당한 일인가? 만약 그렇지 않다면 소규모 일은 그만두고 더 나은 성과를 낼 수 있는 일에 집중하라.

외부 정보를 중요하게 다뤄라

" 잘못된 가정은 재난을 부를 수 있다. "

비즈니스 지능정보 시스템BIS, Business Intelligence Systems은 비즈니스 환경에 관한 조직의 정보를 체계화하는 프로세스다. 이 프로세스는 외부의 정보를 모으고 체계화하여 통합하고, 의사결정에 반영한다. 비즈니스 요구에 대한 체계화된 정보는 세계 각지의 실제적이고 잠재적인 경쟁자에 대한 정보를 포함한다. 그러나 외부 정보가 모두 유용하지는 않다. 또한 유용한 정보라 할지라도 기업에서 항상 염두하는 것도 아니다. 산업을 바꾸는 신기술의 절반은 외부 산업에서 유입된다. 이런 신기술에 대한 정보는 유용하다. 예를 들어 분자생물학과 유전공학은 거대 제약산업에 의해 발전한 것이 아니다. 하지만 그들은 전체 보건의료산업을 바꾸고 있다. 이런 발전에 대한 정보는 유용하며 제약회사들은 이런 발전에 보조를 맞추어야 한다.

외부로부터 당신의 비즈니스를 바꾸는 세 가지 기술을 파악하라. 신기술과 신기술에 대한 정보를 모으고, 이러한 정보를 위해 비즈니스 지능정보 시스템을 구축하고, 당신의 경쟁자가 먼저 하기 전에 자본화하라.

정보를 체계화하라

" 정보는 비즈니스 이론에 대한 조직의 전제들을
검증하기 위해 체계화되어야 한다. "

정보는 기업의 전략을 검증하기 위해 체계화되어야 한다. 먼저 비즈니스 이론에 대한 기업의 전제를 검증해야 한다. 사회와 사회구조, 시장, 소비자, 기술과 같은 비즈니스 환경에 대한 기업의 전제를 검증하는 일도 포함돼 있다. 둘째, 주요한 위험과 기회가 일어날 수 있는 환경에 대한 정보는 더욱 긴급하게 다뤄져야 한다. 그러면 회사는 그 특별한 임무에 대해 어떤 전제들을 가진다. 셋째, 회사의 임무를 완수하는 데 필요한 조직 핵심 역량에 대한 전제들이 있다. 소프트웨어는 병원, 대학교, 또는 보험회사와 같은 특수 그룹에 맞추어진 정보를 제공할 수 있도록 디자인되어 있을 것이다.

회사는 소비자와 비소비자에 대한 정보처럼 스스로 필요로 하는 정보를 만들 수 있다. 그러나 아무리 큰 회사라 할지라도 그들이 필요로 하는 정보를 획득하고 체계화할 수 있는 외부 전문가를 고용해야 한다. 정보의 원천은 너무나 다양하기 때문이다. 모든 종류의 데이터 은행, 데이터 서비스, 다양한 언어의 잡지, 무역협회나 정부의 출판물, 세계은행 보고서, 과학논문, 또는 특수화된 연구논문 등 외부 정보가 모두 원천이 될 수 있다.

당신은 회사의 전략과 전제를 재검토하게 만드는 정보를 가지고 있는가?

" 지능정보 시스템 테스트는 위급 상황에 대처하기 위한 것이다. "

궁극적으로 지능정보 시스템의 테스트는 위급 상황에 대처하기 위한 것이다. 임원은 사건이 매우 심각해지기 전에 사건을 조정하고, 분석과 이해를 통해 적절한 조치를 취해야 한다.

다수의 미국 금융기관은 1990년대 말 아시아 국가의 경제적 붕괴에도 큰 충격을 받지 않았다. 그들은 아시아 경제와 아시아 통화의 관점에서 '정보information'의 의미가 무엇인지 생각했다. 그리고 점차 아시아 각국에 있는 지사와 합병회사에서 얻은 모든 정보를 없앴다. 그들이 깨달은 그 정보들은 단지 '데이터data'에 불과했다. 대신 그들은 단기차용과 각 국가의 변제균형 사이의 비율에 있어서 단기차관을 이용할 수 있는 정보를 체계화하기 시작했다. 이런 과정을 통해 불가피하게 아시아가 공황상태에 빠질 것이라고 예측한 것이다. 그들은 그 나라에서 철수할 것인지 장기간 동안 머물 것인지를 결정해야 함을 알았다. 즉 어떤 경제 데이터가 의미 있는지 생각한 후, 그 데이터들을 체계화하고 분석하고 해석했다. 그들은 데이터를 정보로 바꾸었고, 무엇을 실행해야 할지 실행 전에 결정했다.

주위 환경에서 주요 요인을 확인하라. 위급한 상황을 최소화할 수 있는 요인들에 대한 정보를 가져라.

" 미래를 위한 예산은 좋을 때나 나쁠 때나
언제나 안정적으로 유지되어야 한다. "

기업이나 비즈니스 분야가 아니라도 모든 기관에는 예산이 있고, 경기 순환에 기준을 두고 있다. 지출은 경기가 좋을 때는 전반적으로 증가하고, 경기가 나쁠 때는 전반적으로 감소한다. 이런 수치는 미래의 기회를 놓치게 만든다. 리더가 해야 할 가장 중요한 일은 현재의 비즈니스를 유지하기 위해서 지출하는 운영 예산을 가늠하는 것이다. 이 예산에 대해서는 항상 "운영을 위해 필요한 최소한은 무엇인가?"를 질문해야 한다. 그러고 나서 경기가 나쁠 때는 하향 조정해야 한다. 이후에 리더는 미래를 위한 예산을 분리해야 한다. 미래를 위한 예산의 조성은 "이런 새로운 활동들이 적절한 성과를 창출하기 위해 필요한 최대한의 자금은 얼마인가?"라는 질문에서 시작해야 한다. 예산 총액은 경기가 좋고 나쁨에 상관없이 유지되어야 한다. 그렇지 않으면 경기가 최악이 되었을 때 지출을 유지하는 것 자체가 기업의 생존을 위협할 수 있다.

기회 창출을 위한 자본을 포함해서 발전 예산을 준비하라. 경기에 상관없이 자본의 안정성을 제공하는 것이 예산임을 명심하라.

> "'기적을 원한다면 기도를 하고, 결과를 원한다면 일을 하라'라고
> 성_聖 아우구스티누스는 말했다."

"좋은 의도는 산을 움직일 수 없지만 불도저는 움직일 수 있다"는 말이 있다. 이를 비영리기관의 경영에 대입해 보면 사명mission과 계획plan은 좋은 의도, 전략은 불도저에 해당한다. 전략은 당신이 하고자 하는 일을 성취하게 해 준다. 그렇기 때문에 비영리기관에서 전략은 특히 중요하다. 전략은 성과를 위해 일하게 만들고, 자원과 인력을 통해 얻어야 할 것이 무엇인지 말해 준다.

나는 한때 '전략'이라는 말이 군사용어라는 생각에 이 용어의 사용을 반대했다. 하지만 조금씩 그 생각이 바뀌고 있다. 사실 기업과 비영리기관의 경영에 있어서 계획 세우기planning는 지적 훈련이다. 계획을 잘 세우게 되면 모든 이가 공정하다고 느낀다. 하지만 우리는 계획을 세우기만 할 뿐, 정작 이것이 실제로 작동할 때까지는 아무것도 하지 않는다. 이와 달리 전략은 '실행중심'이다. 전략은 당신이 '원하는' 어떤 것이 아니라, 당신이 '해야 하는' 어떤 것이다. 이것이 내가 꺼려하면서도 '전략'이라는 용어를 받아들이게 된 이유다.

적절한 전략을 가져라.

" 고집스럽게 아무것도 없는 황무지에서만 살아온 사람들은
대부분 하얀 뼈만 앙상히 남긴 채 사라진다. "

전략 실행이 제대로 되지 않을 때는 따라야 할 세 가지 규칙이 있다. 첫 번째, 만약 시도해서 성공하지 못하면 다시 한 번 시도하라는 것이다. 새로운 전략은 종종 첫 시도에서 효과를 보지 못한다. 그러니 다시 시도한 뒤 다른 무언가를 하라.

두 번째, 반드시 무엇을 배워야 할지를 질문해야 한다. 예를 들어 서비스가 적당하지 않을 수도 있다. 이것을 개선하려고 노력하라. 즉 처음과 다른 노력을 기울이라는 것이다.

세 번째, 필요하다면 한 번 더 노력하라. 그다음에는 성과가 있는 곳에서 일하라. 시간, 자원, 해야 할 일들이 많이 있다.

예외적으로 황무지에서 25년 동안 일을 하여 위대한 업적을 이룬 경우도 있지만 이런 것은 무척 드문 경우다. 황무지에서 계속 일하는 사람들에게는 대체로 흰 뼈 이외에는 아무것도 남지 않는다. 물론 성공, 실패, 성과와 상관없는 곳에서 헌신을 다하는 사람도 있어야 한다.

그들은 우리의 양심이다. 하지만 이들 중 극소수만이 성취를 맛볼 것이다. 나머지 다른 이들의 보상은 천국에 있을지 모르지만 이마저도 확실하지 않다.

1,600년 전 성 아우구스티누스는 사막에서 바쁘게 교회를 짓는 수도사

중 한 명에게 "빈 교회는 천국에서도 기쁨이 없다"라고 말했다. 그러니 성과가 없다 해도 다시 한 번 더 시도하라. 그러고 나서 자세히 관찰한 후 다른 곳으로 옮겨라.

☑

당신이 첫 시도에서 성공하지 못한다면 무엇을 배워야 할지 물어보라. 당신의 접근 방법을 개선하고 다시 한 번 시도하라(어쩌면 세 번째 시도까지 포함해서). 그런 다음에는 다른 것을 하라.

" 전략을 기획한다는 것은
현재의 결정으로 미래를 대처하는 것이다. "

일반적인 계획일 때는 "무엇이 일어날 것 같은가?"라고 묻는다. 반면 불확실한 것에 대한 계획일 때는 "미래를 창조할 무엇이 발생했는가?"라고 묻는다.

전략기획은 속임수가 아닌 기술이다. 분석적 사고를 통해 실행을 약속하는 것이다. 이는 체계적인 의사결정, 미래에 필요한 위대한 지식을 얻기 위한 지속적 과정이다. 이런 의사결정을 수행하기 위해 필요한 노력을 체계적으로 조직화하며, 체계적인 피드백을 통해 기대에 반하는 결정들의 결과를 측정하는 것이다.

전략적 의사결정자가 직면하는 문제는 자신의 조직이 미래에 무엇을 할지가 아니다. 오히려 불확실한 미래를 준비하기 위해 오늘 해야 할 일은 무엇인가이다. 미래에 무엇이 일어날지가 아니라 우리의 현재 생각과 행동이 어떤 미래를 만들지, 우리가 고려해야 할 시간의 범위, 정보를 지금 어떻게 합리적으로 사용할 것인지에 관한 것이다.

조직의 미래에 대한 현재의 의사결정에 집중하기 위해 필요한 전략적 기획 프로세스를 개발하라. 전략적 결정의 실행과 모니터링을 위한 직책을 만들어라. 전략이 결정의 효율성을 향상시키기 위해 각 결정들의 성과를 감사하라.

"미래는 그냥 닥치지 않는다."

　미래는 의사결정을 요구한다. 그것도 지금 당장. 그리고 미래는 위험이라는 짐을 지운다.
　또한 미래는 우리에게 행동(이 또한 지금 당장)하기를 요구한다. 미래를 위해서는 자원을 배분해야 하는데 무엇보다 인적자원을 배치해야 하며 지금 바로 일을 시작해야 한다.
　대개 현실에서 장기 계획은 수많은 오해 위에 세워진다. 사실 장기 계획은 대개 단기적인 결정에 의해 만들어진다. 단기 계획과 결정에 기반하지 않는다면 대부분의 장기 계획은 무의미해진다.
　반대로 장기 계획이 하나의 통합된 계획으로 모이지 않는다면 그 계획은 하나의 편법에 불과하거나 근거 없는 추측이나 잘못된 지침이 될 가능성이 크다.
　사실 단기냐 장기냐 하는 것은 기간의 문제가 아니다. 하나의 의사결정이 실행되는 데도 몇 달이 걸리기 때문이다. 중요한 문제는 계획의 유효 기간이다.
　장기 계획은 무비판적으로 현재 경향을 미래의 경향으로 확대 해석하거나, 지금의 제품, 서비스, 시장 그리고 기술이 내일도 통할 것이라고 추측하는 일을 막아 준다. 무엇보다 그들의 자원과 에너지를 이미 지나가 버린 과거를 지키는 데 갖다 바치는 것을 막아 준다. 계획된 모든 것은 즉각 실행되고 지켜져야 한다.

장기 계획 결정에서는 "현재 우리 비즈니스 중 포기해야 할 것은 무엇인가?" "우리가 무시해도 될 것은 무엇인가?" "우리가 어디에 새로운 자원을 공급해야 하는가?"라는 질문에 중점을 두어야 한다.

" 포기는 체계적인 연습이 필요하다. "

포기에는 "무엇을 그만둘 것인가?" "어떻게 그만둘 것인가?"를 결정하는 체계적인 연습이 필요하다. 하지만 결코 '인기 있는' 질문이 아니기 때문에 항상 미뤄진다. 대부분의 선진국에 아웃소싱 서비스를 제공하는 한 대기업에서는 매달 첫째 주 월요일에 각 부문의 최고경영진에서 관리자까지 참여해 '포기해야 할 것들에 대한 회의abandonment meeting'를 갖는다. 각 부문에서는 수행되는 서비스 중 한 가지, 그리고 한 달 뒤 회사가 서비스를 진행할 지역 중 한 곳, 혹은 세 번째 달 월요일 아침 회의의 진행 방식 등 비즈니스의 각 부문(인사 정책을 포함해)에 대해 점검한다. 이를 통해 1년 동안 3~4개 정도의 중요한 서비스와 그 2배수 이상의 서비스 수정 실행안이 결정된다. 또한 각 해마다 해야 할 새로운 것들에 대해 3~5개의 아이디어가 이런 방법으로 만들어진다. 어떤 것을, 그리고 지금까지 해 오던 방식 중 무엇을 포기할지, 혹은 새로운 것을 할지 말지 등 변화에 대한 의사결정 사항은 매달 모든 구성원에게 보고된다. 그리고 1년에 두 번, 실제로 무엇이 일어났으며 어떤 조치가 이루어졌는지에 대해서도 보고한다.

매달 첫째 주 월요일의 '포기해야 할 것들에 대한 회의'처럼 '포기'를 위한 체계적인 프로세스를 실행하라.

> " 격언에서 사윗감을 고를 때는
> "누가 딸에게 가장 좋은 남편일까?'가 아닌
> '어떤 남자가 딸을 좋은 부인으로 만들 수 있을까?'를 질문하라"고 했다. "

매각은 판매보다 마케팅의 문제다. 또한 무엇을 얼마에 팔기 원하는가의 문제가 아니다. 이런 모험이 누구에게 가치가 있고 어떤 상황에 놓여 있는가의 문제다. 가장 중요한 점은 잠재고객을 찾는 것인데 판매자와는 어울리지 않는 고객이 오히려 완벽한 고객이 될 수 있다. 고객이 이 모험을 통해 최고의 기회를 얻거나 최악의 상황을 해결할 수 있을 때 그 대가로 최고 액수를 지불할 것이다.

한 인쇄회사는 자사의 대중잡지가 자신들에게 적합하지 않다고 판단해 매각을 결정했다. 애초에 그 잡지는 출판 계약을 확보하기 위해 사들인 것이었다. 그들은 매각에 앞서 "성장하는 잡지사에게 가치 있는 것은 무엇일까?"를 물었다. 대답은 "현금"이었다. 실제로 성장하는 잡지사의 경우 막대한 현금 투자가 필요하다. 다음 질문은 "어떻게 하면 잠재고객의 요구를 충족시키고 우리도 이익을 얻을 수 있을 것인가?"였다. 그들은 "통상적으로 인쇄소에서 고객에게 인쇄 대금과 종이 값을 지불하는 기간을 30일의 말미를 주는데 우리는 90일을 주겠다"라고 결론지었다. 이렇게 해서 인쇄회사는 자신들의 조건에 맞는 출판사를 빠른 시일 안에 찾아낼 수 있었다.

자신에게 적합하지 않은 비즈니스를 확인하라. 그리고 누구에게 적합한지 생각해 보라.

" 경영자는 조직하고 구성하는 활동을
개선함으로써 성과를 향상시킬 수 있다. "

다음 다섯 가지는 경영자가 해야 할 가장 기본적인 활동이다.

- **목적 설정** : 우선 경영자는 목적을 정해야 한다. 그리고 각 목적에 맞는 목표를 설정해야 한다. 이후 목적 달성을 위해 무엇을 해야 하는지를 결정해야 하며 업무를 수행하는 사람들과 잘 소통해야 하다.
- **조직화** : 경영자는 조직을 구성해야 한다. 이에 따라 필요한 활동, 의사결정, 관계 등을 분석하고, 일을 분류해야 한다. 그 일을 관리할 수 있는 활동들을 나누고, 그 활동들을 다시 관리할 업무로 나누어 체계적으로 짜인 구조 안에서 배치해야 한다. 그리고 이를 관리할 인재를 뽑아야 한다.
- **동기부여** : 경영자는 동기를 부여하고 소통해야 한다. 또한 다양한 업무를 책임 있게 수행할 수 있는 팀을 만들어야 한다.
- **평가** : 경영자는 평가해야 한다. 즉 기준을 정해야 한다. 이중 몇몇 요소들은 조직과 그 구성원의 성과에 중요한 역할을 한다.
- **성장** : 경영자는 자신을 포함하여 조직의 구성원들이 성장하도록 해야 한다.

경영자는 목적을 설정하고, 조직화하며, 동기를 부여하고, 의사소통하고, 평가하며, 자신을 포함해 구성원들을 성장시켜야 한다.

> "'통제'란 애매한 단어다."

'목적에 따른 경영'의 가장 큰 장점은 경영자가 자신의 행동을 통제할 수 있다는 것이다. 자기통제란 단순히 그럭저럭 해나가는 것이 아니라 최선을 다하고 싶은 욕망, 즉 강력한 동기부여를 의미한다. 동시에 보다 높은 성과와 넓은 안목을 뜻한다. 목적에 의한 경영이 필요한 이유는 기업에 방향성과 효율성을 주기 위함이 아니다. 오히려 '자기통제에 의한 경영'을 가능케 하기 때문에 필요하다.

통제란 자기 자신과 일을 감독하는 것을 의미한다. 또한 타인을 지배한다는 의미도 있다. 전자는 목적이 통제의 토대가 되지만, 후자는 결코 목적이 통제의 토대가 되어서는 안 된다. 그럴 경우 경영자의 의도가 무의미해져 버리기 때문이다.

목적에 의한 경영의 가장 큰 공헌 중 하나는 자기통제에 의한 경영을 '규칙에 의한 경영'으로 바꿀 수 있다는 점이다. 기업은 비윤리적, 비전문적 또는 부적절한 것과 같이 어떤 행동과 방법들이 기업의 금기사항이 되는지를 분명히 이해해야 한다. 그러나 이런 제한 내에서 모든 경영자는 그들이 해야 할 것들을 결정하는 데 자유로워야 한다.

'목적에 의한 경영'은 널리 사용되지만 자기통제는 그렇지 않다. 왜 그런지 생각해 보라.

" 목표는 숙명이 아니라 방향이다. "

만약 목표가 단지 좋은 의도를 뜻할 뿐이라면 그저 그런 일의 하나로 전락하고 만다. 일은 항상 구체적이고, 명확하며, 측정 가능한 성과, 최종 기한, 분명한 책임 소재가 있어야 한다. 그러나 목표에 얽매이면 오히려 해롭다. 목표를 이용하는 알맞은 방법은 항공사가 비행 계획과 스케줄을 이용하는 방식과 같다. 비행 스케줄은 아침 9시에 로스앤젤레스를 출발해서 오후 5시에 보스턴에 도착하는 것이다. 그러나 그날 보스턴에 폭설이 내렸다면 피츠버그에 착륙할 것이고, 폭풍이 지나가기를 기다리게 될 것이다. 이 비행 계획은 덴버-시카고 노선의 3만 피트 상공을 비행하는 것이다. 하지만 강한 역기류나 맞바람을 만나면 비행사는 5만 피트 상공 위로 올라가거나 미니애폴리스-몬트리올 노선으로 가기 위해 항로 조정을 요청할 것이다. 물론 스케줄이나 비행 계획이 없다면 어떤 비행도 없을 것이다. 어떤 변화는 새로운 스케줄과 비행 계획을 세우는 데 직접적인 영향을 미친다. 마찬가지로 목표는 숙명이 아니라 방향이다. 명령이 아닌 약속이며 미래를 결정하는 것도 아니다. 목표는 미래를 만들기 위한 비즈니스 자원과 에너지를 운반하는 수단이다.

항공사가 이용하는 스케줄과 비행 계획처럼 목적지를 설정하고 이용하라.

" 관리자를 관리하기 위해서는 공동의 방향을 세우고
그릇된 방향으로 가지 않도록 막는 특별한 노력이 필요하다. "

목표를 정하는 것은 아주 중요한 일이다. 내가 아는 몇몇 유능한 경영자들은 1년에 두 번 정도 하위 관리자들에게 '경영서한'을 직접 쓰게 한다. 자신의 상사에게 쓰는 이 편지에서 하위 관리자는 자신의 관점에서 상사와 자신의 업무 목표에 대한 정의를 내린다. 그런 후 (자신이 믿는 바) 자기 자신에게 적용될 수 있는 성과 기준을 스스로 설정한다. 그다음에는 달성해야 할 목표와 각 부서에 있는 주요 장애물 목록을 작성한다. 상사와 회사가 자신에게 지원해야 할 것이 무엇인지, 또한 자신을 방해하는 것이 무엇인지도 기록한다. 마지막으로 내년에 최종 목표에 도달하기 위해 무엇을 해야 할지에 대한 초안을 작성한다. 만약 이것을 상사가 받아들이면 경영서한은 작성자(하위 관리자) 스스로가 운영한다는 전제에서 회사의 승인서가 된다.

양방향의 이해는 하향식 명령과 논의로는 절대 이루어질 수 없다. 이것은 상향식 커뮤니케이션으로만 얻을 수 있다. 이를 위해서는 기꺼이 듣고자 하는 상사의 의지와 하위 관리자들이 잘 들을 수 있도록 특별히 고안된 제도 모두 필요하다.

당신의 상사에게 1년에 두 번씩 경영서한을 작성하여 보고하라.

업무에 적합한 조직을 찾아라

" 조직 내에서 스스로 진화하는 유일한 것은
무질서, 갈등 그리고 업무수행의 결함malperformance이다. "

한 세기 전 경영의 개척자들이 옳았다. 그들 말처럼 조직 구조는 필요하다. 특히 현대 기업은 조직을 필요로 한다. 하지만 이런 개척자들은 단 하나의 올바른 조직이 있다는 잘못된 가정을 했다. 올바른 조직을 찾는 대신, 업무에 적합한 조직을 찾고, 발전시키고, 테스트하는 일이 필요하다.

조직에 필요한 기본 원칙이 있다. 첫째, 조직은 투명해야 한다. 사람들은 자기가 일하고자 하는 조직 구조를 이해해야 하고, 알아야 한다. 둘째, 해당 조직의 누군가는 주어진 영역에 한해 최종 결정을 내릴 수 있는 권한을 가져야 한다. 또한 권한과 책임이 비례하는 것은 당연한 원칙이다. 셋째, 조직의 각 구성원에게는 오직 한 사람의 관리자만 있어야 한다. 이런 원칙은 건축가에게 일을 맡기는 것과 크게 다르지 않다. 사람들은 건축가에게 어떤 종류의 빌딩을 지을지 말해 주지 않는다. 대신 제한하는 요소만 전달해 준다. 조직 구조의 다양한 원칙 또한 대개 그러하다.

당신의 조직이 투명한지, 결정 권한이 투명한지, 권한과 책임이 동등한지, 각 구성원이 오직 한 명의 관리자를 두고 있는지를 살펴라.

수량화는 위험하다

> " 사회생태학에서 대부분 현상에 대한 정량화는 잘못된 것이거나 무가치하다. "

내가 수량화를 좋아하지 않는 가장 중요한 이유는 사회적 문제와 사건은 수량화가 될 수 없기 때문이다. 예를 들어 헨리 포드는 1900~1903년에 유행하던 경제학 명언인 "제품을 적게 만들고 가격을 높게 책정한다"를 무시했다. 포드는 가격을 낮추고 생산을 늘려야 한다고 생각했다. 그의 '대량생산'이라는 발명품은 산업경제를 완전히 바꾸었다.

심지어 포드가 미국은 물론 전 세계적으로 가장 부유한 사업가가 되고 수년이 지난 1918~1920년 말까지도 포드의 영향력을 수량화하지 못했다. 그는 산업생산, 자동차 산업, 일반 경제를 개혁했고 무엇보다 산업에 관한 인식을 완전히 바꾸어 놓았다. 당시 전 세계를 완전히 바꾼 것은 '한계수익'이었다. 하지만 통계학적으로 중요해질 쯤에는 이는 더 이상 미래가 아니었다. 심지어 현재도 아닌 과거였다.

지금은 수량화할 수 없지만 10년 후에는 당신의 조직을 바꿀 수 있는 특별한 사건을 찾아보라. 그것이 주는 기회를 유리하게 사용하고 앞서 나가라.

" 오늘 '계급의 종말'이라는 정책을 들었다. 이것은 뻔한 거짓말이다. "

산업사회는 평등 대신 종속에 기초를 두고 있다. 따라서 평등주의자처럼 산업사회를 공격하는 일은 산업과 사회의 성격 모두를 잘못 이해하고 있는 것이다. 사회의 궁극적 목적을 위해 사람들의 노력을 조화시키는 다른 모든 제도처럼 기업은 계층화를 바탕으로 조직되어야 한다. 물론 사장부터 청소부까지 모든 사람들은 기업의 성공을 위해 똑같이 필요한 존재로 인식되어야 한다. 대기업은 진급에 있어서 동등한 기회를 제공해야 한다. 이것은 전통적 요구인 정의, 인간 존엄에 대한 기독교적 사상의 결과다.

하지만 기회의 평등이 보상의 절대적 평등을 뜻하지는 않는다. 오히려 기회의 평등은 보상의 불평등을 가정하고 있다. 정의의 관점에서 보면 성과와 책임이 똑같지 않으면 보상 또한 똑같을 수 없기 때문이다.

당신의 조직은 사장과 청소부의 기여를 모두 가치로 평가하는가? 아니면 단지 사장의 기여만 가치로 평가하는가?

조직의 특성

" 조직은 수단이다. 다른 수단처럼
주어진 일이 전문화될수록 성과는 더 커진다. "

 조직은 특수한 목적을 가진 기관이다. 조직은 하나의 일에 집중하기 때문에 효과적이다.

 예를 들어 보자. 당신이 만약 미국폐협회American Lung Association에 가서 "미국 성인 90퍼센트가 내성발톱으로 고생하고 있다. 이 사회악을 없애는 데 당신들의 연구와 건강교육, 예방활동이 절실하다"라고 말한다면 "우리는 단지 사람의 엉덩이와 어깨 사이에 무엇이 있는지에만 관심이 있다"라는 답변을 듣게 될 것이다. 이는 건강보건협회나 미국폐협회 등의 건강 분야의 조직들이 어떻게 성과를 낼 수 있었는지 설명해 준다.

 사회, 공동체, 가정은 어떤 문제가 생기더라도 이에 대처할 수 있어야 한다. 한 조직이 이렇게 대처하는 방식을 '다각화'라고 한다. 조직 내의 다각화는 분권화를 의미한다. 이는 기업, 노동조합, 학교, 병원, 지역봉사단체, 교회 등 모든 조직의 성과 역량을 파괴시키는데 조직이 각각의 좁은 지식영역의 전문가로 구성되어 있기 때문이다.

 그래서 전문가, 즉 지식근로자들의 임무는 수정처럼 투명해야 한다. 한 가지 목표를 향해 나아가야 하며 그렇지 않을 경우 조직 구성원들은 혼란에 빠진다. 그들은 자신의 전문 업무에만 전념할 뿐 일반적인 업무는 하지 않는다. 그들은 조직에 자신만의 가치를 조직에 부여할 때 전문성이라는 개념으로 '성과'를 정의할 것이다. 오직 투명하고 공통된 임무만이 조직을 하나로 뭉치게 하며 성과를 만든다.

조직 구성원 모두가 동일하게 인식할 수 있는 분명한 초점과 임무를 확실히 하라. 그리고 조직이 결과 창출에 집중할 수 있게 하라.

> " 연방주의는 최고경영진을 운영관리의 의무로부터
> 벗어나게 하면서 알맞은 역할을 자유롭게 하도록 한다. "

기업 경영에서 필요한 것은 중앙과 각 부문 모두에 경영적 역할과 권력을 부여해 주는 원칙이다. 이 원칙이 연방주의이며, 이 원칙하에서 모든 기업 경영은 독립된 단위로 인식된다. 연방기업과 모든 독립된 단위들은 동일한 사업체다. 마찬가지로 동일한 경제적 요인은 전체 기업과 모든 (독립된) 단위의 미래를 결정한다. 전체를 위해 기본적 의사결정은 동일하게 이루어져야 하며, 실행의 유형과 종류 역시 같아야 한다. 따라서 전체는 기본적인 기능을 책임지는 종합적이며 통일된 경영을 해야 한다. 즉, 기업이 속할 산업을 결정하고, 인적자원을 구성하고 선택하고 훈련하며, 미래 지도자에 대한 검증도 관리해야 한다.

동시에 각 단위는 그 자체가 하나의 사업체다. 그들은 자신만의 제품을 생산한다. 각 단위는 제한된 범위 내에서 폭넓은 독립권을 가져야 한다. 다시 말해 각 단위는 그들만의 경영권을 지녀야 한다. 자치경영은 운영관리여야 하며 장기적인 기본 정책보다는 주로 현재나 가까운 미래에 집중되어야 한다. 하지만 제한된 범위 내에서는 실제 최고경영진의 기능을 이행할 수 있어야 한다.

연방제의 원칙을 최대한 활용하라.

연방제 분권화의 강점

" 연방제 원리의 최강점은 모든 조직 원리 중 유일하게
초기에 최고경영자를 준비하고 검증하는 데 있다. "

'연방제 분권화'에서 한 회사는 많은 독립된 사업체 중 하나로 설립된다. 각 단위는 자신의 실행과 성과를 통해 회사 전체에 공헌해야 할 책임을 지닌다. 또한 자치경영으로 단위를 운영하는 자신만의 경영권이 있다. 연방제 원리에 의해 크고 복잡한 조직을 여러 개의 작고 단순한 사업체로 나누는 것이 가능해진다. 따라서 모든 경영자는 그들이 하는 사업을 충분히 이해할 수 있고, 자신의 업무, 노력, 기술에만 갇혀 있기보다는 전체 조직의 성취를 목표로 일을 진행할 수 있다. 목표와 자기 통제에 의한 경영이 효과적이기 때문에 경영자 아래의 사람들과 하위 단위 또한 더 이상 구속하지 않아야 한다. 물론 이 구속은 경영책임 범위 안에서 제한해야 한다. 무엇보다 연방제 원리의 가장 큰 강점은 '경영자의 성장과 발전'에 있다. 이 부분 때문에 연방제 원리는 자연스럽게 다른 무엇보다 더 선호되는 조직 운영 원리가 되었다.

연방제 원리에 따라 조직화함으로써 사람들에게 최대한의 책임감을 주어라. 다양한 사람들을 성장시킬 수 있는 조직이 되어라.

연방제 분권화의 필요조건

> " 최소한의 각 단위는 회사의 이익에 기여하기보다
> 회사에 이익을 가져다주어야만 한다. "

연방제 분권화에는 엄격한 조건이 필요하다. 이는 오직 다수의 진정한 사업체를 조직할 수 있는 기업에서만 활용할 수 있으며 최소한의 각 단위는 회사에 순수 이익으로 기여해야 한다.

연방제 분권화는 최고경영진의 업무를 명확히 정의하며 충분한 고민이 이뤄진다면 가능하다. 연방제가 제대로 작동된다면 최고경영진은 자신의 업무, 즉 방향, 전략, 목표, 미래를 위한 중요한 의사결정만 수행하면 된다. 연방제 원리는 자치적 사업체, 즉 운영 단위에 많은 책임을 요구한다. 즉 각 단위는 최대한의 자치권을 가지는 만큼 최대한의 책임도 함께 져야 한다. 연방제 분권화에는 중앙통제와 공통된 원칙에 의한 평가가 필요하다. 각 단위의 관리자와 전체이 최고경영진은 둘 다 각 경영에서 예상할 수 있는 성과에 의미를 두고 어떤 발전이 중요한지를 알아야 한다. 자치권을 인정하기 위해서는 신뢰가 바탕이 되어야 한다.

회사의 단위는 자치적이지만 그렇다고 독립적이지는 않다. 또한 그렇게 되어서도 안 된다. 자치권은 회사가 좋은 성과를 얻기 위한 수단일 뿐이다.

자치 단위들이 최대한의 권한(자율성)과 의무(책임)를 가졌는지 확인하라. 성과 여부를 명백히 하는 통제 시스템을 확립함으로써 이것을 수행하라.

> "총체적 경영과 장기적 미래 복지에 영향을 미치는 의사결정은 중앙 경영의 몫으로 그 결정을 유보하는 일종의 '최고법 조항supremacy clause'이 있어야 한다."

분권화된 단위 기업의 경영진은 자신들의 결정권에 대해 심사숙고해야 한다. 전사적 통합과 회사의 미래와 관련된 결정 사항들이 있기 때문이다. 이런 결정은 오직 전체를 바라보고, 전체를 책임지는 사람만 할 수 있는 일이다. 특히 회사가 조각조각 쪼개지기보다 전체로 남기를 원한다면 '유보된 세 가지 영역'이 반드시 있어야 한다. 우선 최고경영자 혹은 최고경영진은 어떤 기술, 시장, 상품에 투자할 것인지, 어떤 사업을 시작하고 끝낼지, 그리고 회사의 기본 가치와 믿음, 원칙은 어떠해야 하는지를 결정해야 한다. 둘째, 주요 자본 요소를 배분하고 조절해야 한다. 자본 조달과 투자는 연방 조직의 자치단위로 책임을 돌릴 수 없으며 최고경영진이 책임져야 할 부분이다. 셋째, 다른 중요 자원인 인적자원은 전체 조직 차원에서 관리해야 한다. 연방제로 조직화된 회사의 사람들, 특히 관리자와 핵심 전문가들은 어느 한 단위 기업에 속하기보다 회사 전체의 자원이다. 분권화된 자치경영에서도 인사에 대한 주요 정책은 최고경영진이 결정해야 할 몫이다. 물론 자치경영자들의 적극적인 참여가 필요하다.

어떤 중요한 결정에 대해서는 최고경영진의 몫으로 유보하라. 특히 임무, 가치, 조직의 방향, 자산 분배, 주요 임원 선출과 관련한 것들은 유보하라.

> "주요 원칙은 거짓된 분권을 최후 수단으로서만 고려하라는 것이다."

하나의 단위를 하나의 사업체로 구성할 때 연방제 분권화 방식에 맞설 만한 조직설계 원리는 어디에도 없다. 하지만 우리는 많은 거대한 기업이 진정한 각각의 사업으로 분화될 수 없다는 사실을 이미 알고 있다. 그들은 여전히 규모의 한계와 기능과 팀 구조의 복잡성에서 명확히 벗어나지 못했다. 이런 조직 문제에 대한 방안으로 많은 기업이 거짓된 분권으로 잘못된 방향 전환을 하고 있다. 거짓된 분권의 구조적 단위 형태는 비즈니스가 아니다. 하지만 그들은 마치 비즈니스인 양 최고의 자치권과 자신만의 경영권을 가지며, 어쨌든 이익과 손실에 대한 책임을 지는 것처럼 보인다. 그들은 외부 시장보다는 내부에서 결정된 교환가격transfer prices으로 사고 판다. 즉 그들은 '비용의 20퍼센트'라는 식의 내부에서 할당된 표준 수수료standard fee를 통해 이익을 달성한다.

가능하다면 최소한의 이익책임 단위를 활용해 내부 경쟁력을 만들어라. 수익은 각 단위에서 나오는 것으로 생각하고 수익과 비용을 연결시켜라.

" 기여도Contribution가 순위와 보직을 결정한다. "

그렇다면 조직 내에서 어떤 활동이 공동 활동이고, 어떤 활동이 개별 활동일까? 기여의 종류에 따라 활동들을 각 집단으로 나누기 위해서는 다양한 조사·분석이 필요하며 다음과 같이 크게 네 가지 활동으로 구분할 수 있다.

첫째, 성과 창출 활동이다. 회사 전체의 수행과 성과에 직·간접적으로 관여하면서 측정 가능한 결과를 만드는 활동을 말한다.

둘째, 지원support 활동이다. 비록 그 활동이 경영에 꼭 필요하고 심지어 본질적인 역할을 한다 하더라도, 그 스스로는 결과를 창출하지 않는 활동이다. 이 활동은 오직 조직 내 다른 구성요소들이 만들어 낸 산출물을 통해서만 성과를 얻을 수 있다.

셋째, 비즈니스의 성과와 직·간접적으로 관계가 없는 부수적인 활동이 있다.

마지막으로 최고경영진의 활동이다. 이는 성과 창출 활동 중에서도 직접적으로 수익을 가져온다. 판매 업무를 조직화하고 체계화하기 위한 모든 업무와 혁신적인 활동들이 여기에 속한다. 또한 사업에 자본을 공급하고 관리하는 재무 기능도 포함된다.

중요한 활동이 결코 중요하지 않은 활동보다 경시되어서 안 된다. 수익 창출 활동이 비수익 창출 활동보다 무시되거나, 지원 활동이 수익을 창출하고 성과에 공헌하는 활동과 혼동되어서는 절대 안 된다.

성과가 나는 활동을 조직에서 가장 돋보이게 하라. 지원 활동은 성과 창출 활동의 하위에 두어라. 직원 복지 활동은 직원에게 위임하라.

커뮤니케이션의 핵심은 수신자에게 있다

" 커뮤니케이션을 더 잘하고 싶다면
발신자가 아니라 수신자로서 일해라. "

커뮤니케이션을 하는 사람은 바로 듣는 사람이다. 듣는 사람이 없다면 커뮤니케이션도 없다. 단지 잡음만 있다. 사람은 이해한 것만 인지할 수 있다. 마찬가지로 듣는 사람이 사용하는 언어나 말로서만 커뮤니케이션을 할 수 있다. 말은 경험에 기초한다. 우리는 일반적으로 인지하려는 것만 인지하고, 보려는 것만 보고, 들으려는 것만 듣는다. 스스로 원하지 않는 것은 전혀 받아들이지 않는다. 커뮤니케이션은 항상 수요를 만든다. 늘 뭔가를 요구한다. 수신자에게 다른 누군가가 되라고, 뭔가를 하라고, 믿으라고 끊임없이 요청한다. 또한 커뮤니케이션은 늘 동기부여에 호소한다. 만약 이것이 갈망이나 가치, 동기부여와 반대된다면 전혀 수용되지 않거나 거부당한다. 커뮤니케이션이 지각되는 곳에서 정보는 논리다. 순수하게 형식적이며 의미를 가지지 않는다. 정보는 항상 암호화되어 있다. 암호화된 정보를 사용하기 위해서, 그리고 상대방이 받아들이기 위해서는 그 코드가 알려져야 하고 수용자가 이해할 수 있어야 한다.

☑

수신자에게 정보 교환을 요구함으로써 더 나은 커뮤니케이션을 위한 조치를 취하라. 다음과 같은 질문을 공식화하라. "당신이 믿는 그 목표가 다음 분기에 당신이 맡아야 할 분야에 적절한가?"

" 직원의 업무 목적은 지식을 높이는 데 있지 않다.
그것은 오직 경영자와 전체 조직의 성과를 향상시킬 때에만 정당하다. "

직원들은 수년 동안 지속될 가장 중요할 일에 집중해야 한다. 물론 그 중요한 일이 영원히 지속되지는 않는다. 예를 들어 회사 경영 조직을 재편성하는 일과 같이 영원히 지속될 것 같지 않은 주요 업무는 일회성 과제로 다뤄지는 편이 낫다. 직원의 일은 아주 중요한 일들로 제한되어야 한다. 직원의 업무 증가는 비효율성을 증가시킨다. 더 안 좋은 것은 이런 일로 인해 경영진과 성과를 창출하는 사람들의 효율성까지 떨어진다는 점이다. 직원 업무의 가짓수를 면밀히 조정하지 않으면, 직원들은 경영자의 가장 부족한 자원인 시간을 점점 더 많이 집어삼킬 것이다.

직원의 업무가 효과적이려면 특별한 목표와 목적, 명확한 목표 대상과 최종 기한이 필요하다. "우리는 3년 내에 동맹파업을 반으로 줄일 것이다" 처럼 명확한 목표는 업무를 생산적으로 만든다. 반면 '종업원 관리하기', '소비자 유인에 관한 연구'처럼 모호한 목표는 생산성을 저하시킨다.

3년에 한 번 정도 모든 직원과 함께 앉아서 이렇게 질문하는 것은 중요하다. "최근 3년 동안 회사를 차별화하는 데 어떤 기여를 하였는가?"

직원은 몇 명만 남겨서 소규모로 유지해라. 모든 직원의 업무에 명확한 목표와 최종 기한을 정하라. 목표는 조직의 목표와 직접적으로 연관되게 만들어라.

> " 만약 직원들이 업무로 자신들을 증명하지 못하면,
> 경영진들에게 신뢰성을 잃게 되고
> '이론가'일 뿐이라며 묵살당할 것이다. "

'직원 규칙'은 '직원 업무 규칙'만큼이나 중요하다. 만약 그들이 다수의 직무에서 관리 업무를 여러 번 성공적으로 해내지 못하면 역할을 주지 말라. 만약 직원이 운영관리 경험이 부족하면 운영관리를 우습게 여기고 단순히 '기획자'로 보게 될 것이다. 요즘은 기업뿐 아니라 정부에서도 경영학이나 법학을 전공한 젊은 사람을 분석가, 기획자, 또는 고문 등의 자격으로 선임 직원으로 두고 있다. 조직을 운영하면서 드러나는 그들의 오만함이나 반대rejection는 오히려 그들이 총체적으로 비생산적이라는 사실을 보여 준다.

물론 드물게 예외는 있지만, 직원 업무가 어느 한 사람의 '경력' 자체가 되어서는 안 된다. 오히려 경력의 일부여야 한다. 사원으로 5~7년 동안 일한 후에는 운영관리 업무로 옮겨가야 하고, 이후 5년 정도는 직원으로 활동하면 안 된다. 그렇지 않으면 그들은 곧 스크린 뒤에서 줄을 당기는 사람이 될 것이다. 배후 인물, 킹메이커, 위대한 이간질쟁이다!

직원을 운영관리 업무 안팎으로 순환근무를 시켜라.

" 홍보는 과장광고, 유언비어, 눈속임을 함축하고 있다. "

일반 대중에게 홍보란 광고(상품 광고부터 시작해 생산자 광고까지 확장된)를 뜻한다. 하지만 회사의 미덕이나 성과를 확인시키는 것보다 회사의 문제를 대중에게 알리는 일이 더욱 중요하다. 이것은 이런 문제를 지닌 대중에게 다가가기 위해서는 기업이 대중의 문제를 먼저 이해해야 함을 깨닫게 해 준다.

큰 기업의 중요한 의사결정은 노동자, 소비자, 시민과 같은 대중에게 어느 정도 영향을 미친다. 대중은 기업의 모든 조치에 의식적 혹은 무의식적으로 반응할 것이다. 그러나 회사가 내린 결정이 유효한지는 대중의 반응에 달려 있다. 간단히 말해 모든 기업은 사회 속에서 움직인다는 것이다. 따라서 경영진이 내린 결정의 효과는 비즈니스의 문제뿐 아니라 그 문세에 대한 대중의 태도까지 이해하고 있느냐에 달려 있다. 따라서 홍보 프로그램은 본사와 각 부서의 관리자들에게 대중의 태도와 신념, 그리고 그것들 뒤에 숨어 있는 이유에 대해 지식을 제공할 수 있어야 한다.

회사 결정에 대한 대중의 반응을 이해하라. 회사에 대한 대중의 태도를 이해하고 그 태도를 평가하라. 기업은 대중의 의지에 따라 존재 여부가 결정된다는 사실을 인지하라.

" 중간관리자층의 '체중 조절'을 시작하라. "

이제는 중간관리자층의 체중 조절을 시작해야 할 때다. 첫 번째 방법은 자연감소법이다. 은퇴, 사임, 죽음으로 인해 직무가 공석이 되면 그 자리를 6~8개월 동안 비워두고 어떤 일이 일어나는지 보라. 인위적으로 자리를 채우려 하지 않는다면 결과적으로 그 자리 자체가 사라질 것이다. 이것을 시도한 몇몇 회사들은 6개월 후에 공석의 약 50퍼센트가 사라졌다고 한다.

대형화된 중간관리자의 규모를 줄이는 두 번째 방법은 승진을 직무 확대job enlargement로 바꾸는 것이다. 젊은 관리자와 간부들 심지어 이들 밑에서 일하는 더 젊은 사람들에게 만족감과 성취감을 주기 위해서는 더욱 크고 도전적이며, 더 많은 노력을 요구하고, 더욱 자율적인 것으로 업무를 만들어 줘야 한다. 그와 동시에 눈에 띄는 성과에 대한 보상으로 승진보다는 동일한 직급의 다른 보직으로 배정하는 방법이 점점 많이 사용되고 있다.

수평 조직을 만들어라. 조직을 민첩하고 효과적으로 만들려면 조직의 구조, 내용, 방향에 관한 정보 처리를 활용해라.

335~365

경영과 사회

The Daily Drucker

우리는 변화의 출발점에 있다

" 만약 이 변화가 적절한 것이고 의미 있다면
어떤 변화를 가져올 것인가?"

사회생태학자의 임무는 다음과 같은 질문을 통해 사회를 바라보는 것이다. "모든 사람들이 알고 있는 것과 다른 변화가 일어났는가?" "이론적 틀의 변화는 무엇인가?" "이것이 일시적 유행이 아닌 변화라는 증거가 있는가?" "만약 이 변화가 적절하고 의미 있다면 어떤 기회를 가져오는가?"

간단한 예로 핵심 자원으로서의 지식의 발생이다. 제2차 세계대전 이후 미국에서의 퇴역군인 권리장전GI Bill of Right은 모든 퇴역군인들에게 정부 지원하에 대학에 진학하도록 했다 전례 없는 진전이었다. 내가 관심을 갖고 이것이 기대, 가치, 고용에 있어서 어떤 효과가 있을지에 관해 질문하게 된 것은 1940년대 후반이었다. 인간의 역사에서 지식이 사회의 생산적인 자원으로서 중요한 위치를 차지하면서 더욱 확실해졌다.

우리는 분명히 중요한 변화의 출발점에 서 있다는 생각을 하게 됐다. 그리고 10년 뒤인 1950년대 중반, 누구나 경제의 새로운 중심으로서 '지식업무', '지식사회'에 대해 자신 있게 말할 수 있었다. 물론 새롭게 떠오르는 인재로서 '지식근로자'까지 말이다.

'모든 사람들이 알고 있는 것'과 다른 변화들을 확인하라. 그리고 그것이 주는 기회를 활용하라.

" 격변의 시대에서 경영의 첫 번째 과제는
변화의 충격을 견딜 수 있는 조직 역량 확보다. "

휘몰아치는 시대에서 경영의 과제는 먼저 새로운 변화의 충격에 적응하며, 변화를 기회로 활용할 수 있도록 조직의 역량을 확고히 하는 것이다. 즉 조직의 생존 능력을 갖추는 일이다. 사회적 혼란에 관한 정의는 불규칙하고 변화무쌍하다. 하지만 그러한 혼란 아래 흐르는 근본적 원인은 분석하고 예측하고 관리할 수 있다.

인구구조와 인구동력의 거대한 변화, 특히 선진 서구와 일본의 인구구조와 인구동력의 이동이 지금의 거대한 사회적 혼란을 일으키는 가장 중요하고 근본적인 새로운 원인이다. 바로 경영진이 주목해야 하는 부분이다. 이런 이동은 이미 세계경제의 형태를 바꾸고 있으며 재정 관리에 기반한 다국적기업을 대신해 상품의 공유와 시장관리를 바탕으로 한 '초국가적인 연합'을 이끌어 내고 있다. 또한 새로운 소비자시장을 창출한다. 그리고 노동력 부분에도 큰 변화를 가져오는데, 각기 다른 기대와 개성을 가진 노동자들만 남을 것이다. 이는 고정된 은퇴연령에 대한 개념을 버리게 한다. 그 변화는 정리해고 계획을 만들라는 요구와 기회를 가져올 것이다.

당신의 계획에 영향을 미치는 사회 혼란의 근본적인 원인을 정의하고 조직을 보호하기 위하여 지금 해야 할 일은 무엇인지 결정하라.

" 역사는 나선형으로 변화한다.
이전의 위치로 돌아간다. 하지만 더 높은 수준으로. "

우리는 또다시 기업가정신이 강조되는 시대로 향하고 있다. 하지만 이 기업가정신은 한 사람이 혼자서 경영하고 감당할 수 있는 사업체를 조직하던 100년 전과는 다르다. 새로운 기업가정신에서 중요한 것은 조직을 창조하고 지도하는 능력이 될 것이다. 지난 80년 동안 발전한 경영적 기반을 바탕으로 기업가정신의 새로운 구조물을 지을 수 있는 사람이 필요하다. 역사는 나선형으로 변화해 왔다. 즉 모든 것은 이전의 위치 혹은 이전의 문제로 되돌아간다. 물론 이전보다 더 높은 수준으로 되돌아간다. 이러한 방식에서, 우리는 100년 전 '1인 기업가'의 낮은 레벨의 기업가정신에서 관리자의 기업가정신으로 연결된 길 위로 되돌아간다. 그리고 다시 돌아오는데, 이번 역시 이전보다 더 높은 수준의 기업가정신으로 돌아온다. 사업가는 여러 가지 새로운 능력을 획득해야 하지만 그 모든 능력은 조직 내에서, 그리고 조직을 통해서 실행되어야 한다.

조직에 기업가적 문화를 설계하라.

" 우리는 비용과 가치에 대한 정보를
갖기 전까지는 결과를 낼 수 없다. "

기본 구조적 정보는 고객과 자원을 위한 가치에 맞춰져 있다. 회계에 대한 개념과 도구는 지금 가장 근본적인 변화 앞에서 고통을 겪고 있다. 새로운 회계 방식은 단지 거래 기록에 대한 다른 견해가 아니라 비즈니스가 무엇인지, 성과가 무엇인지에 대한 전혀 다른 개념을 제안한다. 따라서 연구개발연구소 소장처럼 회계 업무와 전혀 관련 없는 관리자들 또한 회계 방식의 변화로 인해 새롭게 나타난 기본적인 이론과 개념들, 즉 활동기준 원가, 가격중심 원가, 경제사슬 원가, 경제적 부가 가치, 벤치마킹 등이 무엇인지 이해해야 한다. '활동기준 원가 activity-based costing'는 고객이 실제로 상품을 구매할 때까지 소요되는 상품과 서비스에 대한 모든 비용을 나타낸다. 이는 한 번의 분석으로 비용과 가치를 통합하는 데 필요한 토대를 제공한다.

활동기준 원가에 대한 책을 하나 선택하라. 그리고 이 회계 개념에 대한 전략, 개념, 절차상의 문제 등을 마스터하라.

가격을 어떻게 결정할 것인가

" 문제는 기술적인 것이 아니다. 정신적인 것이다. "

서구 회사들은 전통적으로 소요 비용에 기반을 두고 이익을 추정해 가격을 결정한다. 이를 원가중심 가격 산정Cost-led pricing이라고 한다. 반면 가격중심 원가 산정Price-led costing은 고객이 지불하기를 원하는 가격을 기준으로 상품 디자인부터 서비스까지 모든 필요한 비용을 결정한다. 마케팅은 고객이 해당 상품과 서비스에 지불하기 원하는 가격에 대한 정보를 제공한다.

복합기능팀cross-functional은 주어진 가격에 따라 비용 분석을 진행한다. 그 팀은 먼저 자본 투자와 리스크를 보상하기 위해 필요한 이익을 계산하고 나서 제품과 서비스에 대한 허용 가능한 비용을 결정한다. 그런 후 제품의 유용성과 가능한 비용 사이에서 적절한 균형점을 찾는다. 가격중심 원가 산정 방식하에서는 전체 경제의 기본 구조가 고객을 위한 가치 창조와 필수 투자수익률을 확보하면서도 비용 목표를 충족시키는 데 중점을 둔다.

☑

조직에서 사용하고 있는 비용-가격 산정 방법을 조사하라. 원가중심 가격 산정인가, 가격중심 원가 산정인가? 고객 가치를 창조하는 데 중점을 두어라.

> " 활동기준 원가는 사고방식이 완전히 다르다. "

전통적인 원가 산출 방식은 지금 활동기준 원가 계산Activity-based costing accounting 방식으로 아주 빨리 대체되고 있다. 전통적인 원가 산출 방식은 노동, 자원, 간접비 등 시작 지점부터 비용을 설계한다. 이는 이른바 제품 원가로 불리는, 생산 관련 비용에 집중한다. 반면 활동기준 원가 계산은 거꾸로 최종적인 것에서부터 시작한다. 이 방식은 "원가 대상과 관련된 활동의 완전한 가치사슬을 수행하는 데 어떤 활동과 연관 비용이 사용되는가?"라고 묻는다. 또한 활동기준 원가는 품질과 서비스 비용을 포함한다.

설계 단계에서 이미 제품과 서비스의 품질까지 설계하기 때문에 설계 비용이 증가할 수 있다. 하지만 이 경우 품질보증 및 서비스 비용은 감소할 것이다. 따라서 사슬의 전반부에 발생한 비용 증가를 극복하게 되는 것이다. 그리고 전통적인 원가 산출 방식과는 달리, 이것은 제품과 서비스를 생산하는 데 드는 모든 비용을 포함한다.

✓

활동기준 원가 계산은 그 사고방식이 완전히 다르다. 특히 재정 보고서에 활동기준 원가를 넣을 필요가 없는 회계 담당 직원들에게는 더욱 그렇다. 회계 담당 부서에 이 문제를 제기하라.

경제사슬 원가 계산의 장애

" 경제사슬 원가 계산 방식으로 바꾸기 위해서는
(온전한 전체 사슬을 따라서) 통일된 회계 체계가 필요하다. "

실제 비용은 전체 프로세스의 비용이다. 심지어 가장 큰 회사도 전체 프로세스상에서는 하나의 고리일 뿐이다. 그렇기 때문에 회사는 비용 산출에 있어 자체 조직에 소요되는 것만 포함하던 것에서 전체 경제 프로세스, 즉 경제사슬에서의 비용으로 그 산출 방식을 바꾸고 있다. 하지만 경제사슬 원가 계산economic-chain costing 방식을 시행하는 데는 넘어야 할 장애 요소가 있다. 그래서 많은 사업체에서 이 방식으로 변화할 때 큰 어려움을 겪는다. 왜냐하면 이는 최소한 모든 비즈니스에서 양립할 수 있는 회계 체계를 필요로 하기 때문이다. 하지만 아직까지는 많은 회사가 자신만의 방식으로 회계를 하고 있으며 심지어 그 체계가 유일한 방식이라고 확신하고 있다. 더욱이 경제사슬 원가 계산 방식은 회사 간에 공유할 수 있는 정보를 필요로 하는데 아직까지도 회사 내부에서조차 정보 공유를 반대하는 경향이 있다. 하지만 이런 장애에도 불구하고 앞으로는 경제사슬 원가 계산을 하게 될 것이다. 그러지 않으면 아무리 튼튼한 회사라고 해도 원가 증가로 인해 손해를 입고 고통을 겪을 것이다.

경제사슬 원가 계산 방식을 시행하는 데 장애 요소가 무엇인지 분석하여 극복하고, 조직에서 경제사슬 원가 계산 방식을 이행하라.

> " 투입된 비용보다 더 큰 이익을 발생하지 않는 이상,
> 부富는 창출되지 않는다. 부를 잃을 뿐이다. "

지식사회에 있어서 총요소생산성total-factor productivity 측정은 중요한 도전 중 하나다. 수동업무manual work는 양을 측정하는 일로 충분하다. 그러나 지식사회에서는 양과 품질 모두 관리해야 한다. 하지만 우리는 여전히 방법을 모른다. 그래서 수입과 지출의 공통 요소를 활용하여 총요소생산성을 평가하는 데 노력을 기울여야 한다. 경제적 부가가치EVA, Economic Value Added는 자본비용을 포함한 모든 비용에 대한 부가가치를 측정함으로써 사실상 모든 생산요소들의 생산성을 측정한다.

기업이 마치 수익이 있었던 것처럼 세금을 내는 일에 대해 신경 쓰지 마라. 보고된 이익이 자본비용을 초과할 때까지는 전체 비용을 감당하지 못한다. 자본비용보다 더 큰 이익이 발생할 때까지는 손해를 볼 것이다. 이것이 경제적 부가가치의 인기가 높아지는 이유다. 경제적 부가가치 그 자체는 왜 특정한 제품이나 서비스의 가치가 커지지 않는지, 또는 그러려면 어떻게 해야 하는지를 알려주지 않는다. 단지 어떤 상품, 서비스, 작업, 활동이 그렇게 높은 생산성과 가치를 가지는지를 보여줄 뿐이다. 우리는 스스로에게 "이러한 성공들에서 무엇을 배울 수 있을까?"를 물어보아야 한다.

조직, 혹은 상품과 서비스를 위한 '경제적 부가가치'를 계산해 보라.

" 벤치마킹은 최소한 그 리더만큼 잘하는 것이
경쟁의 전제조건이라고 가정한다. "

경제적 부가가치EVA 분석은 글로벌 시장에서 기업의 경쟁력이 어떠한지 평가할 수 있는 좋은 시작점이다. 하지만 여기에 우리는 벤치마킹을 더 해야 한다. 벤치마킹은 회사가 세계적인 경쟁력을 가지는지 그 여부를 알 수 있게 도와주는 도구다. 정확히 말해 한 회사가 하는 일은 다른 회사도 할 수 있다고 가정한다. '최고의 실행자'들은 때로는 동일한 서비스 조직이나 한 회사의 내부 조직, 경쟁업체는 물론이고 심지어 산업 외부 조직에서도 발견된다. 경제적 부가가치와 벤치마킹은 총요소생산성을 측정하고, 그것을 관리하는 데 필요한 진단 도구를 제공한다. 그것들은 경영진이 기업 내부에서 일어나는 일들을 관리하고 측정하기 위해 이해해야 하는 새로운 도구들 중 하나다. 이 둘을 합치면, 지금까지 우리가 이용해 왔던 도구들 중 최고의 도구가 될 것이다.

제품, 서비스, 비교할 만한 다른 조직의 프로세스, 혹은 해당 산업 밖의 자료까지 모아서 벤치마킹 연구에 착수하라. 최고의 실행자와 당신이 서로 경쟁자임을 확실히 하기 위해서는 성과 측정 기준을 만들어야 한다.

인사결정은 자원 배분보다 어렵다

" 자본과 사람의 배분을 어떻게 하느냐가
그 조직이 잘할 것인지 못할 것인지를 결정한다. "

　자본과 실행 인력의 배분은 경영자가 그 사업에 관해 알고 있는 모든 것을 구체적인 활동으로 전환시킨다. 그 배분이 조직이 잘 해낼 수 있을지 없을지를 결정한다.

　조직은 자본을 배분할 때처럼 깊이 생각하여 인적자원을 목적에 맞게 나누어야 한다. 기업이 자본 투자를 이해하기 위해서는 투자수익률, 투자액의 회수기간, 현금 유동성, 할인현재가치의 네 가지 평가 기준을 살펴야 한다.

　이 네 가지 평가 기준은 경영진에게 미래의 자본 투자에 대한 각기 다른 부분을 말해 준다. 각 기준은 각기 다른 시각으로 투자를 바라본다. 의사결정권자는 혼자서 자본 투자를 평가해서는 안 된다. 프로젝트 집단의 한 부분으로서 평가해야 한다. 그리고 기회와 위험 사이의 최고의 비율을 보여 주는 집단을 선택해야 한다. 자본 지출의 성과는 기대치와 대조해 사후감사 과정에서 평가되어야 한다. 그런 과정에서 모아진 정보는 미래 투자 결정에 도움을 줄 수 있다.

　고용과 해고, 승진에 관한 결정은 경영에서 가장 중요한 결정 중 하나다. 이는 자본 배분 결정보다도 더 어렵다. 조직은 사람에 대한 의사결정을 내릴 때 자본에 대해 결정할 때만큼 매우 엄격하고 체계적인 프로세스를 가지고 있어야 한다. 경영진은 기대사항과 대조하며 사람을 평가할 필요가 있다.

지난해의 당신이 내린 자본 배분 결정을 점검해 보라. 만족할 만한가? 고용과 승진에 관한 결정도 점검하라. 만족스러운가? 당신의 자원 배분 프로세스를 피드백 분석에 기초해서 변화시켜라.

성공적 인수합병을 위한 여섯 가지 법칙

" 인수합병은 성공적이어야 하지만 대부분 거의 성공하지 못한다. "

경영자는 성공적인 인수합병을 원하지만 대부분 성공하지 못한다. 실패하는 까닭은 항상 똑같다. 성공적인 인수합병에 관해 잘 알려져 있는 풍부한 경험적 법칙을 무시했기 때문이다. 성공적인 인수합병을 위한 여섯 가지 법칙은 다음과 같다.

첫째, 성공적인 인수합병을 위해서는 재정상의 전략이 아닌 비즈니스 전략에 근거해야 한다. 둘째, 합병하는 사람이 인수합병에 무엇을 기여하는지에 기반해야 한다. 셋째, 양자는 시장, 마케팅, 기술, 핵심 능력과 같은 공통의 핵심 영역을 공유해야 한다. 넷째, 인수합병을 하는 회사는 비즈니스, 상품, 인수한 회사의 고객, 그리고 그 가치를 존중해야 한다. 다섯째, 최대 1년, 하지만 가급적 짧은 기간 안에 인수된 기업의 비즈니스를 위해 최고의 경영을 제공할 준비를 해야 한다. 마지막으로 성공적인 인수합병은 인수하는 사업체와 인수되는 사업체에 있는 사람들이 승진할 수 있는 기회를 신속히 만들어야 한다.

이 여섯 가지 법칙을 바탕으로 세 개의 인수합병 가능성을 평가하라. 당신의 조직이 추진할 만한 것으로 무엇을 추천하겠는가?

> "'특가품은 없다'
> 그리고 '당신은 지불에 대한 최상의 것을 얻는다.'"

성공적인 인수합병을 하려면 재정적 분석이 아닌 비즈니스 계획에 바탕을 두어야 한다. 합병 목표는 합병하는 회사의 비즈니스 전략과 맞아야 한다. 그렇지 않으면 합병은 실패한다. 20세기 최악의 인수합병은 W. R. 그레이스W. R. Grace의 최고경영자 피터 그레이스Peter Grace가 진행한 합병이다. 그레이스는 뛰어난 사람이었다. 1950년대에 재정 기반 인수 합병을 통하여 세계적인 다국적기업을 설립하기 시작했다. 그는 재정분석가 집단을 모았고 그들로 하여금 가격/수입 비율이 낮은 기업들을 전 세계적으로 인수하게 하였다. 대부분의 회사들을 그가 생각하는 싼 가격으로 인수했다. 그레이스는 재정 분석은 완벽했으나 비즈니스 전략이 없었다.

반대로 인수합병을 통해 가장 성공적으로 성장한 회사는 GE다. 잭 웰치가 최고경영자로 있는 동안 주요한 성과를 올렸다. 판매와 수익에서 회사를 성장시키고 회사의 시장 가치를 높인 가장 큰 요인은 GE캐피털의 팽창형 인수합병이었다. 물론 증권회사를 인수할 때 같은 큰 실패도 있었다. 그러나 GE캐피털의 인수합병은 모두 올바른 사업 전략에 의해 진행됐다.

당신의 조직에 의해 행해진 인수합병을 생각해 보라. 무엇이 인수합병의 기초였는가? 전략인가, 재정인가? 어떤 결과가 나왔는가?

인수자가 무엇에 기여하는가

> " 성공적인 기업 인수는
> 인수한 회사가 무엇을 기여하는가에 달려 있다. "

　인수합병은 인수하는 회사가 인수된 회사에 무엇을 기여할 수 있는지를 생각해야만 성공할 수 있다. 아무리 그 합병의 시너지 효과가 매력적으로 보일지라도 말이다. 또한 인수된 회사가 인수자에 대해 무엇을 기여하는지도 중요하지 않다. 그러나 인수한 회사가 기여할 것은 다양하다. 경영이나 기술적인 부분, 혹은 유통에서의 강점일 수 있다. 이러한 기여는 반드시 재정 이외의 다른 부분이 되어야 한다. 재정 그 자체만으로 충분하지 않다.

　트래블러스Travelers의 시티은행 인수는 성공적이었다. 인수회사인 트래블러스는 자신들이 시티은행에 기여하는 부분이 어떤 중요한 차이를 만들 수 있을지에 대해 깊게 고민하고 계획했다. 사실상 세계 모든 나라에서 시티은행은 성공적으로 설립되었고, 다국적 경영을 해 왔다. 하지만 금융상품과 서비스 부문에서는 여전히 전통적 은행의 방식이었다. 그러나 트래블러스는 다양한 상품과 서비스를 보유하고 있었다. 트래블러스가 기여할 수 있는 그 지점은 시티은행이 보유한 최고의 전 세계 유통시스템과 경영을 이용해 팔 수 있는 비즈니스 규모를 적은 비용 또는 추가 비용 전혀 없이 엄청나게 크게 키울 수 있었다.

인수결정을 하기 전에 먼저 시너지가 아닌 기여에 집중하라.

> " '공통의 문화'가 있어야 한다.
> 아니면 최소한 '문화적 공감'은 있어야 한다. "

성공적으로 다각화된 모든 것처럼 기업 인수에 의한 다각화가 성공적이려면 공유하는 핵심의 통일성이 있어야 한다. 비록 생산 프로세스가 유사해서 통일된 경험과 전문성, 공통의 언어가 있다고 해도 두 개의 기업을 하나로 통합하기 위해서는 기술과 시장 중 하나는 공통으로 가지고 있어야 한다. 그러한 핵심의 통일성이 없으면 다각화, 특히 인수합병에 의한 다각화는 절대 진행되지 않는다. 이는 재정적인 부분만으로는 이룰 수 없는 일이다.

샴페인, 최신 유행의 디자인, 고가의 시계와 향수, 수제화 등 모든 종류의 명품으로 유명한 프랑스 어느 대기업을 예로 들 수 있다. 이 대기업은 수많은 명품 제조사를 인수해서 설립되었다. 이런 상품들은 겉보기엔 공통점이 없어 보인다. 하지만 이런 고급 명품들이 고객에게 팔리는 이유는 같다. 사람들이 그런 제품을 구입하는 까닭은 실용성이나 가격 때문이 아니라 지위를 상징하기 때문이다. 모든 성공적인 인수 작업에서 공통적으로 나타나는 특징은 고객의 가치를 중시한다는 것이다. 샴페인과 명품 의류는 분명 아주 다른 상품이지만, 소비자가 사는 이유는 상당히 비슷하다.

인수 합병 시 두 회사 사이에 공통의 문화나 문화적 공감이 있는지 확실히 확인하라.

비즈니스 가치를 존중하라

"인수합병은 기질적으로 딱 맞아야 한다."

성공적인 인수합병을 하려면 인수하는 회사는 제품과 시장, 인수한 회사의 고객들을 존중해야 한다. 예를 들어 화장품 회사의 인수를 시도했던 많은 제약회사들 중 인수에 제대로 성공한 사례가 하나도 없다. 제약회사 연구원, 생화학 연구원은 건강과 질병에 관심을 가진 신중한 사람들이다. 그래서 그들에게는 립스틱이라는 상품과 그것을 사용하는 고객들이 경박하고 경솔하게 보였다. 마찬가지로 큰 TV네트워크 기업과 엔터테인먼트 회사들이 출판사를 인수했던 사례를 살펴보자. 그들은 책은 미디어가 아니며, 출판사의 주요 고객인 독자와 작가는 TV시청률과 무관하다는 관점을 가지고 있었다.

비즈니스는 일반적으로 신속한 결정을 요구한다. 하지만 자신의 제품과 사용자를 존중하지 않거나 호의적으로 느끼지 않으면 잘못된 결정을 내린다.

당신에게 익숙한 비즈니스를 인수하라. 두 회사 사이에는 기질적으로 딱 맞는 부분이 있는가? 서로의 비즈니스를 존중하라.

"그 사람들이 파는 비즈니스는 그들의 '자식'과 마찬가지다."

인수합병 초기에는 인수된 회사를 위해 최고의 경영을 제공할 수 있어야 한다. 인수하는 기업은 인수된 기업의 최고경영자들이 자리를 떠날 것에 대비해야 한다. 조직의 보스로서 최고경영을 했던 이들이기에 어느 한 부문의 경영자 자리는 그들에게 결코 반길 만한 일이 아니다.

만약 그들이 (인수된) 회사의 오너이거나 공동소유주였다면, 합병 후에 많은 이익을 얻게 된다. 굳이 원하는 게 아니라면 그 자리에 있을 이유가 없다.

또한 그들이 회사의 소유권이 없는 고용된 전문경영자들이라면 더욱 쉽게 다른 자리를 구할 수 있을 것이다. 그때 새로운 최고경영자를 채용한다는 것은 좀처럼 이기기 힘든 도박을 하는 것과 같다.

이런 상황은 특히 자신이 직접 세운 회사를 팔게 된 CEO에게 적용된다. 사실 인수합병을 시작하는 이들이 대개 그 CEO들이다. 그들은 자신들이 차마 할 수 없었던 변화를 인수자가 대신 해 주기를 기대한다.

예를 들면 가까운 친구이자, 자신들과 함께 충실하게 회사를 키웠지만 이젠 너무 커 버린 나이 많은 직원을 해고하는 일 같은 것이다.

그럼에도 그 CEO에게 회사는 여전히 '자식'과 같은 존재이다. 회사가 다른 누군가에게 넘어가는 순간부터, 그들은 방어적으로 변하며, 자신의 일은 지금 회사를 소유한 무정한 '외부인'으로부터 '자식'을 보호하는 것이라고 여기게 된다.

당신 회사나 다른 회사가 진행한 최근의 인수합병을 조사하라. 인수된 회사의 최고경영자에게 무슨 일이 일어났는가?

" 정치적으로, 인수된 기업의 직원들은
인수한 기업인 '그들'에 대항하여
자신들의 사업체를 방어하기 위해 결성한 '우리'가 된다. "

비록 모든 규칙들이 정확하게 지켜졌을지라도 많은 인수합병이 결국 실패하거나 그들의 기대를 충족시키기까지 오랜 시간이 걸린다. 법적으로 인수된 회사는 인수한 회사의 부분이다. 하지만 정치적으로는 다르다. 인수된 회사의 직원들은 인수한 회사 사람들을 '그들'로 규정하고 그들에 대항하여 자신의 사업체를 방어하기 위해 결성한 '우리'가 된다. 인수한 회사 사람들 역시 이와 비슷한 관점에서 생각하고 행동한다. 이런 보이지 않는 높은 장벽이 없어질 때까지는 오랜 시간이 걸린다. 그러므로 인수합병 이후 처음 몇 달 이내에 양사의 모든 직원들을 차별 없이 보다 나은 직위로 승진시켜야 한다. 이러한 방식은 양사 직원들이 인수합병을 개인적인 기회로 삼도록 만든다. 이때 목표란 양사의 관리자들에게 인수합병이 자신들에게 개인적인 기회를 제공한다는 확신을 심어 주는 것이다. 이러한 원리는 경영진이나 높은 직위의 사람들뿐 아니라 젊은 관리자, 전문가들을 포함해 모든 직원에게 적용된다. 만약 직원들이 인수합병 때문에 승진이 좌절된다고 느낀다면 그들은 합병 반대 의사를 드러낼 것이다. 그리고 경영에서 물러난 경영자들보다도 서둘러 새로운 직업을 찾을 것이다.

인수합병 이후 사람들을 승진시킬 것임을 확실하게 밝혀라.

" 실제 경영은 법률이 아닌 온전한 경제적 사슬의
범위에서 새롭게 세운 전제에 근거해야 한다. "

　실제 경영은 법률이 아닌 온전한 경제사슬의 범위에서 새롭게 세운 전제에 근거해야 한다. 세계 곳곳에서 비즈니스 성장이나 확장은 더 이상 인수합병이나 완전한 소유권을 가진 창업 등에 의해 이뤄지지 않을 것이다. 점점 더 다른 행정 관할 구역에 위치한 조직과의 전략적 제휴, 협력, 합작투자 그리고 다른 모든 종류의 관계에 기반할 것이다. 또한 이런 조직 관계는 점점 더 법률적인 것이 아닌(고로 정치적인 것이 아닌) 경제적 단위에 바탕을 둬야만 한다. 앞으로의 성장이 완전한 소유권이나 명령, 지배보다 협력에 기반하게 될 이유는 많다. 가장 중요한 이유는 글로벌 세계경제와 세분화된 세계 정치 체제 아래에서 공히 운영될 수 있어야 하기 때문이다. 물론 협력이 이런 문제를 완벽하게 해결해 줄 수는 없다. 그러나 만약 경제적 단위가 법률 단위가 아닌 경제적 현실성이 정치와 법률로부터 구분될 수 있는 관계, 즉 협력이나 제휴, 합작투자의 형태가 될 수 있다면 현실에서 벌어지는 경제와 법률 사이의 충돌은 크게 줄어들 것이다.

　매우 성공적인 미국 회사는 남미에 많은 공장들을 세웠다. 그보다 덜 알려진 미국 회사는 남미에 있는 회사와 전략적 제휴를 맺기로 결정했다. 첫 번째 회사는 비참하게 실패했다. 반면에 두 번째 회사는 성공했다. 두 회사의 성공과 실패의 원인을 생각해 보라.

성공적인 제휴를 위한 원칙

" 제휴는 성공하면 심각한 문제가 되는 경향이 있다. "

제휴의 실패율이 벤처사업의 그것보다 높지 않다 하더라도 제휴가 성공했을 때 큰 문제가 되는 경향이 있다. 종종 서로의 목표와 목적이 양립할 수 없다는 게 분명해지기도 한다. 이를 다음의 방법을 통해 예방할 수 있다.

1. 제휴가 맺어지기 전에, 모든 당사자는 제휴 목표와 초기 사업 목표를 충분히 생각해야 한다.
2. 합작 사업 운영 방법에 대한 사전 협정은 파트너 모두에게 중요하다.
3. 이후, 그 제휴를 누가 관리할지에 대해 주의 깊게 생각해야 한다.
4. 각 파트너는 합작 사업과 다른 파트너들과의 관계를 위해 자기 조직 내에 대비책을 마련할 필요가 있다. 가장 좋은 방법은 (특히 큰 조직에서는) 모든 '위험한 관계dangerous liaisons'를 한 명의 임원에게 맡기는 것이다.
5. 최종적으로 논쟁을 해결할 방법에 대한 사전 협정이 있어야 한다. 최고의 방법은 논쟁 전에, 당사자들 모두가 받아들일 수 있는 최종 결정을 내릴 수 있는 중재인에 대해 합의하는 것이다.

흔히 제휴를 '위험한 관계'라고 말한다. 제휴를 맺을 때 매우 위험한 부분은 무엇인가?

공공기관 혁신의 가장 큰 장해물

" 공공서비스기관은 최적화보다는 최대화하려고 한다. "

공공서비스기관에서 혁신의 가장 큰 장해물은 이 기관이 결국 좋은 일을 하기 위해 존재한다는 것이다. 이는 공공서비스기관이 임무를 경제적 원칙 면이나 비용과 이익에 달려 있다고 보기보다는 도덕적 원칙 면에서 보는 경향이 있음을 뜻한다.

경제는 항상 더 큰 결과를 얻기 위해서 같은 자원을 차별적으로 배당한다. 하지만 공공서비스기관에는 높은 성과 같은 것이 없다. 만약 누군가가 '좋을 일'을 한다면, 그것보다 '더 나은 것'은 없다. 실제로 좋은 일을 추구하는 데 있어 목표 달성의 실패는 단지 노력이 더 필요하다는 것을 의미할 뿐이다.

크루세이드Crusade의 대표는 기아에 반대하며 "지구에 배고픈 어린이가 한 명이라도 있는 이상 우리의 임무는 완성되지 않을 것이다"라고 주장했다. 그런데 그가 만약 "기존의 배급망을 통해 닿을 수 있는 가능한 많은 수의 아이들이 발육이 저해되지 않을 정도로 먹을 수 있다면, 우리의 임무는 완성될 것이다"라고 말한다면 그는 해고당할 것이다. 하지만 만약 목표가 최대화하는 데 있다면 그것은 절대 달성되지 않을 것이다. 또한 실제로 (최대화한) 목표에 다가갈수록 더 많은 노력이 요구된다. 왜냐하면 일단 최적화에 이르게 되면 추가 비용은 기하급수적으로 올라가는 반면 그에 따른 추가 성과는 급격하게 떨어지기 때문이다. 그러므로 공공서비스기관이 목표에 근접할수록 좌절은 심해질 것이며, 이미 한 것을 계속 수행하기는 더 어려워질 것이다.

교도소 선교회Prison Fellowship는 석방된 죄수들이 새로운 범죄를 저질러 다시 감금되는 비율을 줄이려고 노력한다. 그들이 이른바 '상습적 범행'을 없애기 위해 노력하는 것이 왜 현명하지 않은 일일까?

내부고발자

" 내부고발은 윤리적으로 판단하기 애매한 행위이다. "

오늘날 조직윤리의 쟁점은 '휘슬 블로어Whistle-blower(내부고발자)'에 대한 의무와 사장이나 조직에 의한 억압과 보복에서 내부고발자를 보호하는 데 집중되어 있다. 이는 아주 고결한 생각인 것 같다. 물론 부하 직원에게는 상사나 조직의 법 위반은 말할 것도 없고, 상사의 악행에 대해서도 공개적으로 알리고 개선조치를 요구할 권리나, (권리가 없다면) 의무가 있다. 그러나 상호 의존하는 윤리적 맥락에서 내부고발은 모호하다.

확실히, 상사 또는 조직이 도덕적인 적정선이나 법을 지나치게 위반하여 하급자(혹은 그 친구나 자녀, 심지어 그 배우자라도)가 도저히 묵과할 수 없는 악행이 있다. 이는 결국 중범죄를 뜻한다. 이런 경우 그 범죄를 밝히지 않게 되면 더욱 범죄를 심화시키고, 결국 법적 책임까지 져야 하는 공범이 될 수 있다. 그러나 그 외의 경우라면? 내부고발을 장려하기 위해 상사와 부하 직원을 묶어 주는 신뢰의 끈을 좀먹게 하는 것은 안 될 일이다. 내부고발의 장려는 반드시 하급자로 하여금 하급직원을 보호하려는 상급자의 능력과 의지를 불신하게 만들 것이다.

사베인스–옥슬리 Sarbanes-Oxley**법은 기업이 부패했을 때 내부자가 휘슬 블로어가 되도록 장려한다. 이 법률 제정이 조직원의 결속에 어떤 영향을 미칠지 생각해 보라.**

" 비즈니스에서 잘하는 것do well만으로는 충분하지 않다.
훌륭해야 한다do good. 하지만 '훌륭하게' 하기 위해서는 '잘해야 한다.' "

비즈니스가 경제적 성과의 한계를 무시하거나 경제적으로 지탱할 수 없는 사회적 책임을 지게 될 때마다 사업은 곧 위험에 빠진다.

유니언 카바이드Union Carbide가 웨스트버지니아주 비엔나의 실업을 완화하기 위해 그곳에 공장을 세울 때, 유니언 카바이드는 그곳의 실업에 대해 사회적 책임이 없었고, 책임질 능력도 없었다. 그 공장은 거의 수익을 내지 못했고 결국 쇠퇴해 갔다. 기껏해야 겨우 유지하는 정도였다. 이것은 필연적으로 공장이 사회적 책임, 심지어 공장 스스로가 만든 영향에 따른 책임까지도 감당할 수 없다는 것을 의미했다. 그 공장은 처음부터 비경제적이었기 때문에, 유니언 카바이드는 실업 문제를 해결하라는 모든 요구에 대해 오랫동안 저항했다. 일자리에 대한 관심이 환경에 대한 어떠한 우려보다 중요시되었던 1940년대 후반에는 이러한 특별한 요구에 대한 결과를 예견할 수 없었다. 그러나 어떤 종류의 요구들은 늘 예측할 수 있다. 고로 경제적으로 불합리하고 지지할 수 없는 사회적 책임에 대해 절대 책임져선 안 된다. 이것은 감상적인 일이다. 결과는 항상 큰 손해로 돌아온다.

비즈니스가 훌륭한 일을 하기 위해서는 먼저 잘해야 하는데, 그렇다면 정말 매우 잘하고 있는가?

정신적인 가치

" 오직 연민만이 구원할 수 있다.
지금 세상에서 가장 약한 자들에게 일어나는 일에 대해 (그것이 무엇이 되었든)
책임감을 가져야 한다는 암묵적 지식, 바로 영적인 지식이다. "

사회는 영적spiritual 가치로 돌아갈 필요가 있다. 이것은 물질적인 것을 보충하기 위해서가 아니라 충분한 생산성을 위해서다. 비록 인류 전체에게는 먼 이야기일 수 있지만, 오늘날은 물질적 풍요로움, 아니 최소한 물질적 충족함을 약속해 준다. 인류는 영적 가치로 돌아갈 필요가 있는데, 이는 인류에게 동정심이 필요하기 때문이다. 동정심을 가지기 위해서는 당신과 내가 하나라는, 모든 고등 종교가 공유하는 깊은 경험이 필요하다.

테러, 박해, 대량학살이 일어나는 시대에 도덕적 냉정함의 단단한 껍질로 무장하는 것이 생존을 위해 필수적인 일일지도 모른다. 그것이 없다면 우리는 무력하게 만드는 절망 앞에 굴복해야 할지도 모른다. 그러나 도덕적 마비는 또한 마음과 영혼에 닥치는 무서운 재앙이며 치명적인 위험이다. 도덕적 마비(냉정함)는 잔인함과 박해를 (용납하는 것은 아니라 하더라도) 부추긴다. 우리는 이미 19세기의 윤리적 인본주의로는 사람들이 짐승이 되는 것을 막을 수 없다는 것을 배웠다.

개개인은 영적 가치로 돌아갈 필요가 있다. 왜냐하면 인간은 생물학적, 생리학적인 존재일 뿐 아니라 정신적 존재, 즉 인간은 창조자의 목적에 의해서 존재하는 창조물이며 그에게 복종하는 존재라는 사실을 다시 확인할 때라야만 오직 현재의 인간적인 상황에서 살아갈 수 있기 때문이다. 오직

이럴 때만, 각 개인은 물리적인 몰살의 절박한 위협이 자신의 존재와 의미, 그리고 책임을 무효로 만들지 못한다는 것을 알게 된다.

절박한 몰살의 위협이 존재하는 상황에서 영적인 가치가 없다면 어떻게 우리는 우리의 존재 의미와 책임성을 유지할 수 있는가?

" 키에르케고르에 의하면 인간의 실존은 오직 영적인 개인으로서의 삶과
사회 시민으로서의 삶이 동시에 일어나는 데서 오는 불안,
그 불안 상태에서만 가능하다. "

사회의 이성적인 특성의 분열과 개인과 사회 간의 이성적인 관계의 분열은 우리 세대의 가장 혁명적인 특징이다. 만약 사회가 오직 개인이 사회 안에서만 살기를 원한다면 그가 절망 없이 죽을 수 있게 만들어 주어야 한다. 이것은 개인적인 삶이 의미가 없을 때에만 가능하다. 당신이 만약 나무의 잎이라면, 즉 사회조직체에서 세포와 같은 존재라면, 당신의 죽음은 더 이상 죽음이 아니다. 오히려 집단적 재생의 한 과정이라고 부르는 것이 나을 것이다. 당연히 당신의 삶도 진정 의미 있는 삶이 아닌 전체 삶 안에서의 기능적 과정에 지나지 않으며, 전체적 관점 외에는 어떤 의미도 부여받지 못한다. 그래서 사회에서의 인간 실존을 선언하는 낙천주의는 곧바로 절망에 이른다. 그리고 이 절망은 전체주의에 다다르게 만들 수 있다.

하지만 인간의 실존은 절망과 비극이 아닌 상태로 있을 수 있다. 신앙 안에서 실존은 가능해진다. 신앙은 불가능을 가능으로 만드는 신에 대한 믿음이다. 신 안에서 시간과 영원은 하나이며, 삶과 죽음 모두 의미 있다.

다음 문장을 되새기길 바란다. "인간의 실존은 오직 영적인 개인으로서의 삶과 사회의 시민으로서의 삶이 동시에 일어나는 데서 오는 불안, 그 불안 상태에서만 가능하다."

> " 신앙은 인간을 죽음에 이르게 할 수 있지만
> 또한 그를 삶으로도 이끌 수 있다. "

나의 연구는 전적으로 사회에 초점을 두었다. 하지만 1928년의 어느 날 내 삶이 전적으로 사회 안에서만 이루어지는 것은 아니라 오히려 사회를 초월한 존재론적 차원을 통해 이루어진다는 사실을 알게 되었다. 그럼에도 여전히 나는 키르케고르의 에세이를 제외하고는 전적으로 사회에 관해 연구하고 있다.

비록 키르케고르의 신앙이 지독한 고독과 고립, 인간 존재의 부조화를 극복할 수 없을지라도, 그것들에 의미를 부여함으로써 견딜 수 있게 해 준다. 전체주의적 교리의 철학은 사람을 죽게 할 수 있다. 이러한 철학의 힘을 과소평가하는 것은 위험하다. 슬픔과 고통, 대재앙과 공포의 때에 인간을 죽음에 이르게 하는 주요 요소가 되기 때문이다.

키르케고르의 신앙 역시 사람을 죽음에 이르게 할 수 있다. 하지만 반대로 삶으로 이끌 수도 있다. 신앙은 불가능을 가능으로 만드는 신에 대한 믿음이며, 신 안에서는 시간과 영원이 하나이고, 삶과 죽음이 모두 의미를 가진다. 신앙은 인간이 창조물이라는 인식이다. 이 창조물은 자율적인 존재도, 세상의 주인도, 마지막도, 중심도 아니지만, 책임과 자유가 있는 존재다.

신앙은 인간의 근원적인 외로움을 수용하는 것이다. 그리고 이 외로움은 물론 죽음의 시간까지도 신은 언제나 인간과 함께한다는 확신을 통해 극복할 수 있다.

사회에 의한 구원은 결국에는 늘 실패해 왔다. 인간으로서의 삶과 사회 속에서의 삶 모두를 지탱할 수 있는 목적을 찾아라.

> " 만약 자유가 안전과 모순된다면,
> 대중들은 안전을 선택할 것이다. "

세계의 합리성이 회복될 것이라는 약속이 있다면 대중들은 자유를 포기하게 될 것이다. 만약 자유가 평등과 모순된다면 그들은 자유를 포기할 것이다. 안전과 모순된다면 안전을 선택할 것이다.

자유의 유용성이 악을 내쫓는 데 도움이 되지 않게 된 이래로 자유롭거나 자유롭지 않은 것은 부차적인 문제가 되었다. 자유로운 사회가 악에 의해 위협받게 된 이래로 자유를 포기함으로써 절망으로부터 벗어나기를 꾀하거나 자유를 비난하는 것이 더욱 그럴 듯해졌다.

☑

위 글은 전쟁과 경제적 불황이라는 악마를 피하기 위해 유럽이 나치주의를 받아들이는 것과 관련 있다. 왜 사회는 강력한 제도가 없을 때 완벽한 통제와 전체주의를 더 받아들이려고 하는지 생각해 보라.

경제와 사회의 통합

" 우리시대의 위기 아래에는 산업의 현실성을
통합할 수 있는 기능적인 산업의 부재가 깔려 있다. "

생물학적 존재로서 인간에게 숨 쉴 수 있는 공기가 필요한 것처럼 사회적, 정치적 존재로서 인간은 기능사회를 가져야 한다. 그러나 인간이 사회를 가져야 한다고 해서 그가 반드시 사회를 가지고 있다는 것은 아니다. 난파선에서 공황 상태로 우르르 몰려다니는 조직화되지 않은 인간 무리를 '사회'라고 부르는 사람은 아무도 없다. 사람이 무리 속에 있다고 해서 사회 속에 있다고 할 수는 없다. 실제로 공황은 사회의 붕괴에서 온다. 그리고 이것을 극복하기 위한 유일한 방법은 사회적 가치, 사회적 훈련, 사회적 권력, 사회적 관계를 가진 사회를 회복하는 것이다. 사회 없이는 사회적 삶이 가능할 수 없다. 그것이 전혀 기능하지 않는다는 것은 충분히 상상할 수 있다.

지난 25년간의 서구 문명이 남긴 흔적을 보면, 우리는 기능사회의 존재에 대한 확실한 증거를 만들 수 있을 만큼 우리의 사회적 삶이 기능했다고 말할 자격이 거의 없다.

☑

위의 내용은 제2차 세계대전 중에 작성한 것이다. 이는 수세기에 걸친 산업 발전에도 불구하고 다른 사회제도들에는 유사한 발전이 없었음을 알려준다. 사회의 경제적 규모가 인간, 사회, 정치적 규모보다 우위에 있다고 볼 수 있는가?

> " 대부분의 비즈니스는
> 가족이 통제하고 경영한다. "

미국을 포함해 선진국의 대부분 비즈니스는 가족에 의해 지배되고 경영된다. 가족경영이라고 해서 반드시 중소 규모의 회사로 국한되는 것은 아니다. 실제 가족경영의 사례는 세계적인 기업에서도 어렵지 않게 찾아볼 수 있다.

듀폰은 1802년 회사를 설립한 이래 1970년대 중반 전문경영인 체제를 갖추기까지 무려 170년 동안 가족경영이 이루어졌다. 그렇지만 듀폰은 세계 최대의 화학회사로 성장했다.

또한 아직까지도 알려지지 않은 한 화폐상이 유럽의 각 수도에 은행을 설립하기 위해 자신의 아들들을 7곳으로 보내기 시작한 시 200년이 지난 후에도 로스차일드 가문이 경영하는 로스차일드Rothschild란 이름의 금융회사는 여전히 세계 최고의 개인 은행가 중 하나다.

경영서적과 경영교육과정은 거의 대부분 공공의 소유이거나 전문적으로 관리되는 회사만을 다룬다. 가족이 경영하는 회사는 아주 가끔 언급될 뿐이다. 물론 전문경영인 회사와 가족경영 회사 사이에는 기능적 업무, 즉 연구조사, 마케팅, 회계 등 경영이 다뤄야 할 모든 부분에서는 차이가 없다.

하지만 경영과 관련하여 가족 비즈니스는 자체적이고 매우 특별한 원칙을 필요로 한다. 이 원칙들은 아주 엄격하게 지켜져야 한다. 그렇지 않으면 가족경영 비즈니스는 번영은커녕 생존조차 하지 못할 것이다.

☑

가족경영 회사들 중 채 30퍼센트도 안 되는 회사만이 두 번째 세대까지 살아남는다. 세 번째 세대는 10퍼센트만이, 네 번째 세대까지 살아남는 가능성은 4퍼센트에 불과하다. 왜 가족 경영 비즈니스가 다음 세대로 이어지는 데 어려움이 있는지 추측해 보라.

가족경영 비즈니스를 위한 원칙

> " '가족 경영'에서 핵심 단어는
> '가족'이 아닌 '비즈니스'이어야 한다. "

　가족경영 비즈니스의 첫 번째 원칙은 직원만큼 유능하거나 열심히 일하지 않는 이상, 가족 구성원들은 비즈니스에 참여하지 않아야 한다는 것이다. 두 번째 원칙 역시 간단하다. 회사의 경영에 얼마나 많은 가족이 참여하든지, 그들이 얼마나 효율적이든 간에 어떤 분야의 최고위직은 항상 가족 구성원이 아닌 외부인에게 맡겨야 한다. 전형적으로 이것은 기술적인 전문성이 요구되는 재무나 연구개발 부문일 것이다. 마지막으로 가장 작은 부분을 제외하면 가족경영 비즈니스에서 가족이 아닌 전문가들을 요직에 배치해야 할 필요성이 점점 커지고 있다는 것이다. 제조, 마케팅, 재정, 연구조사, 인적자원 경영 등의 분야에서 가족 구성원만으로는 감당할 수 없을 만큼 많은 지식과 전문성이 요구되고 있다.

　이 세 가지 원칙을 성실하게 지켜도 경영권 승계에 어려움을 겪으며 실패하기도 한다. 사업상 필요와 가족의 기대는 충돌하는 경향이 있다. 해결책은 하나다. 상속 결정을 가족이나 회사와 무관한 외부 사람에게 맡겨라.

가족경영 비즈니스의 최고경영에 대해 배우라. 다음 세대에게 경영을 상속하는 문제를 어떻게 해결할 것인지 구성원들에게 물어보라. 비즈니스 기준, 혹은 가족 기준, 아니면 두 기준의 결합 중 어느 기준에 따라 계획을 세울지를 결정하라.

" 이미 가능한 것을 효과적으로 만드는 데 있어 부족한 것이 무엇인가?"

혁신가의 특징은 다른 것들과 무관한 것을 시스템적으로 예측하고 요소들을 분리하는 능력이다.

이미 존재하는 요소를 다른 것으로 바꿀 수 있는 잃어버린 가장 작은 부분을 찾아서 제공하는 것은 성공적인 시작이다. 최고의 기회를 만들 수 있는 혁신 영역을 찾기 위해서 누군가 물었다. "이미 가능한 것을 효과적으로 만드는 데 있어 부족한 것은 무엇인가?" "경제적 성과를 변화시키기 위한 작은 시작은 무엇일까?" "어떤 작은 변화가 우리가 가진 모든 자원의 생산 능력을 바꿀 수 있을까?"

필요성을 설명한다고 그것이 충족되는 게 아니다. 그러나 그 설명은 바람직한 결과에 대한 구체적인 모습을 제공한다. 그들이 획득할 가능성이 있는지 여부를 결정할 수 있다. 혁신은 비즈니스의 잠재력을 찾고 미래를 만드는 데 적절하다.

✓

스스로에게 위의 세 가지 질문을 하라.

데이터를 정보로

" 경영자와 지식근로자가 가져야 할 유일한 도구는 정보다!"

정보는 조직을 하나로 만들어 주며, 지식근로자 개개인을 효율적으로 만든다. 회사와 개인은 어떤 정보가 필요하고, 그것을 어떻게 얻을 수 있는지 학습해야 한다. 또한 핵심 자원으로서 정보를 어떻게 체계화해야 하는지 학습해야 한다.

데이터 리터러시data literacy(데이터를 읽고 그 안에 숨은 의미를 파악하는 데이터 해독능력)를 정보 리터러시information literacy(정보에 접근, 활용하는 능력과 함께 필요한 정보를 사용해 문제 해결에 이용할 수 있는 광범위한 능력)로 바꾸기 위해서는 두 가지의 원칙적 질문에 답해야 한다.

바로 "나의 회사가 어떤 정보를 필요로 하는가?" "내게 필요한 정보는 무엇인가?"이다. 그리고 이 질문에 대답하기 위해 다음과 같이 질문해 볼 필요가 있다.

- 나의 직업은 무엇인가? 그리고 그것은 무엇이어야 하는가?
- 나의 공헌은 무엇인가? 또는 무엇이어야 하는가?
- 조직의 원칙은 무엇인가?

당신은 각각의 고유 개념을 가진 세 개의 다른 종류의 정보를 필요로 할 것이다. 그것은 외부 정보, 내부 정보, 조직 간 정보다. 당신과 조직의 성공은 이러한 질문에 옳은 대답을 찾는 데 달려 있다.

"나의 직업은 무엇인가? 나는 어떤 공헌을 해야 하는가? 조직의 기본 원리는 무엇인가?"를 자문해 보고 "나의 조직은 어떤 정보를 필요로 하는가?" "내게 필요한 정보는 무엇인가?"라는 질문에 답하라.

드러커 저작 일람

경제인의 종말(The End of Economic man, 1939)

《경제인의 종말》은 드러커가 쓴 첫 번째 저서로 전체주의 국가에 대한 진단적 연구와 전체주의의 근원에 대해 연구한 문헌이다. 드러커는 파시즘의 대두 이유를 서술하였고, 이를 가져온 기존 기관들의 실패를 열거하였다. 또한 전체주의 사회의 역동성에 대한 이해를 발전시켰고, 미래에 이러한 파국의 탄생을 방지하기 위하여 전체주의의 원인을 우리가 이해할 수 있도록 했다. 효과적으로 기능하는 경제, 정치, 사회, 종교기관들을 개발하는 방법이 전체주의 국가의 출현을 부추겼던 상황들이 다시 대두되는 일을 막을 수 있다.

산업인의 미래(The Future of Industrial Man, 1942)

드러커는 사회 전반과 특히 산업사회에 대한 사회적 이론을 개발함으로써 기능사회의 요건들을 서술하였다. 이 책에서 드러커는 사회가 합법적이면서 동시에 기능적이기 위한 요건들을 제시하였다. 사회는 개인에게 신분과 기능을 부여해야 한다. 이 책은 "경영권력과 기업의 지배 현상을 볼 때, 개인의 자유가 어떻게 지켜질 수 있을까?"라는 질문에 대해 설명하고 있다. 미국이 제2차 세계대전에 참여하기 전에 쓰였기 때문에, 전후 유럽에 대해 낙관적이며, 절망의 시간을 통하여 희망과 가치를 재확인하고 있다. 또한 "전쟁이 끝난 뒤 우리는 어떤 희망을 가져야 할까?"라는 질문을 던지고 있다.

기업의 개념(Concept of the Corporation, 1946)

이 책은 GE의 구조, 정책, 제도를 처음으로 서술·분석한 고전이다. 사업을 조직으로 보고 공동체의 경제적 욕구 및 수요를 충족시키기 위해 인간들을 한데 모아 놓은 사회구조로 간주하고 있다. 이는 조직을 특유의 실체로 정립하고, 조직의 관리를 합법적인 연구 주제로서 발전시킨 것이다.

이 책은 사회에 관한 드러커의 초기 두 권의 책들과 경영에 관한 저서들 간의 연계를 보여 준 것이다. 분권화, 가격 설정, 이윤의 역할 및 노조의 역할에 관한 제도, 실무에 대한 구체적인 정보들을 제공했다. 드러커는 GE의 경영조직을 살펴보고, 기업이 그렇게 효과적으로 움직일 수 있게 하는 요인들이 무엇인지를 이해하려고 하였다. "기업의 핵심 원리가 무엇이며, 그것이 기업의 성공에 어떻게 기여하는가?"와 같은 질문에 답을 제시하려고 하고 있다. 책에 기술된 GE의 조직과 경영 원리는 전 세계 조직들의 모델이 되고 있다. 또한 사업을 하는 기업들의 범주를 넘어서 기업 국가 자체를 포함하는 이슈들을 다루고 있다.

새로운 사회(The New Society, 1950)

이 책에서 드러커는 그의 초기 저서인 《산업인의 미래》와 《기업의 개념》을 확대하여, 제2차 세계대전 후에 나타난 산업사회에 대한 체계적, 조직적 분석에 통합시키고자 한다. 그는 대기업, 정부, 노조 및 이들 기관 내에서 개인의 위상을 분석하였다.

이 책의 출간 후 조지 히긴스George Higgins는 〈코먼웰Commonweal〉에서 "드러커는 다른 어떤 현대의 작가들 못지않게 개별 기업 또는 회사에서의 노사관계 문제를 명쾌하게 분석했다"라고 밝혔다. 드러커는 경제학, 정치학, 산업심리학, 산업사회학 등을 꿰뚫고 있었고, 이 네 분야의 연구들을 조합함에 있어 찬사를 들을 만한 성공을 하였으며, 기업의 실제 문제들에 적용하는 데 남다른 역량을 보였다. 드러커는 근로자, 경영자, 기업의 관심이 사회와 조화될 수 있다고 생각하였다.

경영의 실제(The Practice of Management, 1954)

이 책은 경영을 제도로서, 또한 학문으로서 정의한 최초의 고전이다. 이 책을 통해 드러커는 현대 경영학의 창시자로 자리매김하게 되었다. 경영은 수세기에 걸쳐 이루어졌으나 이 책은 경영을 가르치고 학습할 학문 영역으로서 체계적으로 정의하였다. 또한 효과성(Effectiveness, 드러커는 효율성을 일의 목적과 상관없이 능률적인 개념으로 보았고 효과성은 어떤 일이 그 '목적'에 부합함을 뜻한다고 보았다)과 생산성을 개선해 보고자 하는 실무경영자들에게 체계적인 지침을 제공하였고, 기업의 관심사와 경영자 및 조직에 기여하는 사람들의 관심사들을 통합하는 진정한 경영 철학으로 목표 경영MBO을 제시하였다.

미국의 다음 20년(America's Next Twenty Years, 1957)

에세이들을 엮은 책이다. 노동 부족, 자동화, 소수가 소유하는 부의 현저한 증대, 대학 교육, 미국 정치, 부자와 빈자 사이의 양극화 등 앞으로 미국이 겪게 될 문제를 논의했다.

내일의 이정표(Landmarks of Tomorrow, 1957)

《내일의 이정표》는 인간 생활과 경험의 세 가지 주요 분야에서 이미 일어나고 있는 미래를 파악하고 있다. 첫 번째 부분은 데카르트식의 기계적 원인 세계에서 패턴, 목적, 형상Configuration의 새로운 세계로의 철학적 전환을 다루고 있다. 드러커는 지식인과 기능인이 조직되어야 할 필요성을 논의하였고, 성과를 가장 중요한 변화 요소로 다루고 있다. 두 번째 부분은 자유세계의 사람들에게 위협이 되는 네 가지 현실을 묘사하고 있다. 여기에는 교육받은 사회, 경제 개발, 정부 효과성의 감소, 동양 문화의 붕괴가 포함된다. 마지막 부분은 인간 존재의 정신적 현실에 관한 것이다. 이들은 20세기 후반 사회에서 기본적인 요소들로 간주되고 있다. 서문에서 드러커는《내일의 이정표》의 주된 발견 사항을 다시 점검하고, 오늘날의 관심사와의 관계에서도 그 타당성을 평가하고 있다.

창조하는 경영자(Managing for Results, 1964)

이 책은 경영 성과가 사업의 구체적 기능인 동시에 기여이며, 사업이 존재하는 이유라는 데 중점을 두었다. 드러커에 의하면 효과적인 사업은 문제보다는 기회에 초점을 맞춘다고 한다. 조직이 번영하고 성장하기 위해 초점을 어떻게 맞출 것인가에 관한 논의는 그의 대표 저서《경영의 실제》에서도 다루는 주제다. 초기의 저서들은 주로 어떻게 경영 기능이 학문과 제도, 실무로 자리 잡을 것인가에 중점을 두고 있었다.

이 책의 괄목할 만한 업적은 구체적인 경제 분석, 기업가 세력이 사업을 번성하게 하는 부분을 함께 다룬 것이다. 모든 성공적인 사업은 목표와 정신을 요구한다. 이 책은 사업 전략을 설명하고, 최근 화두가 되는 조직의 핵심 역량을 파악하려고 시도한 최초의 저서다.

피터 드러커의 자기경영노트(The Effective Executive, 1966)
효율적인 임원들의 구체적인 실무와 제도를 개발한 기념비적인 저서다. 기업과 정부에서 일하는 임원들을 관찰한 부분에 입각하고 있다. 드러커는 효과성의 척도는 옳은 일을 실행하게 할 능력이라는 점을 상기시킴으로써 출발하고 있다.

다음과 같은 다섯 가지 실무와 제도들을 포함한다. (1)시간을 관리함, (2)문제보다는 기여에 초점을 맞춤, (3)강점을 보다 생산적으로 만듦, (4)우선순위를 정함, (5)효과적인 의사결정을 함. 이 책의 주된 부분은 효과적인 의사결정을 하는 데 할애되고 있다.

단절의 시대(The Age of Discontinuity, 1968)
드러커는 경제 지평을 변화시키고, 내일의 사회를 창출할 변화의 힘을 명확하게 지각하고 그것에 중점을 두고 있다. 그는 현대의 사회적, 문화적 현실 저변에 깔려 있는 네 가지의 불연속성을 감지하고 있다. (1)신기술의 급증으로 생길 주요 신산업들, (2)국제 경제로부터 세계경제로의 변화, (3)급격한 정치적, 철학적, 정신적 도전들을 불러오는 다원적 기관들로 구성된 새로운 사회 정치적 현실, (4)일반적으로 보급화된 교육과 그 시사점들에 입각한 지식근로의 새로운 세계 등이 포함된다. 단절의 시대는 이미 우리의 주변에 다가와 있는 미래를 구축할 매력적이고도 중요한 청사진이다.

인간과 시스템의 경영(Men, Ideas, and Politics, 1971)
이 책은 사람, 정치, 사고 등 사회의 문제들을 다루는 13편의 에세이를 편집한 것이다. 여기에는 헨리 포드, 일본 경영, 효과적인 경영자에 관한 내용이 포함돼 있다. 특히 두 개의 글이 드러커 사상의 중요한 단면을 보여 준다. 하나는 〈낡은 키에르케고르The Unfashionable Kierkegaard〉로 인류의 정신적 차원의 개발을 장려하고 있고, 다른 하나는 존 칼훈John C. Calhoun의 정치철학에 관한 내용으로서 미국의 다원성 원리와 이것이 정부의 정책과 프로그램을 어떻게 형성하는지를 서술하고 있다.

일과 기술의 경영 (Technology, Management and Society, 1970)

현대 기술의 속성과 과학, 엔지니어링, 종교와의 관계에 대한 개관을 보여 주고 있다. 점차 기술 개발을 침해하는 사회, 정치적 힘은 광범위한 제도적 변화의 틀 속에서 분석되었다. 드러커의 비판적 관점은 복잡한 사회 정치적 문제에 대해서 기술적인 해법에만 의존하려는 사회의 추세에 낙담한 학자, 학생들에게 환영받았다.

피터 드러커의 매니지먼트(Management : Tasks, Responsibilities, Practices, 1973)

이 책은 경영에 대한 드러커의 정의라고 할 수 있다. 이는 《경영의 실제》를 보다 최근의 내용으로 개편 확대한 것으로 임원들을 위한 필독서다. 경영은 경영자의 과업, 경영자의 업무, 경영자의 도구, 경영자의 책임, 최고경영자의 역할 등으로 구성된 조직화된 지식체계이다. 드러커에 의하면 이 책은 경영자에게 이해, 사고, 지식, 오늘날을 포함해 미래의 일자리들을 위한 스킬을 갖추게 하고자 하는 것이다. 이 경영학 고전은 30년에 걸쳐서 대학, 경영자개발프로그램, 세미나 등에서 강의를 통해서 또 저자들이 대기업, 중소기업, 정부기관, 병원, 교육기관 경영자들의 컨설턴트 역할을 하면서 개발되고 검증되어 왔다.

보이지 않는 혁명(The Unseen Revolution, 1976)

이 책에는 연금기금 같은 기관투자가들이 어떻게 해서 미국 대기업들과 자본가들을 통제하는 소유주가 되었는지를 서술하였다. 또한 연금기금을 통해 생산수단이 국유화되지 않고 사회화되었음을 탐색했다. 이 책의 또 다른 주제는 미국의 노령화다. 드러커는 이런 추세가 미국 경제와 사회에서 보건, 연금, 사회보장의 위치와 관련하여 제기하게 될 새로운 도전을 지적했다. 그리고 미국 정치가 점차 어떻게 중간계층의 이슈와 노령층의 가치들에 의해 지배를 받게 될지를 밝혔다.

피터 드러커 자서전(Adventures of a Bystander, 1978)

드러커의 자전적 이야기와 사건들을 모아 놓음으로써 그의 생애에 대한 초상화와 그가 살던 시대의 커다란 역사적 현실을 묘사했다. 10대 초반의 빈 시절부터, 제1차 세계대전과 제2차 세계대전 사이의 기간, 뉴딜시대, 제2차 세계대전, 전후 미국에 이르기까지 그가 만나 온 많은 매력적인 사람에 대한 친근한 설명을 곁들여 자신의 생애에 관해 이야기했다. 은행가, 법률가, 예술가, 예언자 등 드러커의 가족들과 친우를 접할 수 있다. 그중에서도 주목할 만한 인물로는 지그문트 프로이트Sigmund Freud, 헨리 루스Henry Robinson Luce, 앨프리드 슬론, 존 루이스John Lewis, 버크민스터 풀러Buckminster Fuller 등이 포함된다. 혼란기 매우 중요한 시대를 조명하면서, 드러커 자신을 사람과 아이디어, 역사에 지대한 관심을 갖고 있고, 상상력이 풍부한 사람으로서 묘사하고 있다.

혼란기의 경영(Managing in Turbulent Times, 1980)

이 책은 당시 중요하고도 시의적절한 내용으로 기업, 사회, 경제의 곧 다가올 미래에 대하여 기술하고 있다. 드러커가 말한 것처럼 우리는 새로운 추세들과 새로운 시장, 세계경제, 새로운 기술, 새로운 기관들로 가득 찬 새로운 경제시대에 접어들었다. 경영자와 경영진은 어떻게 새로운 현실로 야기된 혼돈을 다룰 것인가에 대해 "이해보다는 행동에 관심이 있으며, 분석보다는 의사결정에 관심이 있다"라고 설명한다. 이 책은 변화에 적응하고, 급격한 변화를 기회로 바꾸며 변화의 위협을 사회, 경제, 개인에 긍정적으로 기여할 생산적이고 수익이 나는 수행으로 전환하는 데 필요한 전략을 다루고 있다.

새로운 경제학을 위하여(Toward the Next Economics, 1981)

이 책의 에세이들은 기업, 경영, 경제, 사회 등 다양한 주제들을 다루고 있다. 모두 이른바 '사회생태학'과 기관에 대한 관심을 보이고 있으며 이미 도래한 미래를 묘사하고 있다. 또한 1970년대에는 인구구조에서 변화가 있었고, 기관들의 역할과 과학, 사회 간의 관계가 달라지고 있었으며, 오랫동안 진리라고 평가되던 경제학과 사회에 관한 근본적인 이론에서 변화가 발생했다는 드러커의 생각을 반영하고 있다.

변모하는 경영자의 세계(The Changing World of the Executive, 1982)

〈월스트리트저널〉에 기고한 글들을 모은 책으로 다양한 주제를 탐색하고 있다. 기고문은 노동력의 변화, 근로자 사회에서의 권력 관계, 기술 및 세계경제에서의 변화를 다루고 있다. 또한 에세이는 기업, 교육기관, 병원, 정부 등 주요 기관들이 직면하고 있는 문제 및 도전에 대해 논의하고 있다. 그들은 임원의 과업과 업무, 성과 및 측정, 임원의 급여에 대한 새로운 시각을 전개하였다. 즉 비전, 야망, 심지어 종업원, 고객, 구성 부문들의 특성들에 관한 조직 내에서의 급격한 변화와 경제적, 기술적, 사회적으로 일어나는 조직 외부에서의 급격한 변화를 담고 있다.

기업가정신(Innovation and Entrepreneurship, 1985)

혁신과 기업가정신을 체계적이고 목적 지향적인 연구 분야로 제시한 첫 번째 책이다. 이 책은 기업과 공공서비스기관에서 기업가적 경제가 대두되면서 야기된 도전과 기회들을 설명하고 분석하고 있다. 이는 기능주의 경영, 조직, 경제에 커다란 기여를 하였다. 이 책은 (1) 혁신제도, (2) 기업가정신, (3) 기업가적 전략의 세 부분으로 구성되어 있다. 드러커는 기업가의 심리나 성향에 초점을 맞추기보다 기업가의 행동에 초점을 맞추고 있다. 혁신과 기업가정신을 제도와 연구 영역으로 제시하고 있다. 공공서비스기관을 포함한 모든 조직은 시장경제에서 생존하고 번성하기 위해서 기업가적으로 변화해야 한다. 무엇보다 이 책은 기존의 조직들과 새로 나타나는 조직 모두에서 혁신적 제도들을 개발하기 위한 기업가적 정책들과 기회의 창들을 제공하고 있다.

프런티어의 조건(The Frontiers of Management, 1986)

이 책은 과거에 출간된 35편의 논문과 기고문을 수록한 것이다. 이 중 25편은 〈월스트리트저널〉 사설 면에 기고된 것이다. 서문을 새롭게 쓰면서 드러커는 다음 세기의 기업 추세를 예측했다. 세계 추세와 경영 제도를 명확하고 직접적이며 종합적으로 점검했다. 어떤 기고문은 세계경제, 악의적 기업 인수 및 성공에 수반되는 예기치 못한 문제를 다루고 있다. 일자리, 청년실업, 경력 정체 등의 문제도 포함했다.

이 책을 통해 드러커는 통찰력의 중요성을 강조하고, 모든 임원의 의사결정에서 "변화는 기회다"라는 인식을 가질 필요가 있음을 주장한다.

새로운 현실(The New Realities, 1989년)

이 책은 새로운 세기에 관한 것이다. 다음 세기는 이미 와 있다는 것인데 실로 우리는 이를 향해 상당히 진전하고 있다. 정치학과 정부, 사회, 경제 및 경제학, 사회조직, 새로운 지식사회 등에 대해 쓰고 있다. 드러커는 정부의 한계와 리더십에서 카리스마의 위험성을 서술하였다. 그는 미래의 조직은 정보에 기반을 둔 조직이라고 본다. 이 책은 미래주의는 아니라도 장차 현실이 될 관심사, 이슈, 논쟁을 정의하려고 했다. 드러커는 미래를 전망함에 있어서 오늘 무엇을 할 것인지에 초점을 맞추었다. 자신이 설정한 한계 내에서 드러커는 과거의 성공에서 비롯된 난제들로 우리가 현재 부딪치고 있는 문제들을 어떻게 다룰 것인가에 대한 아젠다를 설정하려고 시도하였다.

비영리단체의 경영(Managing the Non-Profit Organization, 1990)

우리 사회의 서비스나 비영리 부문은 급격히 성장하고 있다. 800만 명 이상이 직원으로 일하며, 8,000만 명 이상의 자원봉사자가 있다. 따라서 이들 조직을 어떻게 하면 효과적으로 경영하고 관리할 것인지에 대한 지침과 전문가의 조언이 필요하다. 이 책은 경영에 관한 드러커의 관점을 모든 유형의 비영리기관에 적용하는 것이다. 그는 사명, 리더십, 자원, 마케팅, 목표, 인재개발, 의사결정 등등에 관한 예를 설명과 함께 제시했다. 여기에는 비영리 부문에서 주요 이슈를 다루는 아홉 사람의 전문가들과의 면담이 포함되어 있다.

미래 기업(Managing for the Future, 1992)

경제, 사업, 변화관리, 현대 조직의 신규 형태 등에 관한 드러커의 최근 저작물을 엮은 《미래 기업》은 오늘날의 부단한 경쟁에서 앞서 나가는 사람에게 중대한 통찰과 교훈을 제시해 주고 있다. 드러커의 세계는 그가 최고의 경지에 이른 네 가지 영역들로 구성된 항상 확대되고 있는 세계이다. 이 네 가지 영역은 (1)우리의 생명과 생활에 영향을 미치는 경제적 힘, (2)오늘날의 변화하는 노동력 및 작업장, (3)가장 새로운 경영 개념 및 제도, (4) 끊임없이 증대되는 과업과 책임에 대응하고 진화하는 기업을 포함해 조직의 형태 등을 포함한다.

생태학적 비전(The Ecological Vision, 1993)
이 책에 수록된 31편의 에세이는 40년이 넘는 기간에 걸쳐 집필된 것이다. 이 글들은 다양한 연구 분야와 주제를 다루고 있다. 한 가지 공통적인 것은 모두 사회생태학에 관한 글이라는 점이고, 인위적인 환경을 다루고 있다는 점이다. 저마다 유형은 다르지만 사람과 공동체 사이의 상호 작용을 다루고 있다. 경제, 기술, 예술 등을 사회적 경험의 여러 차원으로서, 또 사회적 가치관들의 표현으로서 존중하고 있다.

자본주의 이후의 사회(Post-Capitalist Society, 1993)
이 책에서 드러커는 몇백 년에 한 번씩 급격한 변혁이 어떻게 일어나서 세계관, 가치관, 기업, 경제, 사회 정치적 구조 등 사회 전반에 막대한 영향을 미쳤는지를 서술하고 있다. 드러커에 따르면 우리는 자본주의와 민족국가 시대로부터 지식사회, 조직사회로 급격한 변화가 이루어지고 있는 시대의 한복판에 서 있다. 후기자본주의 사회에서 가장 주된 자원은 지식이고, 지도적인 사회집단은 지식근로자다. 과거를 돌아보고 미래를 내다보면서, 드러커는 산업혁명, 생산성 혁명, 경영혁명, 기업지배 등을 논의하였다.
그는 조직의 새로운 기능, 지식의 경제학, 생산성 등을 사회 경제적 선급과제로서 설명하였다. 끝으로 지식 문제들과 후기자본주의 사회에서 지식의 역할과 활용을 직시하였다. 사회, 정치, 지식 세 부분으로 나누어 《자본주의 이후의 사회》는 과거에 대한 분석뿐 아니라 미래에 대한 탐구 안목을 제공한다. 주된 초점은 현재 변환기의 도전에 맞추어져 있고, 만약 우리가 이들을 이해하고 적절히 대응할 수 있다면, 새로운 미래를 구축할 수 있다는 것이다.

미래의 결단 (Managing in a Time of Great Change, 1995)
이 책은 드러커가 1991년에서 1994년까지 〈하버드비즈니스리뷰〉와 〈월스트리트저널〉

에 기고한 글을 편집한 것이다. 모든 기고문은 경제, 사회, 기업, 조직 전반에 걸친 변화에 관한 것이다. 이들 구조적 혁신에 경영자가 어떻게 적응해야 하는지에 관한 드러커의 조언은 주로 지식근로자의 대두, 세계경제의 출현에 초점이 맞춰져 있다. 이 책에서 드러커는 오늘날 우리가 직면한 비즈니스 도전이 무엇인지 밝히고 있다. 최근 경영 추세와 실제로 그것이 작동하고 있는지 여부, 정부의 재창조가 시사하는 것이 무엇인지, 경영과 노동 사이의 힘의 균형 변화 등을 점검했다.

드러커 온 아시아(Drucker on Asia, 1995)

《드러커 온 아시아》는 드러커와 나카우치 이사오中內 功가 나눈 광범위한 대화의 산물이다. 그들의 대화는 중국과 일본을 비롯하여 오늘날 세계경제에서 일어나고 있는 변화를 고려하고, 자유시장과 자유기업이 직면하고 있는 도전을 파악하는 것이다. 이러한 변화들이 일본에 어떤 의미가 있는지, 일본이 제3의 경제 기적을 이루기 위해서 무엇을 해야 하는지, 이러한 변화들이 사회, 개별기업, 전문가 및 임원에게 의미하는 바가 무엇인지 등을 다루었다.

자본주의 이후 사회의 지식경영자 (Peter Drucker on the Profession of Management, 1998)

이 책은 피터 드러커가 〈하버드비즈니스리뷰〉에 실은 이정표적인 논문을 엮은 것이다. 드러커는 기업 전략에서 경영 스타일, 나아가 사회적 변화에 이르기까지 경영자들이 직면한 가장 중요한 이슈를 찾아내어 파악하고 점검하였다. 이 책은 우리 사회에서 일어나고 있는 커다란 변화들을 추적하는 흔치 않은 기회를 제공해 주고 있고, 변화와 연속성 간의 균형감은 경영자의 부단한 노력에서 비롯된다는 것과 경영자의 역할을 보다 명확하게 이해하게 했다. 이것은 두 가지 저변의 주제들, 즉 경영자의 책임과 임원의 세계를 설명하기 위해 전략적으로 제시되었다.

21세기 지식경영(Management Challenge for the 21st Century, 1999)

《자본주의 이후의 사회》 이후 첫 번째 주 저서인 이 책에서 드러커는 새로운 경영 패러

다음, 즉 경영 원칙과 제도에 관한 가정을 어떻게 변화시켰고, 계속 변화시키는 것일까에 대해 논의하였다. 드러커는 새로운 전략 현실을 분석하였고, 변화의 시대에 어떻게 하면 리더가 될지를 보여 주고, 임원이 필요로 하는 정보와 임원이 소유하고 있는 정보를 논의하면서 새로운 정보혁명을 설명하였다. 그는 지식근로자의 생산성을 점검하였고, 조직과 개인들의 기본 태도에 있어서의 변화, 업무 자체에서의 구조적 변화가 생산성 증가를 위해 요구된다는 것을 보여 주었다. 끝으로 드러커는 장시간 근무생활과 끊임없이 변하는 작업장에서 개인에게 요구되는 것을 충족시키고 동시에 자기 자신을 관리해야 하는 궁극적인 도전을 설명하였다.

넥스트 소사이어티(Managing in the Next Society, 2002)

〈이코노미스트〉지 2001년 11월호에 실린 장문의 기고문과 잡지에 발표된 논문, 1996년부터 2002년까지 했던 인터뷰를 정리하여 낸 책이다. 드러커는 항상 변화하는 기업 사회와 확장일로에 있는 경영자 역할들을 예측하였다. 이 책에서는 '다음 사회'의 현실을 확인하고, 이는 (1) 인구 중 젊은 층의 감소, (2) 제조업의 감퇴, (3) 노동력의 변환(정보혁명의 사회적 영향)의 세 가지 추세로 진행된다고 보았다. 드러커는 철도가 산업혁명과 밀접한 연관이 있듯이, 전자상거래와 사이버교육이 정보혁명과 관련이 있고, 정보사회가 발전하고 있다고 주장했다. 드러커는 비정부기구, 비영리기관 등 사회 부문의 중요성도 피력했다. 이는 우리가 필요로 하는 시민공동체, 고학력 지식근로자 공동체가 창출될 수 있게 하고, 이들이 개발된 사회를 점차 지배해 나갈 것이라고 보기 때문이다.

드러커 3부작 The Essential Drucker — 프로페셔널의 조건, 변화 리더의 조건, 이노베이터의 조건 (2011)

드러커의 말을 빌리면, 이 책은 압축되었으면서도 매우 종합적인 경영학 서론이고, 자신의 경영에 관한 연구를 조감해 볼 수 있다. 또한 거듭해서 질문을 던졌던 "무엇이 과연 핵심적인가?"에 대한 답을 제시하고 있다. 이 책은 조직, 경영과 개인, 사회 속의 경영 등에 관한 26편의 글들을 담고 있다. 오늘날과 미래의 경제와 사회가 요구하는 과업들을 수행하기 위한 도구들을 경영자, 임원, 전문가들에게 제공하면서, 경영 및 그의 문제에 대한 기본 원칙과 관심사, 도전, 기회를 포괄하고 있다.

경영의 지배(A Functioning Society, 2003)

이들 에세이에서 드러커는 공동체 사회 정치구조에 관한 많은 글을 포함하고 있다. 드러커의 주된 관심은 개인이 신분과 기능을 갖는 기능적 사회이다. 첫 번째 부분과 두 번째 부분은 공동체를 재창조할 수 있는 기관들을 파악하고 있다. 이들이 없으면 결국 유럽에서 만연했던 전체주의를 낳게 되기 때문이다. 이에 관한 에세이들은 제2차 세계대전 중에 쓴 것이다. 세 번째 부분은 사회 및 경제 영역에서의 정부 역량의 한계를 다루고 있다. 이 섹션은 큰 정부와 효과적인 정부 간의 차이에 관한 내용들이다.

피터 드러커 일의 철학

1판 1쇄 발행 2018년 1월 15일
1판 6쇄 발행 2025년 7월 9일

지은이 피터 드러커
엮은이 조셉 마시아리엘로
옮긴이 피터 드러커 소사이어티
펴낸이 고병욱

펴낸곳 청림출판(주)
등록 제2023-000081호

본사 04799 서울시 성동구 아차산로17길 49 1010호 청림출판(주)
제2사옥 10881 경기도 파주시 회동길 173 청림아트스페이스
전화 02-546-4341 **팩스** 02-546-8053

홈페이지 www.chungrim.com **이메일** cr1@chungrim.com
인스타그램 @chungrimbooks **블로그** blog.naver.com/chungrimpub
페이스북 www.facebook.com/chungrimpub

ISBN 978-89-352-1191-3 03320

- 이 책은 저작권법에 따라 보호를 받는 저작물이므로 무단 전재와 무단 복제를 금지합니다.
- 책값은 뒤표지에 있습니다. 잘못된 책은 구입하신 서점에서 바꾸어 드립니다.
- 청림출판은 청림출판(주)의 경제경영 브랜드입니다.